LO QUE LA BIBLIA DICE ACERCA DEL ESPÍRITU SANTO

LO QUE LA BIBLIA DICE ACERCA DEL ESPÍRITU SANTO

David Pawson

Anchor Recordings

Copyright © 2015 David Pawson

El derecho de David Pawson a ser identificado como el autor
de esta obra ha sido afirmado por él de acuerdo con la
Ley de Copyright, Diseños y Patentes de 1988.

A menos que se indique lo contrario, las citas bíblicas son tomadas de
La Santa Biblia, Nueva Versión Internacional® NVI®
© 1999 by Biblica, Inc.®
Usada con permiso. Todos los derechos reservados en todo el mundo.

Traducido por Alejandro Field
Revisado por María Alejandra Ayanegui Alcérreca
Esta traducción internacional español se publica por primera vez
en Gran Bretaña en 2015 por

Publisher: Anchor Recordings Ltd
Synegis House, 21 Crockhamwell Road,
Woodley, Reading RG5 3LE, UK

Ninguna parte de esta publicación podrá ser reproducida o transmitida
de ninguna forma o por ningún medio, electrónico o mecánico,
incluyendo fotocopia, grabación o ningún sistema de almacenamiento
o recuperación de información, sin el permiso previo
por escrito del editor.

Si desea más del material de enseñanza de David Pawson,
incluyendo DVDs y CDs, vaya a
www.davidpawson.com

PARA DESCARGAS GRATUITAS
www.davidpawson.org

Libros de David Pawson disponibles de
www.davidpawsonbooks.com
info@davidpawsonministry.org

ISBN 978-1-909886-96-4

Printed by Lightning Source

Índice

1. ¿Por qué busca la gente al Espíritu Santo?   9
2. El Espíritu Santo en el Antiguo Testamento   27
3. El Espíritu Santo en el Nuevo Testamento: una reseña   63
4. El Espíritu Santo en Mateo, Marcos y Lucas   97
5. El Espíritu Santo en los primeros capítulos de Juan   113
6. El Espíritu Santo en Juan 14–16   127
7. El Espíritu Santo en los últimos capítulos de Juan   139
8. El Espíritu Santo en los Hechos de los Apóstoles   151
9. El Espíritu Santo en Romanos   187
10. El Espíritu Santo en 1 Corintios   215
11. El Espíritu Santo en Gálatas   243
12. El Espíritu Santo en Efesios   275
13. El Espíritu Santo en Apocalipsis   293
14. El Espíritu Santo en la historia   303

Este libro está basado en una serie de charlas. Al tener su origen en la palabra hablada, muchos lectores encontrarán que su estilo es algo diferente de mi estilo habitual de escritura. Es de esperar que esto no afecte la sustancia de la enseñanza bíblica que se encuentra aquí.

Como siempre, pido al lector que compare todo lo que digo o escribo con lo que está escrito en la Biblia y, si encuentra en cualquier punto un conflicto, que siempre confíe en la clara enseñanza de las escrituras.

David Pawson

Capítulo uno

¿POR QUÉ BUSCA LA GENTE AL ESPÍRITU SANTO?

"Si ustedes me aman, obedecerán mis mandamientos. Y yo le pediré al Padre, y él les dará otro Consolador para que los acompañe siempre: el Espíritu de verdad, a quien el mundo no puede aceptar porque no lo ve ni lo conoce. Pero ustedes sí lo conocen, porque vive con ustedes y estará en ustedes. No los voy a dejar huérfanos; volveré a ustedes. Dentro de poco el mundo ya no me verá más, pero ustedes sí me verán. Y porque yo vivo, también ustedes vivirán. En aquel día ustedes se darán cuenta de que yo estoy en mi Padre, y ustedes en mí, y yo en ustedes".

Juan 14:15–20

"Todo esto lo digo ahora que estoy con ustedes. Pero el Consolador, el Espíritu Santo, a quien el Padre enviará en mi nombre, les enseñará todas las cosas y les hará recordar todo lo que les he dicho".

Juan 14:25–26

"Muchas cosas me quedan aún por decirles, que por ahora no podrían soportar. Pero cuando venga el Espíritu de la verdad, él los guiará a toda la verdad, porque no hablará por su propia cuenta sino que dirá sólo lo que oiga y les anunciará las cosas por venir. Él me glorificará porque tomará de lo mío y se lo dará a conocer a ustedes. Todo cuanto tiene el Padre es mío. Por eso les dije que el Espíritu tomará de lo mío y se lo dará a conocer a ustedes".

Juan 16:12–15

Tenemos que estudiar lo que dice *toda* la Biblia acerca del Espíritu Santo. Entonces podremos juzgar y discernir, y aferrarnos a lo bueno. Mientras no tengamos una verdadera comprensión de lo que las escrituras han revelado acerca del Espíritu, podremos ser engañados y tomar caminos erróneos que no traen bendición a nosotros ni a los demás, ni glorifican el nombre de Dios.

Una niñita fue llevada a una parroquia de la Iglesia de Inglaterra por primera vez. Cuando vio al párroco entrar envuelto en sus largas vestiduras blancas dijo, en un susurro que pudo escucharse en toda la iglesia: "¿Ése es el Espíritu Santo?".

La madre la corrigió inmediatamente: "¡Por supuesto que no!".

La niñita persistió con su pregunta, como tienden a hacer los niños, y dijo: "Entonces, si no es ése, ¿quién es?".

A esta altura la madre estaba bastante perdida, teológicamente y en todo otro sentido, y se limitó a hacer lo que hacen los padres cuando no saben cómo contestar: le dijo que se quedara sentada en silencio. Pero esa niña tenía toda la razón en esperar ver al Espíritu Santo en la iglesia, y estaba en lo correcto al hacer esa pregunta.

Un día Pablo, en uno de sus viajes misioneros, llegó a un lugar llamado Éfeso, donde encontró un grupo de personas adorando a Dios (ver Hechos 19). A primera vista parecían ser iguales a cualquier otro grupo de creyentes cristianos, pero faltaba algo. Pablo se dio cuenta de que no había ninguna evidencia de la actividad del Espíritu Santo en ese grupo, así que les hizo una pregunta sugestiva, que debería hacerse a toda persona que dice que cree: "¿Recibieron ustedes el Espíritu Santo cuando creyeron?". Su respuesta es traducida con algunas diferencias en diversas versiones, pero todas dicen prácticamente lo mismo: "Ni siquiera hemos oído que existe un Espíritu Santo". Era como si dijeran: "Esto es algo nuevo para nosotros". Creían en Jesús, pero no habían escuchado nada acerca del Espíritu Santo.

En la primera mitad del siglo XX, no hubiéramos escuchado que se mencionara mucho al Espíritu Santo en las iglesias protestantes tradicionales de este país. Casi no hubiéramos escuchado que fuera mencionado por los miembros. Algunos han llegado a decir que difícilmente escucharíamos acerca del Espíritu Santo del predicador, excepto en el Domingo de Pentecostés, cuando se sentía obligado a tratar de abordar este tema. Creo que hay un elemento de verdad en esto. En aquellos días, el Espíritu Santo era muy poco mencionado por la gente común que asistía a las iglesias.

Pero se produjo un cambio, de modo que se empezó hablar acerca del Espíritu Santo, a hablar de él y a predicar acerca de él en un grado mucho mayor que antes. Antes de este gran cambio, alguien dijo que había llegado a la conclusión de que los católicos romanos creían en una trinidad del Padre, Hijo y la virgen bendita, y que los protestantes creían en una trinidad del Padre, Hijo y la Santa Escritura, pero que por su léxico ninguno creía en el Padre, el Hijo y el Espíritu Santo.

Esa situación ha cambiado, y mencionaré seis razones para esto. Tres son buenas y tres no tan buenas. Menciono ambos tipos de razones porque debemos tener discernimiento. Debemos poder pensar claramente acerca de estas cosas, para no tragarnos todo o rechazar todo, ambas actitudes extremas e incorrectas. La Biblia nos dice que debemos examinar y averiguar lo que no es tan bueno y dejarlo ir, y retener lo que encontramos que es bueno.

Primero, las tres razones que no son tan buenas para el interés creciente en el Espíritu Santo. Uno: *curiosidad intelectual*. Hay quienes preguntan acerca del Espíritu Santo por la única razón que aquí hay un área de conocimiento del que conocen poco y del que les gustaría conocer más. Algunos de los que profesan esta clase de curiosidad estarían igual de interesados en la Sociedad para la Investigación Psíquica, y lo menciono porque a menudo han ido juntos. Hay cierta curiosidad en el ocultismo y en lo sobrenatural que tiende a preguntar acerca del Espíritu Santo también. Cuando Pablo llegó a Atenas, encontró un grupo de personas que estaban siempre listas para escuchar algo nuevo. El problema con la mera curiosidad es que, tan pronto es satisfecha, pasará a otra cosa.

Por lo tanto, cuando alguien se me acerca —y la gente lo ha hecho a menudo— y dice: "Estoy interesada en el Espíritu Santo. ¿Puede decirme algo más acerca de este tema?", mi primera pregunta es: "*¿Por qué* está interesada?". Si solo se trata de curiosidad, entonces dudo si decirle algo tendría algún valor duradero. Es cierto que a veces la curiosidad lleva a algo más. Moisés vio una zarza ardiendo. Luego miró nuevamente, porque las hojas seguían ahí. Se acercó un poco más, de pura curiosidad, y dijo: "Voy a salirme del camino para ver esta cosa extraña", y encontró que empezó a involucrarse con Dios. En ocasiones la curiosidad intelectual ha llevado a un auténtico y saludable trato con Dios. Pero la mayoría de las veces la curiosidad intelectual, apenas averigua algo más, pasa a un nuevo tema.

La segunda razón que no es tan buena para el interés en el Espíritu Santo hoy es la *insatisfacción emocional*. La filosofía del existencialismo, que fue propuesta por primera vez hacia fines del siglo XIX, comenzó en Alemania, se extendió a Francia y llegó a Gran Bretaña más tarde. Es una forma de pensar acerca de la vida que dice algo así: "el verdadero significado de la vida se encuentra, no en la mente sino en el corazón, se encuentra en las emociones, en experiencias significativas aquí y ahora, se encuentra en cualquier cosa que le da a uno sentimientos acerca de la vida". Esa clase de pensamiento se difundió muy rápidamente, y produjo, en las décadas de 1960 y 1970, una búsqueda, especialmente entre los jóvenes, de experiencias emocionales significativas. Probaron el sexo, probaron el ruido, probaron las drogas y probaron el misticismo oriental. La cultura popular de la década de 1960 y posterior representó un movimiento muy importante que abrazó la nueva búsqueda de experiencias emocionales significativas. La gente estaba preparada para probar cualquier cosa que le diera excitación emocional. Un peligro, cuando se populariza ese tipo de pensamiento, es que habrá un interés en el Espíritu Santo puramente por la experiencia emocional. Eso no conduce a nada satisfactorio, porque solo ha tocado las emociones y no la mente o la voluntad; es una fase pasajera. Es muy interesante que los jóvenes que han tomado drogas a menudo estén muy interesados en el Espíritu Santo por esta razón.

Ahora, la tercera no tan buena razón para el interés creciente en el Espíritu Santo es ésta: *deficiencia psicológica*. Estamos viviendo un tiempo de estrés, de tensión emocional, y hay un rápido crecimiento de trastornos psicológicos. Se ha sugerido que tanto como la mitad de las camas en nuestros hospitales están ocupadas por personas con trastornos que son más psicológicos que físicos. Éste es el mundo en el que vivimos, en el que hay esfuerzos, presiones y tensiones. La psiquiatría podría ser de alguna ayuda para los trastornos emocionales pero, por lo general, un cristiano o una persona que asiste a una iglesia con necesidades psicológicas tiende a buscar una experiencia espiritual que enfrente ese trastorno de manera repentina, en vez de buscar el tratamiento que a lo largo de un período de terapia pueda ayudarla a superar la deficiencia. Así que, entre los cristianos tensionados hoy (y mucho lo están) hay una búsqueda de una experiencia espiritual que resuelva toda su timidez, su sentido de inferioridad, sus dificultades en las relaciones y demás cosas. Cuando estas personas oyen acerca del Espíritu Santo y buscan una *experiencia* del Espíritu Santo como una respuesta a su problema psicológico, se desilusionarán, y en algún momento descubrirán que aun cuando una experiencia del Espíritu Santo es una ayuda enorme, no es necesariamente una respuesta a una deficiencia psicológica.

¿Qué tienen de malo estas tres razones: curiosidad intelectual, insatisfacción emocional y deficiencia psicológica? Podemos verlo inmediatamente. *Los tres grupos de personas están buscando el Espíritu Santo para ellas, no para otros.* Están diciendo: "Señor, quiero mi intelecto satisfecho, quiero mis necesidades emocionales cubiertas, quiero mis deficiencias psicológicas suplidas". Por lo tanto, estos tres motivos conducen, invariablemente, a una experiencia desalentadora del Espíritu Santo, y he tenido que aconsejar a muchas personas que han tenido una experiencia desalentadora porque éste era uno de los motivos de su corazón.

Cuando el Señor nos ofreció el Espíritu Santo, nos ofreció el poder del Espíritu para otras personas. Ésa es la única razón adecuada para buscar ser llenado con el Espíritu Santo. No para suplir mis necesidades, no para solucionar mis trastornos, no para llenar mis emociones, sino para que pueda servir a otras personas en sus necesidades. De todos

¿POR QUÉ BUSCA LA GENTE AL ESPÍRITU SANTO?

los dones del Espíritu Santo que se mencionan en el Nuevo Testamento, hay uno solo que es para uno mismo. Todos los demás se dan para transmitir algo a otra persona. *Con esa única excepción, los dones del Espíritu no son dones del Espíritu para mí, sino dones del Espíritu que ayudan a otra persona a través de mí.* El don de sanidad no es para mí; es para transmitir sanidad a alguien que está enfermo. El don de conocimiento no es para mí, sino para ayudar a alguien que no sabe. El don de milagros es para ayudar a alguien que está en necesidad. Por lo tanto, si estoy buscando algo para mí, ya he bloqueado el canal. Ya he distorsionado la experiencia. Jesús dijo: "Esperen en Jerusalén hasta que reciban poder". Entonces los discípulos podrían salir y ayudar a todo el mundo, testificando en todas partes. Ése era su motivo. Lo que oraban no era: "Señor, tengo problemas psicológicos; lléname con el Espíritu" o "Señor, tengo una insatisfacción emocional; dame sentimientos agradables". Decían: "Señor, queremos ir hasta el fin del mundo y ser testigos a otros, y no podemos hacer eso sin tu poder". Sus motivos eran correctos.

Simón el hechicero (descrito en Hechos 8) era un mago profesional. Algunos pasamos por una etapa en que queremos deslumbrar a las personas. Queremos poder hacer cosas que otros no pueden hacer, impresionándolos de manera rápida y fácil. Así que entendemos el motivo, tal vez relacionado con querer ser superiores a otros de alguna forma. Simón el hechicero vino a Pedro y le ofreció dinero a cambio del poder que tenían los apóstoles. Pedro le dijo: "¡Que tu dinero perezca contigo!", que significaba: "¡Al diablo contigo y con tu dinero!". Pedro sabía que Simón estaba buscando algo para sí mismo.

¿Cuáles son las otras tres razones por las que las personas se interesan en el tema? Una, es *la debilidad de la iglesia*. Como cristianos, tenemos que enfrentar el hecho de que la iglesia es una influencia declinante en nuestra sociedad, y lo ha sido durante muchas décadas. Sea lo que esté ocurriendo con los números (y toda denominación importante ha informado una reducción de la membresía durante el último medio siglo, aun con el crecimiento de la población), el tema no es tanto la cantidad como la *calidad* de la vida de las iglesias, ya que la sociedad sigue adelante como un poderoso gigante, inalterado por los cristianos dentro de esa sociedad. Se toman decisiones en el Parlamento que no parecen afectadas por la opinión cristiana. El país sigue adelante, con las iglesias a menudo como una especie de pieza de museo, pero la vida que viven muchas personas parece bastante inalterada por la fe cristiana.

Hubo un período en el siglo XX en que muchas personas consideraban que, si pudiésemos meter a todas las iglesias en un único bloque de poder, una organización, tendríamos el poder para mover a la sociedad. Éste fue uno de los principales motivos del movimiento ecuménico. Uno comentarista dijo que ese movimiento le recordaba un grupo de borrachos afuera de un parque, cada uno de ellos incapaces de mantenerse de pie, pero logrando sostenerse entre sí. Eso no es fuerza, y no es poder.

Entonces comenzaron a darse cuenta de que la mera unión no traería ningún poder adicional, que lo que necesitan las iglesias no es tanto reunión como renovación. Fue un avance saludable. Podemos ver que si ponemos dos vasos de agua tibia juntos no terminamos con un vaso de agua caliente, sino solo con un vaso de agua tibia más grande. Si ponemos dos iglesias medio muertas juntas, no se transforman en una iglesia viva, sino solo en una iglesia medio muerta más grande. Por lo tanto, hay una conciencia creciente entre todas las iglesias, alentada en parte por haber establecido relaciones más estrechas, de que lo que necesitamos es poder de Dios, y que la simple fusión de denominaciones no nos permite trastornar el mundo.

Una sensación de la debilidad de la iglesia ha llevado a muchas personas a preguntar: "¿Quería Jesús tener una iglesia tan débil? ¿Fue lo que planeó? ¿No hizo ninguna provisión para la iglesia aparte de decirnos que siguiéramos con nuestra debilidad?". Esto ha hecho que las personas vuelvan a la Biblia, y aquí tenemos el segundo factor: *el estudio de las escrituras*. A partir de la década de 1970 surgió un interés mucho mayor en el estudio de la Biblia por las personas que ocupaban los bancos de las iglesias. Miembros de grupos pequeños comenzaron a volver a las escrituras preguntando: "¿Qué dice Dios acerca de la iglesia?". Entonces descubrieron que en los primeros días hubo una iglesia que trastornó el mundo, una iglesia compuesta originalmente por un pequeño puñado de personas, que venció al imperio romano en menos de trescientos años. Encontraban un contraste asombroso con el cuadro de la iglesia hoy. Por cierto, la iglesia primitiva no trastornó el mundo, sino que lo ordenó. Pero todos los demás estaban trastornados, así que no podían ver bien. Los cristianos estaban trastornando el mundo a los ojos del mundo, pero ordenándolo a los ojos de Dios.

Los primeros cristianos eran una iglesia poderosa. ¿Cómo hicieron un impacto tan grande? ¿Cómo llevaron personas a Cristo en cantidades tan grandes? ¿Cómo pudieron extenderse y trasladarse por todo el globo? Esto era un movimiento, no una institución. Era una comunidad dinámica. La respuesta, cuando estudiamos el Nuevo Testamento, es muy sencilla: el Espíritu Santo. Si leemos el libro de Hechos descubrimos que el Espíritu Santo se menciona cuarenta veces en los primeros doce capítulos; es el relato de *sus* hechos. Él fue quien les dio el poder, el que les permitió hacer esas cosas. La debilidad de la iglesia, entonces, percibida cada vez más en el siglo XX, llevó a las personas a volver a mirar la Biblia, y eso las ha llevado a ver el secreto de la iglesia primitiva, que era no solo "creer en Jesús", sino el poder del Espíritu Santo. Y esto las llevó a preguntarse: ¿son estas cosas para hoy? ¿Podrían ocurrir ahora, o ha habido algún cambio radical en la iglesia y en el propósito de Dios desde aquellos días? Dicho sin rodeos, ¿es el Domingo de Pentecostés simplemente una conmemoración de algo que ocurrió en el pasado, o es la posibilidad y la promesa de algo en el presente? Ésa es la pregunta que el estudio de la Biblia generó en las personas. Leyeron de milagros que ocurrían. Leyeron de sanidad de enfermedades. Leyeron de una iglesia que se extendía con poder y dijeron: "¿Han dejado de pasar estas cosas?".

Esto me lleva a la tercera cosa que ha promovido el interés en el Espíritu Santo: *la propagación del pentecostalismo en el siglo XX*. El pentecostalismo ha sido, durante bastante tiempo, la corriente protestante de más rápido crecimiento en el mundo, y probablemente sea ahora la más grande. Todo ha ocurrido desde 1907. Es el desarrollo más asombroso del cristianismo en tiempos modernos. Hizo que otros cristianos reaccionen y tomen nota, y pregunten si no estaban en lo cierto.

Fue solo un tiempo después de la Segunda Guerra Mundial que los pentecostales dejaron de ser considerados como una secta, y comenzaron a ser aceptados por los demás cristianos como plenamente ortodoxos en sus creencias en el evangelio y en Cristo. Surgieron relaciones entre los pentecostales y otras denominaciones que no existían antes, y era inevitable que se planteara el tema. El otro factor en las décadas de 1960 y 1970 fue que las cosas que hasta entonces habían ocurrido dentro de círculos pentecostales comenzaron a ocurrir en otras denominaciones, principalmente entre los anglicanos (episcopales en Estados Unidos), y más tarde en Estados Unidos entre los presbiterianos y los luteranos. En Inglaterra, después de los anglicanos, mayormente entre los bautistas, pero también entre algunos metodistas.

El viejo pentecostalismo, que había comenzado con un ministro metodista de Oslo y un pastor anglicano de Sunderland, en el norte de Inglaterra, en 1907, creció y se extendió por todo el mundo. Estrictamente hablando, ya había comenzado en Los Ángeles, pero en Gran Bretaña el año 1907 vio uno de los subproductos del avivamiento en Gales que se extendió a otras regiones después.

Además de esa corriente más antigua del pentecostalismo, surgió lo que llegó a llamarse el nuevo pentecostalismo, dentro de muchas denominaciones, incluyendo el catolicismo romano, en la forma del movimiento carismático.

Por supuesto, todo cristiano que quiere ser dinámicamente efectivo para el Señor Jesús está interesado en el Espíritu Santo, porque no parece haber ninguna otra forma de ser efectivo.

Pero ¿qué hacemos con todo esto? ¿Salimos corriendo todos para unirnos a la iglesia pentecostal más cercana? ¿O empezamos a convertirnos en vagabundos espirituales, como han hecho muchos, yendo de un grupo a otro, buscando algo en éste, volviéndonos insatisfechos en ése, pasando a otro grupo? Lamentablemente, ha habido tanta división como bendición provocadas por este tema, debido a acciones insensatas y apresuradas de parte de quienes estaban buscando, así como de parte de quienes no querían que buscaran. Se necesita sabiduría, amor y paciencia. Vamos a ver lo que la Biblia realmente dice, hasta que tengamos bien en claro en nuestras mentes lo que Dios quiere para nosotros y lo que Dios quiere hacer con nosotros.

Luego espero que, habiendo pensado claramente, no nos detengamos ahí, sino que oraremos y buscaremos lo que Dios tiene para nosotros. Cuando él bendice, llega finalmente el acto de sumisión al Señor, donde necesitamos abandonarnos y dejar que él tenga el control. Perder el autocontrol *sin* la presencia del Espíritu Santo conduce al caos, la división, el desorden y el desastre, porque entonces no hay nadie en control y la histeria puede asumir el mando. Pero, si el Espíritu Santo está en control, llegará un momento en que entregamos nuestro autocontrol para dejar que él asuma el control. Ése es el paso que muchos no están dispuestos a dar.

Muchos quieren ser los mejores creyentes posibles, siempre que ellos estén en control. Durante tres años nuestro Señor hizo que los discípulos *pensaran*: les enseñó, les mostró la verdad y, especialmente la noche antes de morir, les enseñó paso a paso acerca del Espíritu Santo. Entre su ascensión y Pentecostés, los discípulos *oraron*. Pero el día de Pentecostés los discípulos *hicieron* cosas extraordinarias, y encontraron que Dios salvó a tres mil personas ese día.

Cuando hablamos del Espíritu Santo, ¿a qué nos referimos? Pensamos en cinco cosas: vitalidad, pureza, personalidad, deidad y trinidad.

Primero, *vitalidad*. La palabra misma "espíritu" significa esto. En la mayoría de los idiomas antiguos, "aliento", "viento" y "espíritu" son la misma palabra. Aun en inglés-español entendemos las conexiones entre esas tres palabras. Por ejemplo, decimos que "cambiamos el aire". ¿Qué queremos decir? Queremos decir que podemos respirar mejor. O, si a uno "le falta el aire", ha perdido el aliento. Así que podemos entender que aliento y viento son la misma palabra. Ambos son aire en movimiento. Cuando respiro, es un pequeño viento, literalmente. Viento y aliento, entendemos esa conexión, pero ¿por qué espíritu y aliento cubren el mismo significado en las escrituras? La respuesta es muy sencilla. No sé si alguna vez ha estado presente cuando una persona ha muerto. En ese caso, habrá notado que la persona siempre espira y el viento se detiene, el aliento cesa. Es lo que ocurre en el momento que "entrega el espíritu". Podemos entender por qué, en los idiomas antiguos, sin saber lo que todos sabemos ahora acerca de los hechos médicos y biológicos, cuando una persona daba su último aliento la frase usada era "entregó el espíritu", "entregó el viento". Entregar el espíritu, el aliento, el viento. Puede ver cómo todo estaba vinculado.

Es muy interesante que, cuando Jesús murió en la cruz, una versión dice: "Entregó su espíritu" y una versión en inglés moderno dice: "Respiró su último aliento". Todas éstas son traducciones válidas, porque la palabra usada puede significar aliento, viento o espíritu. Estoy vinculando esta colección de palabras con la única palabra "espíritu". Cada vez que la Biblia usa la palabra "espíritu", significa viento, aliento, espíritu. En otras palabras: vida, energía.

Tenemos una imagen hermosa al principio de la Biblia, cuando Dios da el beso de la vida a un cadáver. Era un cadáver que nunca había vivido, un cadáver que él había creado. Pero Dios sopló y el aliento entró en el cadáver, y el cadáver comenzó a respirar. La vida y la energía estaban ahora en ese cuerpo, y Adán se convirtió en un alma viviente. La vida vino del aliento, y si el beso de la vida lo ayuda a pensar en el aliento como algo que trae vida, entonces no dude en usar esa imagen.

Podemos profundizar un poco más. Hay una complicación con esta palabra en el idioma hebreo, que tiene dos palabras para el aliento. Una es el aliento casi imperceptible, cuando estamos respirando. La otra es al aliento pesado de un asmático o de alguien que ha corrido un kilómetro y respira tan fuertemente que el aliento llega fuerte, violento, ruidoso. El término para la respiración suave, *neshama*, es una palabra muy suave; el término para la respiración fuerte, *ruaj*, es una palabra dura, ruidosa. Lo interesante es que cada vez que se menciona el aliento de Dios siempre es la palabra dura, ruidosa, fuerte, poderosa. Dicho de otro modo, si hubiera sido la palabra suave simplemente hubiera significado vida como existencia. Pero, como es la palabra dura, significa vida como energía. Algunas personas existen, pero no parecen tener ninguna energía. ¡Tal vez se sienta así a veces el lunes a la mañana! Sabe que tiene existencia, pero no tiene la energía. Está vivo, pero solo apenas. No diríamos "¡Qué viva está esa persona!" cuando está sin energía.

La palabra *ruaj* significa existencia y energía combinadas en una sola cosa. Vida real, vida vital, vida abundante que le permite hacer cosas. Por lo tanto, el aliento de Dios no solo hace que una persona apenas viva, sino que la llena de energía, la mueve con poder y vitalidad, de modo que no es un cristiano medio vivo sino un cristiano vital, dinámico y vivo, con energía espiritual. Así que, cuando oramos para que el "aliento de Dios" sople sobre nosotros, estamos orando por energía, y no solo por existencia.

El Espíritu de Dios hace una diferencia tremenda en la adoración en una iglesia: de un canto apenas vivo, meramente rutinario, a una adoración vital, dinámica, aclamando con júbilo al Señor.

El aliento de Dios hizo cosas extraordinarias en los días del Antiguo Testamento. Por un lado, dividió el mar Rojo; cuando sopló el viento, esas aguas fueron obligadas a retroceder. Ha ocurrido otras veces desde entonces, y se requiere un viento muy fuerte para hacerlo. Cuando el viento hizo retroceder las aguas del mar Rojo fue un gran vendaval. Moisés lo llamó "un soplo de tu nariz". Es una

¿POR QUÉ BUSCA LA GENTE AL ESPÍRITU SANTO?

frase asombrosa. Dios respiró fuerte para dividir el mar Rojo. Nos da la imagen de lo que pensaban ellos del aliento de Dios.

De igual forma, cuando llegó Pentecostés, en realidad fue un vendaval: un viento poderoso y rugiente. Fue esto lo que oyeron; un vendaval de fuerza diez o más.

El aliento de Dios trae vitalidad, energía, vida que mueve cosas, y cuando sopla un vendaval las cosas se mueven. Recuerde mi observación anterior: si alguien solo está buscando una experiencia emocional, una especie de emoción del Espíritu Santo, esa persona podrá ser conmovida, pero no será movida a ninguna parte. No será movida a donde debería estar, no será empujada por el Espíritu Santo, no será impulsada a hacer algo al respecto. Pero, cuando el Espíritu Santo sopla sobre nosotros, ocurrirán cosas.

Cuando estudio Hechos de los Apóstoles, veo una iglesia en movimiento, impulsada por un soplo, con sus velas izadas. Antes de Pentecostés las velas estaban arriadas y los discípulos estaban orando. Necesitaban el aliento de Dios. Necesitaban vida. Tenían la "maquinaria", y la iglesia estaba esperando y lista para el viento del Espíritu.

Lo siguiente que significan para mí las palabras "Espíritu Santo" es *pureza*. Ésta es una de las razones por las que encuentro que la gente tiene miedo del Espíritu Santo (y encuentro personas temerosas, aunque no tienen ningún motivo para tener miedo). La Biblia nos dice que no hemos recibido un espíritu de esclavitud al temor sino un espíritu de amor, de una mente saludable, de poder. Entonces, ¿por qué hay personas que tienen miedo del Espíritu Santo? Porque saben perfectamente que hay espíritus que pueden dar experiencias similares y engañar e inducir al error al pueblo de Dios.

Veamos algunos ejemplos. Primero, la intoxicación con

alcohol o con drogas. La intoxicación produce síntomas asombrosamente similares a ser llenado con el Espíritu. Ésta es la razón por la que en el día de Pentecostés los discípulos fueron acusados de estar borrachos, y por qué Pablo dice, en Efesios 5, que no nos emborrachemos con vino, sino que seamos llenos del Espíritu y cantemos. El canto es una característica de ambas experiencias, por lo menos en cierta etapa. Segundo, existe la histeria de masas, que es algo que no baja del cielo, sino que suele ser fabricado en la tierra. Hay una técnica para producir la histeria de masas, que funciona mejor cuanto más grande es la multitud. Estos efectos se han observado en algunos conciertos de música pop.

Tercero, hay quienes tienen miedo de la manía religiosa, y existe tal cosa. No siempre acertamos en decir quién la tiene. Festo dijo al gran misionero Pablo: "Pablo, estás loco. Has perdido la razón, eres un esquizofrénico, has leído demasiados libros, tienes manía religiosa. Pablo no la tenía, pero hay personas que sí la tienen.

Luego existe la posesión de demonios y espíritus malignos, algo que puede ocurrir. Los espíritus malignos pueden reproducir y falsificar los dones espirituales para engañar al pueblo de Dios.

Todos estos son falsos y erróneos. Las personas tienen miedo del Espíritu Santo porque saben que hay otros espíritus que pueden apoderarse de ellas.

¿Cuál es la respuesta a esto? La respuesta es que hay solo *un* Espíritu Santo. Espero que no crea que esto es irreverente, pero pienso que fijará lo que quiero decir en su mente: Dios no sufre de mal aliento. Cuando él sopla, es limpio y puro, y los resultados no pueden ser distintos. Cuando el Espíritu Santo viene sobre alguien, producirá un fruto santo; es esperable. Una de las formas en que podemos probar a los espíritus es por su fruto. Ver cuáles

¿POR QUÉ BUSCA LA GENTE AL ESPÍRITU SANTO?

son los resultados. Esta persona que dice que está llena del Espíritu, ¿está más viva para con Dios, más llena de amor por Jesús y por otras personas, más ansiosa por adorar a Dios en espíritu y en verdad? Entonces es el Espíritu Santo el que lo ha hecho. Ningún otro espíritu puede hacerlo. Así que, cuando digo el "Espíritu Santo" me refiero al único que puede producir cosas santas, personas santas, amor santo, actitudes santas. Ningún otro espíritu puede producir esas cosas. Otros espíritus producen personas orgullosas, personas discutidoras, personas divisivas que destruyen más que construyen, personas que destruyen la comunión por su orgullo y sus críticas, personas que destruyen la obra de Dios. El Espíritu Santo edifica la obra de Dios, y toda la iglesia es edificada, crece y es fortalecida.

Capítulo dos

EL ESPÍRITU SANTO EN EL ANTIGUO TESTAMENTO

El pensamiento hebreo tiene que ver con el Dios vivo que habla y actúa en el tiempo y el espacio. Mientras estoy operando en el tiempo y el espacio, estoy vivo. Cuando muero, podré estar en alguna otra parte y aún estar consciente, pero estoy muerto en cuanto al tiempo y al espacio. Es en ese sentido que el filósofo Nietzsche dijo: "Dios está muerto" No quería decir que Dios había dejado de existir, sino que, hasta donde él podía ver, Dios ya no estaba diciendo o haciendo algo dentro del mundo del tiempo y el espacio. Un estudiante de una universidad alemana escribió en la pared: "Dios está muerto. Firmado: Nietzsche", pero otra persona escribió abajo: "Nietzsche está muerto. Firmado: Dios", que me pareció una réplica bastante elegante. El Dios de la Biblia, un Dios vivo, no es atemporal. No está fuera del tiempo, sino que el tiempo está dentro de Dios. Y todo lo que Dios dice y hace dentro del tiempo y el espacio lo hace mediante su Espíritu.

Quiero comenzar por el nombre para su Espíritu, que es *ruaj*, que es una palabra muy significativa. Estamos hablando del *ruaj Adonai*, el Espíritu. Esa palabra es lo que llamamos onomatopéyica, una palabra que suena como su significado. Para pronunciar esa "j" al final, uno tiene que soplar bastante fuerte. Podemos escuchar el aliento. Eso es importante, porque *ruaj* significa esencialmente aire en movimiento. Puede ser usado para el viento, el aliento o el espíritu, pero no para cualquier tipo de viento o cualquier tipo de aliento, sino para el tipo de viento o aliento que se puede escuchar. Podemos decir "espíritu" sin que nadie nos escuche respirar, pero no podemos decir *ruaj* sin el aliento. Ése es el significado de *ruaj*. El hebreo tiene otra palabra para la respiración normal de la que no somos conscientes. *Ruaj* es aliento o viento del que uno es consciente, no una brisa ligera. El aire se está moviendo constantemente alrededor de la tierra, porque la tierra está girando y el aire no se mueve a las mismas revoluciones por minuto. Por lo general, no somos conscientes de esto. Cuando sopla un vendaval, nos damos cuenta perfectamente. Eso es *ruaj*. No es el aire normal que se mueve. Ocurre lo mismo con la respiración. Por lo general, no somos conscientes de la respiración de la gente, no la escuchamos, pero cuando respiran fuertemente, luego de correr, eso es *ruaj*. En consecuencia, nos damos cuenta a través de los sentidos del *ruaj*, cuando no somos conscientes del *neshamah*, la respiración normal.

Hay un indicio inmediato. Es el aire de Dios en movimiento, su respiración, pero es anormal, no normal. Es tan anormal que nos damos cuenta del efecto a través de nuestros sentidos en este mundo de tiempo y espacio. La palabra tiene muchas asociaciones. Ante todo, la asociación con la *vida*, porque el aliento y la sangre son los dos elementos esenciales para la vida. Las personas de la Biblia nunca conocieron la conexión entre el aliento y la sangre, pero sabían muy bien que la vida cesaba cuando uno perdía el aliento o perdía la sangre. Siempre *ruaj* significaba vida en oposición a la muerte.

Tiene, también, muchas conexiones con el poderío y el poder, porque un vendaval tiene poder. El aire en movimiento normal en el que vivimos no tiene mucho poder, pero un vendaval, un huracán, tienen poder en su interior. Según un salmo, puede derribar los cedros del Líbano. Puede impulsar un molino, y hemos tenido huracanes en este país que nos han dado evidencias del poder destructor del viento. *Ruaj* tiene un lado destructivo, a veces llamado en el Antiguo Testamento "el soplido de la nariz de Dios". Cuando Dios resopla y uno escucha el soplido de su nariz, por lo general anuncia un acto de juicio destructor.

Encontrará que el *ruaj* o *Espíritu* de Dios son sinónimos de la mano de Dios y aun el dedo de Dios, que son muy poderosos. En Mateo, Jesús dice: "Si expulso a los demonios por medio del Espíritu de Dios, eso significa que el reino de Dios ha llegado a ustedes", pero la versión de Lucas dice: "mas si por el dedo de Dios echo yo fuera los demonios… (RVR1960)" Dios, con su dedo, puede hacer cosas que están más allá del poderío del hombre.

Hay también una asociación con el movimiento: *ruaj* es móvil, y el *ruaj* de Dios mueve a las personas. Recuerdo a una señora que me dijo luego de un sermón que prediqué: "Realmente me sentí movilizada por su sermón". Aún no estoy santificado, como sabrá seguramente, así que le dije: "¿Hacia dónde?" Se enojó bastante, dio medio vuelta y la vi marcar el paso por el sendero de la iglesia. Pensé: "Debo disculparme con ella en el culto esta noche". Volvió a la noche, para mi sorpresa, y le dije: "Lamento haberle hablado así". Me dijo: "Me alegro que lo haya hecho. Durante todo el camino a casa escuché al Señor decir, '¿Hacia dónde, hacia dónde, hacia dónde?'. Tenía que arreglar el asunto con él cuando llegara a casa. Había sido movilizada, ¡pero no había sido movilizada hacia ninguna parte!".

El *ruaj* de Dios lo mueve *a*; no solo lo mueve emocionalmente, el *ruaj* de Dios lo mueve a una posición diferente. Adoramos a un Dios móvil. Es un Dios que está en movimiento, un Dios que camina. Por eso no quería un templo de piedra. Estaba contento con un tabernáculo, porque se podían sacar las estacas y moverlo. Lea las palabras del profeta Natán a David cuando quería construir un templo. Los hombres de Dios son los que caminan con Dios. Están siempre en movimiento. El viejo Enoc hizo una caminata tan larga con Dios que se nos dice que desapareció porque Dios se lo llevó. Así fue como Enoc llegó al cielo. Dios camina en todo momento, y su Espíritu está en movimiento. Hemos visto que Dios es poderoso y, como el aire cuando se mueve realmente de un modo *ruaj* y podemos *oír* el efecto, es invisible, sí, pero no inaudible.

Hay otro indicio que nos abre todo el Antiguo Testamento. Ante todo, *ruaj* está asociado con el habla. Cuando hablo con alguien, para poder hablar tengo que mover aire. Aun cuando mi laringe estuviera vibrando, a menos que hubiera aire en movimiento no se escucharía una sola palabra. La comunicación depende del aire en movimiento. Todo lo que hacen los altavoces es amplificar el sonido y mover el aire de manera más efectiva para que podamos escuchar lo que dice la persona que habla. Las palabras y los hechos de Dios en el mundo del tiempo y el espacio se deben todos a la operación de su *ruaj*.

La primera mención de *ruaj* ocurre en los primeros tres versículos de la Biblia. Solía preguntarme a quién estaba hablando Dios cuando dijo: "Sea la luz". ¿Estaba solo pensando en voz alta o gritando al espacio, o estaba hablando a alguien? Entonces noté que Dios no comenzó a hablar a la creación hasta que había alguien en el planeta Tierra para escuchar lo que dijo. ¿Lo ha notado? Génesis 1:1 dice: "Dios creó los cielos y la tierra", pero no dice lo que dijo. Cuando el planeta Tierra era un simple glóbulo de materia fluida flotando por el espacio, había alguien moviéndose justo arriba. Tan pronto como el *ruaj* estuvo moviéndose sobre la inundación, entonces habló Dios, porque ahora tenía a alguien en la tierra para escuchar y obedecer. Esta perspectiva por sí sola nos abre toda la Biblia. La voluntad de Dios en el cielo, expresada desde su trono en forma de mandamientos y manifestando su gobierno, es ejecutada en la tierra dondequiera se encuentre su *ruaj*.

Por eso existe un vínculo tan estrecho entre el reino de Dios y el Espíritu de Dios. Son prácticamente intercambiables en el Nuevo Testamento. Donde los Evangelios hablan del reino, las epístolas tienden a hablar del Espíritu; hay un vínculo muy estrecho. Cuando se mueve el Espíritu, una de las cosas que ocurren siempre es nueva música y nuevas canciones. Invariablemente, donde el Espíritu se está moviendo de una forma nueva, las canciones son acerca del Rey, su majestad, el reino. ¿Lo ha notado? Se nos presenta primero a Dios como Rey. Ésta es el entendimiento fundamental de Dios a lo largo del Antiguo Testamento. Tenemos que leer un tramo largo antes de descubrir que Dios es Padre. Tenemos que leer casi hasta el final de la Biblia antes de encontrar la declaración "Dios es amor". Pero a lo largo de todo el Antiguo Testamento Dios es Rey. Él es el Rey del universo. Algunos de los salmos solo hablan de su señorío. El reino de Dios —el gobierno de Dios— se expresa en Génesis 1. Uno tiene la impresión de que Dios está ordenando que las cosas ocurran. Los primeros diez mandamientos están en Génesis 1, y cada uno de ellos fue cumplido de manera total, inmediata y completa.

Cuando leímos Génesis 1 a nuestra hijita, se quedó muy pensativa cuando terminamos, y luego dijo: "¡Dicho y hecho!", que es una teología perfecta de la creación. ¿Por qué fue dicho y hecho? Porque el *ruaj* de Dios estaba ahí para asegurarse de que fuera hecho, y él es el miembro ejecutivo de la deidad. Así que, inmediatamente, en la primera página, tenemos una sensación del *ruaj* de Dios, expresando su gobierno sobre el planeta Tierra. Y, donde se encuentre el Espíritu, ahí se manifestará el reino de Dios.

Aquí tenemos el *ruaj* de Dios, que produce orden del caos, luz de la oscuridad y vida de la muerte, algo que sigue haciendo. Dondequiera se predique el evangelio, es el mismo *ruaj* de Dios haciendo esas cosas en las vidas de las personas a quienes predicamos.

El Espíritu Santo se menciona desde el principio mismo. ¿Se da cuenta de que Dios el Padre, Dios el Hijo y Dios el Espíritu Santo trabajaron juntos para hacer el mundo en el que vivimos? Las tres personas estuvieron involucradas, y todas aparecen ahí, en el capítulo 1 de Génesis, trabajando juntas para crear este universo maravilloso que está explorando la ciencia. El Espíritu de Dios se estaba moviendo sobre las aguas. ¿Por qué nos dice esto? Porque tenemos que saber desde el principio mismo que, cuando opera el Espíritu Santo, surge el orden del caos, y que todo lo que se dirige en el sentido contrario no es del Espíritu Santo. Dios es un Dios de orden, no de confusión y, cuando aparece el Espíritu Santo sobre el caos produce orden. No produce más caos. El Espíritu se estaba moviendo sobre lo que no tenía forma y era caótico. La palabra literal en hebreo significa "flotando sobre" o "cerniéndose sobre".

La creación del hombre no es la palabra ni la obra del *ruaj*. Es muy interesante que a menudo malinterpretamos el hecho que Dios sopló el aliento de vida en Adán y se convirtió en un alma viviente. Cuánto se malentiende esto. Ante todo, un alma viviente simplemente significa un cuerpo que respira, y se aplica a los animales en Génesis 1. No significa un ser espiritual. El aliento de vida aquí es *neshamah*. Es la respiración normal que trae vida. Dios no estaba poniendo su *ruaj* en el hombre.

No obstante, como el hombre está hecho a la imagen de Dios, tiene espíritu. Hay un *ruaj* del hombre, así como el *ruaj* de Dios. Es esencial que el *ruaj* del hombre sea dominado por el *ruaj* de Dios. También puede ser dominado por otros *ruaj*: espíritus mentirosos, espíritus inmundos. Pero la vida normal del hombre es esa vida *neshamah*, la respiración normal, las actividades normales del hombre. *Ruaj* se contrasta también con la carne, y en un sentido muy real vamos a ver algo ahora: que el *ruaj* permitirá a los hombres y mujeres hacer lo que está completamente más allá de las posibilidades de la carne. *Ruaj* siempre se asocia con actividad anormal, lo que los griegos llaman desafortunadamente "sobrenatural". Volveremos a esto. Lo asombroso es que el *ruaj* de Dios puede apoderarse del *ruaj* del hombre. Somos la única religión en el mundo que enseña acerca de un Dios que puede residir dentro de sus adoradores.

La siguiente mención que quiero que veamos al pasar es esa historia tan sórdida de Génesis 6, donde más de doscientos ángeles sedujeron y embarazaron a mujeres. Eso es tan repugnante para Dios como la relación sexual entre seres humanos y animales. Está completamente en contra del orden de Dios, y produjo un mundo lleno de ocultismo, que comenzó con el sexo pervertido y la violencia. La violencia llenó la tierra. Es un incidente muy sórdido, y aún sufrimos sus consecuencias.

En el medio de esa terrible historia encontramos la declaración: "No contenderá mi espíritu con el hombre para siempre" (RVR1960). Está conectado con el versículo más triste de toda la Biblia. No puedo leerlo sin conmoverme. Dios dice: "Me arrepiento de haber hecho a los hombres y mujeres", como si un padre o una madre dijera: "Ojalá nunca hubiésemos tenido hijos". Dios lamentó habernos creado. No lamentó nada más. El resto estaba bien, pero lamentó crearnos a nosotros. Ocurrió cuando quiso lavar el mundo, en el relato de Noé.

Ese pequeño versículo, "No contenderá mi espíritu",

nos dice varias cosas. Nos dice primero que el Espíritu de Dios contiende con las personas, pero nunca las obliga. Ésa es una perspectiva esencial, como veremos en el Nuevo Testamento. El Espíritu nunca obliga a las personas a hacer cosas. Lo espíritus malos sí —hay compulsión ahí—, pero el dominio propio es parte del fruto del Espíritu Santo. Si alguien dice que se ve forzado completamente por el Espíritu Santo a hacer algo, lo pongo en duda. Podemos entristecerlo precisamente porque no nos fuerza a hacer nada.

Veremos, cuando consideremos al Espíritu en la historia de la iglesia, que el ministerio del Espíritu a través de las eras ha sido canalizado enteramente por lo que las personas esperan que haga. Él no opera fuera de la expectativa de las personas. Por eso, durante muchos siglos, la iglesia no conocía a gran escala dones como las lenguas, la sanidad y la profecía, precisamente porque no los esperaban, no los buscaban, no los querían. Y no fue algo que fue forzado sobre ella, porque el Espíritu Santo contiende con nosotros. Pero también nos dice que el Espíritu Santo puede llegar a un punto, o Dios puede llegar a un punto, en que su paciencia se agota, y dice: "Ya no seguiré contendiendo", y ése es un lado serio del Espíritu.

Ya he indicado que el Espíritu de Dios, actuando sobre el espíritu del hombre, permite a las personas hacer lo que está más allá de su capacidad, ser más allá de su capacidad y decir lo que está más allá de su capacidad. Ésas son las tres áreas en las que opera el *ruaj Adonai* a lo largo del Nuevo Testamento, permitiendo a los hombres hacer, ser y decir lo que está completamente fuera del alcance de su carne y es, por lo tanto, anormal. Siempre es *perceptible*, ya que las personas pueden escucharlo y estar conscientes de su actividad. Él es móvil, viviente, capaz de transformarnos en hombres y mujeres diferentes.

Un pasaje clave nos habla del momento en que Saúl se

encontró de pronto entre los profetas y Dios le dijo: "El Espíritu del Señor vendrá sobre ti y serás transformado en otro hombre", no el hombre como nació, no con sus capacidades naturales. Usted se encontrará haciendo cosas que nunca hubiera hecho de otra forma; ésa es la clave del Espíritu en el Antiguo Testamento.

Consideremos las dimensiones que ya he mencionado. La primera mención de que el Espíritu Santo viene sobre personas es, sorprendentemente, su venida sobre alguien para *hacer* algo con sus manos. Ahí tenemos a Bezalel, Aholiab y un equipo de hombres sobre los cuales vino el Espíritu del Señor para construir un edificio —el tabernáculo—, pero antes de que el Espíritu les diera habilidad con sus manos les dio habilidad con sus cabezas. Ahora bien, un pasatiempo mío ha sido diseñar edificios de iglesia. Y encuentro que muchas personas no pueden leer planos. No pueden ver los dibujos de un edificio y construir en sus mentes una imagen tridimensional. No pueden tener una percepción del edificio con dibujos en un solo plano, así que para estas personas construyo maquetas. Algunas personas pueden ver una maqueta mejor, pero Bezalel y Aholiab ni siquiera recibieron planos. No tuvieron ningún dibujo, así que lo primero que necesitaban era la capacidad mental para visualizar el edificio a partir de una especificación sin planos. Esto es algo bastante difícil, pero dice que Dios dio a estos hombres primero la capacidad de verlo en sus mentes. ¿No es interesante? De una especificación escrita a ver la cosa entera, y ver cómo sería y cómo encajaría todo.

Luego les dio destreza. Iban a tener que usar plata y oro. Tendrían que tallar, hacer bordados intrincados, toda clase de cosas. Y dice que el Espíritu del Señor vino sobre ellos para darles sabiduría y conocimiento para entender lo que él quería, y luego para darles la destreza con sus manos para hacer cosas que nunca había hecho antes.

Pienso en un hombre en Guildford que había sido un prisionero de guerra en Alemania durante la Segunda Guerra Mundial. Era un jardinero y trabajaba al aire libre. Tenía una cámara sencilla y le gustaba sacar fotos de hongos. De alguna forma el Señor desarrolló esto en él y comenzó a mostrar sus diapositivas a otros, y les encantó. Así que su hijo le compró una cámara de última generación con muchos dispositivos y botones. El viejito le dio un vistazo. Apenas podía darse cuenta hacia dónde dirigirla, pero simplemente salió, y oró: "Señor, enséñame cómo operar esta cámara", y de ahí en más supo perfectamente cómo hacerlo y cómo sacar las fotografías más perfectas de hongos. Pasó a dar conferencias dos o tres veces a la semana por todo el país, e incorpora a Dios a sus charlas. No le gustan las cosas que dice Attenborough[1] sobre la "Madre Naturaleza", sino que habla del Padre Dios que hizo todo esto. Pero el Señor le enseñó a usar la cámara más complicada sin ninguna ayuda humana.

El Señor puede hacer esto, porque es práctico. "Confirma la obra de nuestras manos". Vemos que todo esto está dentro del tiempo y el espacio. No es demasiado "espiritual", ¿no es cierto? Pero es el pensamiento griego el que limita la actividad del Espíritu a lo que hace con su alma, pero no dejará que le toque le cuerpo. Somos hombres y mujeres enteros, y el Espíritu puede tocar a la persona entera. Pero es ahí donde empieza: es una de las primeras ocasiones en que Dios dio una especificación detallada, la sabiduría para entenderla, el conocimiento para verlo en conjunto, y luego la destreza de las manos para producir uno de los edificios más hermosos, que es una copia del que está en el cielo. El tabernáculo era un lugar donde Dios podía vivir, su tienda especial en medio de todas las tiendas, pero tenía que ser portátil. ¿No sería excelente tener edificios de iglesia portátiles en los cuales uno pudiera simplemente sacar las

---
[1] David Attenborough es un científico naturalista inglés.

estacas y desplazarse? Eso era lo que Dios quería. Más adelante, Sansón recibió capacidad física. Obtuvo una fuerza sobrenatural. Todas las hojas de la escuela dominical que los niños llevan a casa que he visto muestran un físico como el de Arnold Schwarzenegger. Pero Sansón nunca tuvo ese aspecto. Si lo tuviera, ¿se imaginan que Dalila hubiera dicho: "Cuál es el secreto de tu gran fortaleza?". Agradezco a Dios que Sansón tenía un físico como el mío. Su fortaleza no estaba en sus músculos, en sus bíceps, sino que era una fuerza sobrenatural. El Nuevo Testamento lo respalda: "Si el Espíritu de aquel que levantó a Jesús de entre los muertos vive en ustedes, el mismo que levantó a Cristo de entre los muertos también dará vida a sus cuerpos mortales por medio de su Espíritu, que vive en ustedes". Es grandioso, ¿no es cierto?

Esto nos lleva directamente a los milagros del Espíritu Santo. Un milagro es algo que un hombre no puede hacer a menos que el *ruaj Adonai* lo haga posible. Dicho sea de paso, al considerar los ministerios de Elías y Eliseo, cuando Eliseo pidió una doble porción del espíritu de Elías, no estaba diciendo: "Quiero ser dos veces el hombre que has sido tú". Ése es un craso error. Cuando moría un judío, si tenía cuatro hijos, su dinero y sus propiedades eran divididos en cinco partes, y el hijo y heredero que pasaba a encargarse del negocio familiar recibía una doble porción, porque tenía la responsabilidad mayor. Orar por una doble porción del espíritu, es decir: "¿Puedo ser tu hijo y heredero? ¿Puedo continuar tu ministerio?". Pero todos sus milagros fueron hechos por el *ruaj Adonai*. El Espíritu caía sobre ellos y ellos lo hacían.

Un aspecto único del *ruaj Adonai* en las escrituras es la conexión con la música. De nuevo, es una destreza física, pero era dada por el Espíritu de Dios. El rey David era sabio; nunca elegía un director de coro que no fuera también un profeta. Usted no va a tener tantos problemas con sus coros si tienen directores de coro, directores de alabanza o líderes de grupos musicales proféticos. Es importante que realmente tenga músicos en su iglesia que sean proféticos y tengan el *ruaj Adonai* guiándolos, porque si no es así, soltarlos sobre su congregación es la cosa más peligrosa. David estaba dotado de forma única en la música por el *ruaj Adonai,* y compuso muchos salmos. Elías acostumbraba llamar a un trovador que le ministrara con música para que pudiera profetizar. Lo mismo hacía Ezequiel. Encontramos que hay una conexión muy estrecha entre la destreza musical y el mover y las palabras del Espíritu. El poder para interpretar sueños, el poder para ser transportado de un lugar a otro, aparece en el Antiguo y el Nuevo Testamento: es el *ruaj Adonai* que puede literalmente levantar a una persona y bajarla en otro lugar. Eso era lo que los profetas pensaron que había ocurrido con Elías, hasta que encontraron que Dios lo había levantado y lo había bajado en el cielo.

Todo esto son cosas "anormales", y el problema es que la iglesia ha llegado al punto en que consideramos al *ruaj* de Dios como "normal". Tenemos himnos tan absurdos como "Suave como una brisa leve, suave como el aliento de la noche". ¿Lo han escuchado? El *ruaj Adonai* no viene como el aliento de la noche, sino como un viento recio y fuerte.

A menudo "espiritualizamos" la obra del Espíritu. Tome un ejemplo de Zacarías: "'No será por la fuerza ni por ningún poder, sino por mi Espíritu', dice el Señor Todopoderoso". Lo aplicamos en toda clase de formas espirituales. Tiene que ver con un edificio, con terminarlo y poner la piedra superior en el techo. Se le dijo a Zacarías: "No podrás terminar ese edificio con esfuerzo humano ni por tu propia fuerza carnal. Lo terminarás por mi Espíritu". Usamos anteojos "griegos" y nos olvidamos que lo físico y lo espiritual no están separados en el pensamiento hebreo, y el *ruaj Adonai* afecta a ambos.

Somos personas enteras, no un cuerpo con un alma adentro. En el pensamiento hebreo, el alma es un cuerpo que respira; tiene vida en ella.

Hemos estado considerando el "hacer"; ahora vamos al "ser". Lo interesante es que el principal énfasis en el Antiguo Testamento es en la capacidad de liderar. La mayoría de las personas sobre las que cayó el *ruaj Adonai* en el Antiguo Testamento fueron líderes de su pueblo. Isaías 28:6 sería típico: "Él infundirá espíritu de justicia al que se sienta en el tribunal". La capacidad de liderar y juzgar, la capacidad de reinar, la capacidad de gobernar; aparece constantemente.

Hubo tres clases de líderes en el Antiguo Testamento. Podemos dividirlo en tres capítulos de la historia. En el capítulo uno, fueron liderados por profetas, desde Moisés hasta Samuel. En el capítulo dos, fueron liderados por reyes, desde Saúl hasta Sedequías. En el capítulo tres, fueron liderados por sacerdotes, desde Zorobabel hasta Anás y Caifás. Ésas son las principales fases de liderazgo en el Antiguo Testamento. De hecho, el período de los reyes fue comparativamente breve, aunque a menudo nos olvidamos de esto.

Los tres tipos de liderazgo finalmente fracasaron, pero habían sido consecuencia de que el *ruaj Adonai* cayera sobre hombres. Vino sobre Moisés, para sacarlos de Egipto. Él reconoció que fue el Espíritu de Dios quien le permitió hacerlo. Vino sobre Josué, para introducirlos en Canaán. Vino sobre los jueces de manera excepcional. Jueces es un libro muy carismático de la Biblia. Encontramos que el Espíritu del Señor viene sobre Otoniel, luego Gedeón, luego Jefté y, sobre todo, Sansón. Fue un período de liderazgo carismático.

Lo interesante es que intentaron institucionalizar lo carismático. Cuando Gedeón, por el poder del Espíritu, los libró de los madianitas, ¿sabe lo que le dijeron? "Gedeón, nos gustaría que tu hijo sea rey después de ti, y que su nieto sea rey después. Comienza una dinastía. Queremos un rey, y has demostrado que eres lo ideal..." He notado que Dios raramente opera a través de la herencia física, y que es fatal que los hijos intenten copiar a los padres. Los hijos son personas en sí mismas.

Los jueces tuvieron una tarea doble: no solo gobernar dentro del pueblo de Dios, sino defenderlo de los enemigos externos. Solo un pequeño punto de interés aquí: Débora hizo lo primero, pero no lo segundo, que estuvo a cargo de Barac. Fueron levantados por Dios, un liderazgo carismático, pero las personas quisieron intentar repetirlo, encapsularlo o cristalizarlo. Cuando hacemos eso, se vuelve algo fosilizado. Gedeón, gracias a Dios, les dijo: "Ustedes ya tienen un rey, y ése es el Señor". Lo que necesitamos no es sucesión humana sino unción divina para el liderazgo.

Avanzando, en el período de los reyes el Espíritu del Señor vino poderosamente sobre Saúl. Pero llegó un día en que dice que el Espíritu del Señor fue retirado de Saúl, transferido a David el mismo día, y un espíritu maligno fue puesto dentro de Saúl, que reemplazó al Espíritu Santo. Ésa es una de las más tremendas declaraciones de la Biblia.

Desde Salomón en adelante, no hay un solo rey ungido en el Antiguo Testamento. Los tronos eran tomados por golpes militares o heredados por hijos. Salomón fue una mezcolanza. Es cierto que pidió sabiduría para el liderazgo, que Dios lo honró y le dio sabiduría. A su palacio vinieron dos madres que reclamaban el mismo bebé. Un bebé había muerto, y ese hombre, que tenía que tratar con dos mujeres enojadas entre ellas, necesitaba mucha sabiduría. Salomón dio la respuesta más sabia que podría haberse dado. Dijo: "Corten al bebé vivo por la mitad y entreguen una mitad a ella y otra mitad a ella". De inmediato, la que no era la verdadera madre dijo: "Me parece bien a mí", pero la verdadera madre prefería que su bebé estuviera vivo en las manos de otra persona y dijo: "Está bien, que se quede con el bebé". Salomón supo quién decía la verdad. Ahora había obtenido la respuesta, y se dio cuenta de que, aun cuando la oración por la sabiduría había sido en un sueño, él había pedido sabiduría y el Espíritu Santo se lo había dado. Mientras estuvo el Espíritu Santo sobre él, pudo producir el libro de Proverbios y pudo tomar las decisiones más sabias. Pero, como Sansón antes de él, cuando Salomón dejó de confiar en la sabiduría del Espíritu y estuvo sin el Espíritu, hubo caos.

Una vez fui inspirado de una forma muy práctica por el relato bíblico de Salomón. Estaba predicando en Islington y se me acercó una pareja después. Simplemente dijeron: "David, si no nos ayuda nos vamos a divorciar", lo cual es un desafío considerable.

Dije: "Miren, tengo que irme en cinco minutos".

Volvieron a decirme: "Tiene que ayudarnos porque si no nos divorciaremos".

"¿Cuánto tiempo han estado casados?", pregunté.

"Tres meses".

"¿Se están divorciando luego de tres meses?".

"Sí".

"¿Se aman?", pregunté.

"Pensábamos que sí".

"¿Aman al Señor?".

"Sí, ambos lo amamos".

"Bueno, ¿y cómo fue que se conocieron?". Entonces salió todo. Ella visitaba cárceles y fue a una cárcel de hombres. Ahora, eso fue una necedad. Llevó a este muchacho al Señor, realmente lo hizo, lo discipuló, y él creció y maduró. Después de un tiempo salió de la cárcel, pero no tenía familia y no tenía dónde ir. Era una chica soltera que vivía sola. Tenía treinta años y se preguntaba si alguna vez se casaría. El muchacho le dijo: "Sabes, además de estar agradecido por toda la ayuda espiritual que me has dado, me he encariñado contigo. ¿Te agrado yo?".

"Sí", contestó.

Dijo: "¿Te gustaría que nos juntáramos, nos casáramos y formemos un hogar?".

"Oh", dijo, "me encantaría".

Se mudaron al departamento de ella, y entonces se dio cuenta que era un muchacho tosco. Comía con los dedos en vez de usar cuchillo y tenedor. Cuando se desvestía a la noche, se sacaba la ropa y la dejaba tirada en el piso. Ella había sido criada en un hogar con cortinas de encaje, con flores, con todo prolijo y guardado en cajones. Eran completamente incompatibles en todo excepto la fe, y dijeron: "No podemos; después de tres meses no podemos soportarnos. Hemos cometido un error terrible". Recuerdo decir: "Señor, me quedan tres o cuatro minutos. Por favor, le diste sabiduría a Salomón; dame un poco", y lo hizo.

Les dije: "Ahora, escuchen los dos atentamente. Esto es lo que tienen que hacer. Deben hacer 'una semana sí, una semana no'. La primera semana ambos harán todas las cosas al modo de él: tú, la esposa, debes arrojar tu ropa en el piso y comer con los dedos. Pero la semana siguiente es el turno de él, y tiene que aprender a poner su ropa en los cajones, y a usar el cuchillo y tenedor. Deben hacer esto, una semana sí y una semana no". Ella me miró y me dijo: "Es tan extraño que tiene que ser del Señor". Luego dijeron: "¿Hay algo más?". Les dije: "Es todo lo que pude escuchar. Adiós. Dios les bendiga".

No los he vuelto a ver, pero seis meses después recibí una carta de ellos. Podría llorar sobre esa carta. "Querido David, nunca pensamos que el matrimonio podría ser tan maravilloso", y siguieron hablando acerca de lo felices que eran. Pero nunca me dijeron la cosa más importante que quería saber: ¿seguían haciendo "una semana sí, una semana no"? ¡Ahora puedo escribir un libro sobre orientación matrimonial! ¡He encontrado la respuesta! Hablando en serio, nunca volví a decir a una pareja que haga eso. Fue una palabra de sabiduría. Debemos tener mucho cuidado de no intentar repetir lo que el *ruaj Adonai* nos indica que digamos. Salomón recibió sabiduría para todos excepto para él. Se me dijo en la escuela dominical que fue el hombre más sabio que haya vivido jamás del Antiguo Testamento. Setecientas esposas y trescientas concubinas; ¿llamarían a eso sabio? ¡Setecientas suegras! De hecho, no dice en realidad que el *ruaj Adonai* estuvo sobre Salomón. Por supuesto, cuando murió, todo se vino abajo. Nunca volvemos a encontrar un rey ungido como él.

Más tarde, cuando los judíos volvieron del exilio, el Espíritu viene sobre sacerdotes. Fueron liderados por sacerdotes y no volvieron a tener un rey, excepto muy brevemente durante el período de los macabeos. Pero tuvieron sacerdotes ungidos, y el Espíritu vino sobre Zorobabel. Así que intentaron toda clase de liderazgos. Lo que realmente necesitaban era alguien que fuera profeta, sacerdote y rey.

El Espíritu de Dios permitía a las personas hacer cosas extraordinarias, en especial tener la capacidad de liderar a su pueblo. Pero la otra área era la capacidad de *decir*. Ésta es la capacidad más destacada y tal vez la más significativa e importante en el Antiguo Testamento. Recuerde que el aire en movimiento está vinculado con la boca, y *ruaj* está vinculado directamente con el habla. Permite a las personas profetizar.

Moisés era un profeta principalmente. Muchos lo consideran como el más grande profeta del Antiguo Testamento. Es interesante que el Espíritu del Señor vino sobre los setenta ancianos que designó, y profetizaron. Pero no volvieron a hacerlo; solo esa única vez.

La profecía siempre es algo de la boca. El Espíritu de Dios se apodera de la boca de una persona. El Espíritu de Dios hasta puede apoderarse de una burra y hacer que la burra hable las palabras de Dios. A menudo digo a esposas de esposos inconversos: "Debe ir a su esposo con este problema, no a mí". Me dicen: "Pero no es un cristiano, no se ha convertido". Les digo: "No importa, solo necesita un poco de fe en que Dios hablará a través de su esposo". No pueden creerlo, porque su esposo no es un cristiano. Entonces les digo: "Pero Dios una vez habló a un hombre a través de su burra", ¡y entonces lo creen! ¿No es interesante? Lo cual me dice exactamente lo que piensan de sus esposos en ese momento. Cuando el *ruaj Adonai* se apodera de alguien, la persona puede hablar porque puede oír, y Dios pondrá palabras en su boca.

Cuando Saúl se convirtió en otro hombre, y el proverbio dice: "¿Está Saúl entre los profetas?", dice que estaban profetizando. Esto es muy interesante; estaban tocando música cuando se encontró con esta banda de profetas. Sea lo que estuvieran haciendo, no era algo que estaban haciendo para la gente; lo estaban haciendo para Dios. Sin duda era un comportamiento anormal, y no descarto que puedan haber sido lenguas. Ciertamente hubo don de lenguas en Babel, así que existió en el Antiguo Testamento. Estaban haciendo cosas que uno normalmente no haría, y eso, nuevamente, es característico del *ruaj Adonai*. Él vence las inhibiciones de una persona. Uno hace cosas que normalmente no se atrevería a hacer. David, bailando ante el arca, es solo un ejemplo. Su esposa no tenía una buena opinión de esto, pero Dios no tenía una buena opinión de su esposa. Dice que Saúl se quitó la ropa y bailó. Una locura, pero las personas que toca el *ruaj Adonai* hacen locuras.

Hay una cosa importante que quiero subrayar: nunca intente copiar ninguna de estas locuras. ¡El pobre Isaías tuvo que correr desnudo por las calles de Jerusalén! ¡Somos muy rápidos para copiar lo que el *ruaj Adonai* hace con otra persona! Una de las debilidades de las comunidades carismáticas es ir en busca de la última novedad, la gran respuesta que solucionará todo. Escuchan que el *ruaj Adonai* hizo algo, y dicen: "Ah, ¡ésa es la respuesta! Debemos todos hacer eso aquí". Él trata con nosotros de manera diferente. Dejemos que él nos diga lo que debemos ser y hacer, y será único, porque cada uno de nosotros es único.

Más tarde, sin embargo, la profecía tuvo un contenido más inteligible, y se convirtió en mensajes muy agudos de Dios. Comenzamos a tener profetas que hablan osadamente en el nombre del Señor. Moisés ya lo había hecho, pero tenemos todo un grupo de profetas que aparecen en una crisis particular de la historia de Israel. Tienen un mensaje de Dios que está relacionado con el pasado, el presente y el futuro. La profecía hace las tres cosas, y no debemos limitarla a predicciones acerca del futuro, si bien es una parte vital de ella.

Su mensaje era una apelación al pasado —el pacto que Dios había hecho con ellos en Sinaí—, un diagnóstico muy agudo de sus problemas en el presente y un pronóstico preciso del futuro que ocurriría a menos que hubiera un cambio. Ellos tenían este entendimiento integral del Dios del tiempo: él es pasado, presente y futuro. Estos hombres eran todos profetas por el *ruaj Adonai* que venía sobre ellos, el Espíritu de Dios que les permitía ser profetas.

Una de las cualidades destacadas, tanto de los que llamamos profetas mayores, porque sus libros son más grandes, y los profetas menores, porque sus libros son más chicos (¡qué títulos absurdos!), es que hablaban la palabra que Dios les daba, independientemente del costo o la consecuencia. Eso se llama osadía. En el Nuevo Testamento, la palabra griega es *parresía*, y es usada más frecuentemente que las lenguas como prueba de ser llenado con el Espíritu. La osadía al hablar, la valentía para decir la verdad, sin importar la reputación, sin importar lo que ocurra. Algunos de estos hombres realmente pagaron el precio por ser osados al hablar. Pienso en Isaías; ¿sabe lo que le hizo el rey Manasés? Primero, le prohibió hablar, así que Isaías escribió sus palabras en un libro. Gracias a Dios que lo hizo —lo tenemos ahora—, pero luego Manasés lo metió en un tronco de árbol hueco y ordenó que lo aserraran en dos. A él se refiere Hebreos 11: "aserrados por la mitad". Me veo tentado a decir que los eruditos bíblicos aún están tratando de hacer esto con su libro, cortándolo en proto-Isaías y déutero-Isaías, y todo lo demás. Pobre Isaías pagó el precio. Jeremías fue arrojado a un pozo. Ellos tuvieron que vivir sus mensajes, que requirió valentía. "Jeremías, no debes casarte". "Oseas, debes casarte con una prostituta". "¿Cómo?". "Ve, busca una prostituta y ten tres hijos con ella. Ella amará al primero, no amará al segundo y el tercero ni siquiera será tuyo". "¿Y luego, Señor?". "Bueno, después ella va a volver a la calle". "¿Qué hago entonces con los tres chicos?". "Ve y vuelve a comprarla del rufián que la controla, tráela a casa y vuelve a amarla". "¿Y entonces qué hago, Señor?". "Luego ve y dile a mi pueblo Israel que así es como me siento yo". Ezequiel tuvo que perder a su esposa y ni siquiera llorar.

Esos hombres tuvieron una valentía increíble. Era el *ruaj Adonai* que venía sobre ellos. La valentía es una marca de aquellos sobre los que viene el *ruaj*. A veces me han preguntado: "¿Cuál es la evidencia de que uno ha sido llenado con el Espíritu?". Contesto: "Te lo diré en una palabra: problemas". Si usted no ha estado en problemas desde que fue llenado con el Espíritu, me pregunto si está caminando en el Espíritu. Decir la verdad tal como es lo mete en problemas. Siempre me molestan los testimonios que dicen: "Vine a Jesús y todos mis problemas desaparecieron".

Mi testimonio es simple. Vine a Jesús cuando tenía diecisiete años y mis problemas comenzaron. Años después fui bautizado en el Espíritu y mis problemas empeoraron. Encaja con las promesas de Jesús, porque él dijo: "En el mundo tendrán grandes problemas". Pero también dijo: "Alégrense, estoy en control".

Los profetas pagaron el precio. Vemos específicamente que todos, Micaías, Jahaziel, Zacarías, Miqueas, Isaías, Ezequiel, Zacarías, atribuyeron al *ruaj Adonai* las palabras que hablaban y la valentía que mostraban; el poder para *decir*.

En resumen: el Espíritu Santo vino sobre muy pocas personas en el Antiguo Testamento. Si los sumamos, tal vez no pasarían los ciento cincuenta. Cuando consideramos que dos millones y medio de esclavos hebreos salieron de Egipto, y los agregamos a todas las generaciones posteriores, en realidad muy pocas personas experimentaron el *ruaj Adonai*. Fueron principalmente algunos de sus líderes, sus profetas, sacerdotes y reyes, pero no muchos de la gente común. Hubo muchos héroes y grandes nombres en el viejo pacto, pero nosotros vivimos en un nuevo pacto, que es muy diferente. No depende solo de unas pocas personas importantes. Me alegro de no vivir en el viejo pacto, porque yo podría haber sido una de los millones de personas que el *ruaj Adonai* no tocó. El Espíritu Santo vino sobre los pocos que servían a los muchos. "Nunca tantos debieron tanto a tan pocos". No hay ningún énfasis en que el israelita común y corriente, promedio, cotidiano, haya experimentado el *ruaj Adonai*. Me resulta útil notar lo que la Biblia no dice, además de lo que dice. Cuando miramos las cosas que faltan, vemos mucho.

Aun en los pocos sobre los que vino, el *ruaj Adonai* no permaneció en ellos. No era una situación o un estado permanente: venía y se iba. Ahora bien, habiendo dicho esto, hay indicios de que en algunos de ellos el Espíritu Santo operaba de manera más o menos permanente. Los únicos que pude encontrar fueron: José, Moisés, Josué, Daniel, Samuel, Elías y Eliseo. El indicio es que son descritos como hombres en los que estaba el Espíritu de Dios.

Hay en todo el Antiguo Testamento un solo hombre de quien se dice específicamente que el Espíritu permaneció con él desde el día que vino sobre él, y esa persona es el rey David. Él es el único sobre el cual vino, descansó y permaneció el Espíritu. Dice específicamente: "El Espíritu del Señor vino con poder sobre David, y desde ese día estuvo con él". ¡Qué interesante! El que fue un tipo del Hijo de David fue un rey que también fue un profeta, pero no era sacerdote. Es interesante que en el Antiguo Testamento tenemos algunos, unos pocos, que eran sacerdotes y profetas, como Ezequiel, y algunos que eran profetas y reyes, como David. Pero no hay uno solo que haya sido jamás profeta, sacerdote y rey.

Llegó el día espantoso en que David rompió cinco de los diez mandamientos en un solo día. Deseó la mujer de su prójimo, dio falso testimonio contra el esposo, robó a la esposa, cometió adulterio con ella y asesinó a su esposo. Bastante malo para un hombre según el corazón de Dios. Cuando se vio enfrentado a esto, y Natán el profeta dijo: "Tú eres ese hombre", ¿sabe cuál fue su mayor ansiedad? "Señor, ¡no me quites tu Santo Espíritu!", en el Salmo 51. Ahí tenemos un hombre que era consciente de la presencia continua del Espíritu. Lo que más temía era que perdiera el Espíritu Santo a través de ese incidente, y no lo perdió. Santo. Ésa era su oración: "Dios, no quites el Espíritu de mí".

La otra cosa que hay que mencionar es que en el Antiguo Testamento hay un énfasis en la habilidad más que en el carácter. La principal obra del Espíritu Santo en el Antiguo Testamento es poder, más que pureza.

Las esperanzas del Antiguo Testamento para el futuro se

dividen en dos. Una, de una experiencia mucho más estrecha del *ruaj Adonai* que antes. La otra, de una experiencia mucho más amplia, De modo que, en un sentido, el foco se acerca y luego se aleja. Vemos la concentración primero en la esperanza de un soberano lleno del Espíritu, que recibiría el Espíritu Santo sin ningún límite, que tendría todas las habilidades y el carácter que el Espíritu Santo puede dar. Un rey perfecto. Mesías en hebreo, *Christos* en griego, Rey en español. Esa esperanza se cumplió cuando nació Jesús. El otro lado de la esperanza eran súbditos llenos del Espíritu para ese rey. La combinación de un soberano lleno del Espíritu reinando sobre personas, cada una de las cuales estaría llena del Espíritu, es lo que los judíos entienden por la expresión "reino de Dios". Jesús nunca definió o explicó la frase "reino de Dios", porque todo judío sabía lo que significaba. El reino de Dios no se trata solo de un soberano lleno del Espíritu, sino de que cada súbdito esté lleno del Espíritu también. Ése es el concepto del reino de Dios que muchos anhelaban y por lo que muchos oraban.

Tomemos las dos mitades. Primero, el soberano lleno del Espíritu. Encontramos que esto aparece especialmente en Isaías, mil años antes que ocurriera. Aquí tenemos la imagen de un hombre que está tan lleno del Espíritu Santo que combina las funciones de profeta, sacerdote y rey. Es todo lo que necesitamos en un líder. Y tendría el carácter, los dones y las habilidades. Tendría sobre él el Espíritu de sabiduría y entendimiento, consejo y poder, conocimiento y temor del Señor. Todo esto está ahí, en Isaías 11. Vendría del tronco de Isaí, el árbol que había sido cortado. Y, así como sale un nuevo brote de un tronco, este rey lleno del Espíritu saldría de ese tronco. Por eso nació en Belén del tronco de Isaí.

Recordamos nuevamente que Isaías 61 incluye lo que sería el texto del primer sermón de Jesús en Nazaret: "El Espíritu del Señor está sobre mí", listando las cosas que haría: traer buenas noticias a los pobres, libertad a los cautivos, los que están golpeados, etc. ¿Sabe lo que es eso? Es el año del jubileo. Cada cincuenta años tenían un jubileo en Israel. Era buenas noticias para los pobres, porque todas las propiedades volvían a su dueño original, y todos empezaban parejos de nuevo. Era una medida económica radical, pero creo que es maravillosa. Impide constantemente que los ricos se vuelvan demasiado ricos y que los pobres se vuelvan demasiado pobres. Ésa es la respuesta de Dios. ¡No es una buena noticia para los ricos!

Además, en los años de jubileo, los esclavos eran liberados. Es el año aceptable del Señor. ¿Qué tiene de aceptable del Señor? Todos vuelven a ser iguales y los esclavos vuelven a ser libres; es eso lo que lo hace aceptable. Jesús anunció: "El Espíritu del Señor está sobre mí para proclamar el año aceptable del Señor". El jubileo había comenzado.

Isaías nunca se dio cuenta de que el rey en las profecías anteriores que había dado y el siervo doliente que moriría por su pueblo y resucitaría, en la segunda mitad de su profecía, eran la misma persona. Y, al día de hoy, la mayoría de los judíos no se dan cuenta de esto. Aun cuando Dios les dio el rollo de Isaías de los Rollos del Mar Muerto en el año que fundaron Israel, todavía no ven su importancia. Era el único libro que estaba completo en los Rollos del Mar Muerto: Lo tienen aparte en el Santuario del Libro, cerca del Knesset, pero no lo ven; están cegados.

Solo pueden esperar un rey que viene; no podrían manejar un siervo doliente. Nosotros sabemos que estos dos van juntos, porque el Espíritu del Señor, el mismo Espíritu que está en el rey que sería llenado de sabiduría y consejo y poder, está también en el siervo, para morir por su pueblo. Por sus llagas somos sanados. Ésa es la esperanza estrecha para el futuro. La esperanza amplia para el futuro es que él tendrá un reino en el que todos los súbditos estarán llenos del Espíritu.

El Espíritu Santo no es llamado el "Espíritu Santo" en el Antiguo Testamento, excepto cuando David dice: "No me quites tu santo Espíritu". "Espíritu Santo" es su nombre en el nuevo pacto, y es un agregado muy importante. No es llamado el Espíritu Santo porque nunca es llamado Dios en el Antiguo Testamento, y nunca es tratado ahí como una persona. Era considerado como el poder de Dios, pero creo que, para los judíos, era más un "algo" que un "él". Hubo uno o dos excepciones. Isaías se acercó bastante cuando dijo: "No aflijan a su santo Espíritu". Note que fue Isaías el que lo dijo primero, no Pablo. Uno no puede afligir a un "algo". No obstante, debemos decir que si solo tuviésemos el Antiguo Testamento podríamos ser excusados por no pensar en el Espíritu Santo como una persona. Por eso nunca tuvieron que luchar con el problema de la Trinidad. Solo sabían que hay un Dios. Pero en el principio mismo tenemos una declaración extraordinaria, en Génesis 1, donde Dios es llamado *Elohim*, que significa que es tres o más. *El* es uno, *eloha* es dos, pero *elohim* es tres o más. Sin embargo, aun cuando Dios es *Elohim* a lo largo de todo Génesis 1, todos los verbos son singulares.

"En el principio Dioses" [plural] "creó" [singular]... Por supuesto, los judíos no saben cómo explicarlo. Dicen que es el "nosotros" de la realeza cuando Dios dice: "Hagamos al hombre a nuestra semejanza". Ahora vemos al *Espíritu* de Dios como una persona, pero no es tratado plenamente como tal en el Antiguo Testamento. Es más el aliento de Dios, la fuerza, la fuerza invisible de Dios que viene. Así que hay limitaciones. En la primera parte del Antiguo Testamento es llamado usualmente el Espíritu de Dios, ya sea *ruaj Adonai* o *ruaj Elohim*. Más tarde, al familiarizarse más las personas con el mover del Espíritu, lo llamaban simplemente Espíritu.

Pero tan pronto entramos en el Nuevo Testamento, él es el Espíritu Santo, la tercera persona de la bendita Trinidad, y sabemos muchísimo más.

Agradezca a Dios por el fundamento establecido en el Antiguo Testamento, pero agradézcale que estamos viviendo en un pacto completamente nuevo. Ezequiel dice que es un pacto en el cual el Espíritu Santo de Dios sería derramado sobre nosotros. Jeremías dice que sería un pacto en que el Espíritu nos mantendría obedientes a Dios desde adentro, en vez de que la ley lo hiciera desde afuera. Joel dice que ahora seremos todos profetas: la "profetidad"[2] de todos los creyentes es ahora una posibilidad en el nuevo pacto.

En el incidente mencionado antes, de 1 Samuel 9:27 hasta el capítulo 10, leemos que Saúl se encuentra con el profeta Samuel, que le da un mensaje extraordinario: él sería el primer rey de Israel. Da palabras proféticas a Saúl, y le dice que se encontraría con una banda de profetas descendiendo del lugar alto con arpas, tamboriles, flautas y liras, profetizando. Entonces el Espíritu del Señor vendría poderosamente sobre Saúl, y él profetizaría con ellos y se convertiría en otro hombre. La gente preguntaría: "¿Acaso Saúl también es uno de los profetas?" *Aquí está el tema de todo el Antiguo Testamento con relación al Espíritu Santo: el poder del Espíritu Santo, al caer sobre un hombre, lo transforma en otro hombre, otro tipo de carácter, otra persona capaz de hacer cosas que nunca pudo hacer antes.*

Una de las dos mentiras del diablo con la que me encuentro siempre es que no podemos cambiar la naturaleza humana. Humanamente hablando, es cierto. Hay un solo poder en todo el universo que puede tomar a un hombre y convertirlo en otro, y hacerlo más hombre que antes, no menos, haciéndolo más un ser humano, más una personalidad. Ése es el poder del Espíritu Santo.

---

[2] Análogo al "sacerdocio" de todos los creyentes.

Me impresiona el hecho en el Nuevo Testamento de que, cuando las personas en Pentecostés fueron llenadas por el Espíritu Santo, no se convirtieron en robots mecánicos. Pasaron a ser más intensamente ellas mismas que nunca antes. Se volvieron personajes más atractivos, personalidades más grandes por derecho propio. En el resto del Nuevo Testamento las personalidades de Juan, Pedro y Pablo son todavía muy diferentes entre sí, aún más diferentes. Sin embargo, de alguna forma son personas nuevas. De alguna forma, cada uno ha sido transformado en otro hombre.

A lo largo de todo el Antiguo Testamento vemos que el Espíritu Santo "cayó sobre" o fue "derramado sobre" alguien, o "llenó", y el resultado inmediato es que se convirtió en otra persona.

En todo lo que hace el Espíritu hay orden y hay pureza. Volvamos al cuadro que se nos da en Génesis del Espíritu "sobrevolando". Tal vez hayan visto a un halcón flotando en el cielo, casi inmóvil, observando las cosas que están ocurriendo muy lejos abajo. Desde el principio mismo casi se nos dice que pensemos en el Espíritu Santo como un pájaro sobrevolando, que observa lo que está ocurriendo. Esa imagen aparece nuevamente en el Evangelio de Juan, cuando Jesús fue bautizado. Cuando se levantó del agua después, orando, el Espíritu Santo lo sobrevoló. El orden de la vida de nuestro Señor se debió a que el Espíritu Santo de Dios trajo el orden de Dios. Tenemos la impresión, a partir de la vida de Jesús, que nunca estaba apurado. Nunca tenía demasiado para hacer, aunque siempre estaba ocupado. Tenía una vida ordenada, que podía hacer todo lo que el Padre quería que hiciera. El Espíritu Santo sobrevoló a Jesús en su bautismo, de la misma forma en que en el primer día de la creación el Espíritu Santo sobrevoló las aguas.

Ahora permítame aplicar esto aún más directamente. Si el

Espíritu Santo viene en poder sobre una iglesia, el resultado será orden, no caos. El resultado no será la clase de ruido que no tiene propósito, la clase de actividad que perturba y es caótica. El resultado de la venida del Espíritu Santo será traer el orden de Dios a esa iglesia. Ahora, podrá perturbar el orden que ya está ahí porque ese orden puede ser un orden humano que no es de Dios, pero no será caos. Edificará, no destruirá. Cuando el Espíritu Santo realmente opera, hay un orden y una decencia que son de Dios. Es una de las pruebas del poder del Espíritu Santo: ¿trae orden o caos? El Espíritu Santo está sobrevolando.

En Génesis 2, tenemos a Dios *respirando*, y ahora recordamos que *espíritu* y *aliento* son la misma palabra: Dios está dando espíritu a un cadáver. Dios está respirando dentro de un cadáver. Dios está dando el beso de la vida a Adán. Nuevamente recordamos que la vitalidad, la vida, el poder, están ahí. Pero la *pureza* está aliada también a la vitalidad. El orden está aliado a la vida, y donde viene el Espíritu Santo da vida y orden. Recuerdo cuando era un estudiante de biología que tenía que aprender todos los nombres en latín de las familias de insectos. Me cuesta pensar en algo más aburrido que aprender los nombres en latín de las diferentes especies de moscas y arañas y cucarachas y otras cosas, pero era parte de nuestro curso, y teníamos que hacerlo. Lo que me llamó la atención muchísimo era el orden de todo. Sé que el hombre ha producido las palabras en latín, pero fue Dios quien puso el orden ahí en primer lugar, porque si no el hombre jamás podría haberlo rotulado así. El hombre solo puede analizar lo que Dios ha ordenado, y me llama la atención ahora que, al aprender esos nombres en latín, estaba aprendiendo acerca del orden del Espíritu de Dios, sobrevolando sobre el caos y produciendo según sus especies esas criaturas que Dios había ordenado.

Es el Espíritu Santo el que produce verdadera *grandeza*.

Si yo le sugiriera que escriba los nombres de todas las grandes personas del Antiguo Testamento, todos los que pueda recordar, creo que probablemente llegaría a treinta o cuarenta, si realmente se esfuerza y conoce la Biblia bien. Podría escribir Abraham, Moisés, Josué, Gedeón, Sansón, Saúl, David, Salomón, y otros. Si se fija, encontraría que hay una declaración acerca de cada uno de los nombres que ha escrito que conecta a esa persona con el Espíritu Santo. Es uno de los descubrimientos más asombrosos que he hecho, cuando fui y miré a cada uno de estos hombres. Cada uno de los grandes hombres del Antiguo Testamento debió su grandeza al Espíritu Santo, no a nada o nadie más. Después de hacer una lista de "héroes", los dividí en tres grupos: los que fueron grandes por algo que *hicieron*, los que fueron grandes por algo que *dijeron* y los que fueron grandes por algo que *fueron*. Éstas son las tres formas de grandeza humana. Si alguien alguna vez dice de usted: "Eres grande" —excepto en el sentido coloquial moderno—, pero si alguien dice de usted: "Usted es una gran persona", entonces significará una de estas tres cosas: que hizo algo grande, que dijo algo grande o que fue alguien grande.

Considere primero todos los que fueron grandes por algo que *hicieron*. Tuvieron algún gran logro que los puso en las primeras filas del liderazgo. Los nombres que mencioné cubrirían a las personas que hicieron grandes cosas. ¿Cómo obtuvieron esa grandeza? Cuando miro a mi grupo de héroes, encuentro que eran personas comunes y corrientes que no tenían ni una gran crianza clásica en su árbol familiar ni un sistema educativo que pudiera producirla. Entonces, ¿cómo pudieron hacer esas cosas asombrosas? La respuesta es que el Espíritu Santo los convirtió en otros hombres en algún punto de su historia.

Tenemos que mirar con mayor detenimiento la palabra "profecía", que no es predicación sino un don bastante diferente. Predicar es esencialmente el fruto de la mente humana al meditar en la Palabra de Dios, explicándola y exponiéndola a las personas, pero la profecía no es eso en absoluto. En la profecía, la mente del profeta no está pensando, sino que la mente de Dios está usando su boca para una manifestación inmediata, directa e inspirada de Dios para su pueblo. Isaías, por ejemplo, no se sentó y se puso a pensar acerca de la situación política para luego predicar un sermón al respecto. Isaías abrió su boca y la mente de Dios la usó. Esto es algo que está escrito a lo largo de todas las escrituras. Hay una frase de cuatro palabras que ocurre 3.808 veces en el Antiguo Testamento solo: "Así dice el Señor". Esa frase aparece vez tras vez. Cada vez que aparece, no es un hombre predicando, es un hombre profetizando. Es un hombre que tiene el poder sobrenatural para abrir su boca y hablar directamente desde la mente de Dios. Ocurre a lo largo de todo el Antiguo Testamento.

Ahora empiezo a hacer una lista de los profetas: Amós, Oseas, Miqueas, Isaías y luego paso a Jeremías y Ezequiel, Habacuc, Sofonías, Hageo y Zacarías. Si mira a estos hombres, hay una declaración acerca de cada uno de ellos que lo que dijeron fue porque el Espíritu Santo les dio el poder para hacerlo. Sin el Espíritu Santo nunca podrían haberlo dicho; no habrían sabido qué decir. Hasta hay una declaración de Pedro en el Nuevo Testamento de que dijeron cosas acerca del futuro que no entendían, y hablaron entre sí de lo que habían dicho. Esto es profecía.

Comienza bien atrás en el Antiguo Testamento. Se dice de Abraham que era un profeta. Moisés es descrito como un profeta. Fue un gran líder, pero también fue un profeta. ¿Cómo piensa que obtuvimos los Diez Mandamientos y la ley de Dios de Moisés? ¿Se sentó y pensó en un nuevo sistema ético? ¿Consultó a un profesor de estudios legales avanzados en la corte de Hammurabi? ¿Qué fue lo que hizo?

No, profetizó, y las palabras vinieron de la mente de Dios. Si recorremos toda la Biblia, encontramos que cada profeta tenía este don: sus cuerdas vocales estaban completamente a disposición de la mente de Dios.

Una de las historias más extraordinarias del Antiguo Testamento acerca del Espíritu de Dios es cómo Dios permitió a una burra hablar palabras racionales e inteligibles. Ahora bien, una burra tiene cuerdas vocales. Si alguna vez tuvo una burra en un campo atrás de su jardín trasero lo sabrá. Dios puede controlar las cuerdas vocales de una burra o un asno tan fácilmente como puede controlar las cuerdas vocales de un hombre para producir palabras inteligentes. A menos que veamos que el Espíritu de Dios tiene este poder de control, la historia de la burra de Balán será un misterio completo para usted, pero está ahí. El mismo Espíritu que puede hacer que un Isaías, un Jeremías, un Ezequiel hablen las palabras de Dios puede hacer que la burra de Balán pronuncie palabras también.

El Espíritu Santo, sobrevolando la naturaleza, puede dar un diagnóstico completamente preciso del presente y, en segundo lugar, puede hacer un pronóstico completamente preciso del futuro. Éstas son dos cosas que están completamente más allá de la mente del hombre. Podemos hacer alguna especie de diagnóstico del presente. Podemos hacer algún tipo de suposición acerca del futuro. Pero solo la mente de Dios puede decirnos exactamente lo que está mal en el presente y exactamente lo que ocurrirá en el futuro. Los profetas eran hombres que podían hacer ambas cosas. Que hable el profeta Miqueas por todos ellos: "Estoy realmente lleno de poder por el Espíritu de Dios, y declaro a Israel su pecado". Por cierto, es interesante que el Espíritu Santo generalmente enviaba a un profeta cuando las cosas andaban mal. Por eso son siempre profetas de condenación, y si bien tienen esperanza para el futuro, siempre eran críticos del presente.

Esto los hacía muy impopulares y era la razón por la que la gente los apedreaba.

Recuerdo un querido predicador anciano que era un hombre muy sencillo, un hombre que no tenía ninguna educación que pudiera exhibir, un hombre que había pasado su vida trabajando con las manos. Pero era un gran predicador. Una vez le pregunté acera de su predicación. Le dije: "¿Cómo empezó a predicar?". Recuerdo que dijo: "Bueno, sabe, si Dios pudo usar la burra de Balán para hablar de manera inteligible, podría usarme a mí". Me dijo: "Simplemente dejé que me use". Esta es muy interesante, y es lo que estoy diciendo. Cada una de las personas en su iglesia podría hacer algo grande para Dios y decir algo grande para Dios, por el poder del Espíritu Santo. Aun cuando no tenga dones naturales, aun cuando su entorno no le ha dado una oportunidad, todos podrían hacerlo. Porque para el Espíritu Santo no hay favoritismos, y puede usar a cualquier persona que esté dispuesta.

Ahora llego a mi tercer grupo de "héroes", los que *fueron* grandes. Creo que ésta es la mayor grandeza de todas. Podremos ser recordados por grandes cosas que hemos hecho, por grandes cosas que hemos dicho, pero, ah, ser recordados porque fuimos grandes. En una pequeña capilla de Cumberland que visité una vez la pared está cubierta con trozos de mármol. Podemos leer la historia de la iglesia en ellos. Cada uno tenía un largo escrito sobre la persona. Caminé alrededor de la iglesia y estos grandes tributos de personas valiosas del pasado en las paredes, y llegué a un trozo diminuto bien al final. Era del maestro de escuela de la aldea. En vez de un largo escrito acerca de sus logros y contribuciones, había solo tres palabras: "amable y bueno". En un sentido, viendo todos los demás, eran acerca de lo que las personas hicieron. Esto era acerca de quién *fue*. Sentí que había llegado a la piedra más valiosa ahí.

Es así como recordamos la verdadera grandeza: las personas por lo que fueron, no solo por lo que dijeron e hicieron. ¿Quiénes fueron las personas más grandes del Antiguo Testamento? Le diré uno de inmediato: el rey David sin duda fue un hombre conforme al corazón de Dios. Es descrito así, y lo que más me llama la atención acerca de David no es lo que hizo, si bien agrandó las fronteras de Israel más que cualquier otro rey. No tanto lo que dijo, aunque dijo algunas cosas muy maravillosas, y tenemos el libro de Salmos. Pero, mirando su vida, tengo la impresión de que lo más importante de David fue quién fue. Piense en la actitud magnánima de David hacia Saúl cuando éste trató de matarlo, cómo perdonó a sus enemigos. Fue un gran hombre.

¿Cuál era el secreto de David? Uno descubre el secreto cuando David se equivocó y se metió en problemas. De nuevo, recuerde el incidente. Vio a Betsabé bañándose, y él rompió cinco de los Diez Mandamientos en un solo instante: deseó la esposa de su prójimo, dio falso testimonio, acordó asesinar el esposo de Betsabé en la batalla, robó su esposa y cometió adulterio. El profeta de Dios fue a David y le dijo: "Haz hecho lo malo".

David hizo una oración de perdón. Dijo: "Señor, no me quites tu santo Espíritu". Sabía que no merecía tener al Espíritu Santo viviendo en su vida. No merecía tener ese poder para ser un santo. Suplicó: "No quites tu Santo Espíritu de mí, restaura en mí el gozo de tu salvación, perdóname, vuélveme, he pecado muy profundamente". David se dio cuenta de que Dios podría quitar ahora su Espíritu de él. Es una oración maravillosa.

Hay muchas otras grandes personas mencionadas en el Antiguo Testamento. ¿Sabía que José es la única persona en todo el Antiguo Testamento de quien no tenemos una sola falta registrada? A menos que contemos cuando contó sus sueños a sus hermanos. ¿Tuvo un poco de orgullo?

No lo creo. Creo que se sorprendió bastante por cómo reaccionaron. ¿Quiere conocer el secreto de José, de cómo, en una tierra extraña, cuando fue seducido por la esposa de Potifar, pudo resistir, aunque nadie se enteraría? ¿Quiere saber cómo pudo ser arrojado a la cárcel injustamente y aun así ser amable con los prisioneros? ¿Quiere saber cuál era el secreto de un hombre que pudo ser tratado de manera tan cruel por sus hermanos para luego perdonarlos y darles alimentos? Aquí está el secreto, en Génesis 41: José era un hombre en quien "reposaba el espíritu de Dios".

¿Ahora ve adónde va todo esto? Creo que es hermoso. Todas las grandes personas de la Biblia son personas comunes y corrientes sin grandes ventajas, y están haciendo cosas extraordinarias. Están haciendo la obra de Dios por el Espíritu de Dios. Están siendo transformadas en otras personas. Por lo tanto, ya no están limitadas a sus dones naturales, sino que tienen dones sobrenaturales también. Mi oración es que todo creyente se dé cuenta de que cada uno de nosotros podría hacer cualquier cosa por el Espíritu de Dios y dejar de decir: "Jamás podría hacer esto. Está más allá de mi alcance". Humanamente hablando, podría serlo. Divinamente hablando, está dentro de su capacidad, porque está dentro del poder del Espíritu Santo.

El Antiguo Testamento termina mirando hacia adelante, a lo que fue revelado por los profetas: las esperanzas para el futuro con relación al Espíritu Santo. Un día vendría un rey como David, un "Hijo de David", que sería perfectamente lleno del Espíritu Santo y podría hacer cualquier cosa, decir cualquier cosa y ser cualquier cosa. La esperanza se llama la esperanza del Mesías. Mesías significa "ungido". En todo el Antiguo Testamento el aceite se usa como un símbolo del Espíritu Santo, y todo rey era ungido con aceite como una oración visible para que Dios derramara el Espíritu Santo sobre él. En el idioma griego, la palabra Cristo también significa "ungido".

El Antiguo Testamento mira hacia adelante a un día en que vendrá un rey que es ungido con el Espíritu Santo en poder, capaz de ser perfecto y realizar cualquier milagro y hablar cualquier cosa de la mente de Dios. Nunca habían tenido alguien tan completo como esto, así que esperaban al rey venidero, el Mesías, el Cristo, el rey ungido, lleno del Espíritu Santo. Esperaron mil años y ese sueño se cumplió cuando Jesús nació en Belén.

Capítulo tres

EL ESPÍRITU SANTO EN EL NUEVO TESTAMENTO: UNA RESEÑA

Cuando vamos al Nuevo Testamento, encontramos una cantidad considerablemente mayor de material sobre el Espíritu Santo comparado con el Antiguo. Pero hay una enorme diferencia cuando entramos en el Nuevo Testamento: nos encontramos con el Espíritu Santo. No el Espíritu de Dios, *ruaj Adonai*, sino el Espíritu Santo. Esto es ahora no solo una descripción o un título, sino el nombre de la tercera persona de la Santa Trinidad. Tiene muchos otros nombres en el Nuevo Testamento que nunca tuvo en el Antiguo: el Espíritu de verdad, el espíritu de profecía, promesa, santidad, vida, gozo; el Espíritu de gracia, de gloria. Dios tiene un nombre y varios apellidos. Lo mismo ocurre con el Espíritu. Estaba traduciendo parte de Génesis un tiempo atrás y dije: "Señor, no me gusta usar esta palabra, 'Yavé'. Ése es tu nombre, pero no me suena natural en mis labios, y no me entusiasma, no me emociona". Dije: "Por favor, ¿podrías darme una palabra en inglés-español que sería equivalente a Yavé [que es un participio del verbo 'ser', como tal vez sepa]? Y enseguida vino a mi mente la palabra "Siempre".

Pensé: ése es un buen nombre para Dios, pero es solo su nombre. Él es Siempre mi ayudador, Siempre mi proveedor, Siempre mi bandera: *Siempre*. De los 250 nombres y títulos que tiene su Hijo —más que nadie ha tenido jamás en la historia—, uno de mis favoritos es "Sí". Él es "sí" a cada promesa de Dios. Con un Padre llamado "Siempre" y el Hijo llamado "Sí", es imposible tener una cualidad más positiva.

Pero el Espíritu Santo tiene muchos apellidos y le he dado solo unos pocos. Los grandes cambios son estos: primero, en el Nuevo Testamento el Espíritu Santo aparece como plenamente *personal*. Es una persona, tiene los atributos de una persona, tiene un corazón que siente, tiene una mente que piensa, tiene una voluntad que actúa, tiene todos los atributos de una personalidad. Tiene también todas las actividades de una personalidad en el Nuevo Testamento. Habla, busca, clama, ora, testifica, enseña, guía, lidera, prohíbe, llama, designa; solo una persona puede hacer todas estas cosas. Así que ahora estamos tratando no solo con el poder de Dios sino con una persona que tiene todos los atributos y las actividades de una persona.

Hay cosas que podemos hacerle que solo se pueden hacer a una persona. Podemos entristecerlo, afligirlo, mentirle, insultarlo. Tenemos al plenamente personal Espíritu de Dios revelado en el Nuevo Testamento. También tenemos al plenamente *divino* Espíritu aquí. Es descrito como el Espíritu eterno. Se dice que es omnipresente —está en todas partes—, omnisciente —sabe todo— y omnipotente —puede hacer cualquier cosa. Estos son atributos divinos, así que aquí tenemos una persona que es plenamente Dios, pero es distinta del Padre y el Hijo, y aparece frecuentemente listado junto a ellos: Padre, Hijo y Espíritu Santo. Es enviado por el Padre y el Hijo, toma el nombre del Padre y el Hijo: es el Espíritu de Dios y el Espíritu de Cristo. Habla en nombre del Padre y el Hijo, y glorifica a Cristo como Cristo glorifica al Padre. Hay una clara subordinación aquí, aunque él es plenamente personal, plenamente divino. Él toma su lugar para servir al Hijo, y el Hijo toma su lugar para servir al Padre. Es uno con ellos, y no se puede tener al Espíritu sin tener al Padre y al Hijo también. No se puede tener una persona de la Trinidad sin tener las otras dos. Son tan uno que, cuando Jesús prometió que el Espíritu vendría a morar en nosotros, al mismo tiempo dijo: "el Padre y yo vendremos y haremos nuestra morada".

Cuando recibimos el Espíritu, estamos recibiendo al Padre y al Hijo también y, sin embargo, hay una clara distinción entre ellos. El Espíritu es plenamente personal, y el artículo definido indica *el* Espíritu Santo; no hay otro. Si bien es plenamente personal, también sigue siendo la fuerza impersonal del Antiguo Testamento. Es una pena que la mayoría de las traducciones en inglés-español no observan con cuidado la presencia o ausencia del artículo definido. A veces se lo menciona simplemente como *Espíritu Santo*, y en ese caso la ausencia del artículo definido indica el poder más que la persona. No es ninguna coincidencia que frases como "bautizado en Espíritu Santo", "llenado con Espíritu Santo", "ungido con Espíritu Santo" y "sellado con Espíritu Santo" carezcan del artículo definido. Porque estas son experiencias esenciales de poder más que experiencias de la persona.

Ser bautizado en Espíritu Santo es esencial para experimentar su poder y para ser lleno de Espíritu Santo. Lamentablemente, nuestras traducciones en inglés-español constantemente ponen la palabra "el", que está mal. Somos bautizados *en Espíritu Santo*.

Quiero dividir la obra del Espíritu Santo en tres fases: la fase premesiánica, la fase mesiánica y la fase posmesiánica. He dicho poco acerca de su persona porque tenemos que entender esto primero. De hecho, es mucho mejor enfocar la forma de pensar en el Espíritu a través de su obra que como una persona abstracta. De nuevo, los hebreos pensaban en el Espíritu Santo como un ser mayormente vivo y activo en su obra, mientas que el pensamiento griego quiere pensar en él como una persona abstracta y atemporal.

Nada ha dañado a la iglesia más que la introducción de

la filosofía griega en la teología bíblica. Fue Agustín quien introdujo el pensamiento platónico, y fue Tomás de Aquino quien introdujo el pensamiento aristotélico, y temo que hemos sufrido por esto. La Biblia es un libro hebreo y, si bien el Nuevo Testamento fue escrito en griego, fue escrito por hebreos, con una sola excepción. En consecuencia, las formas de pensamiento de la Biblia son hebreas, y el hebreo comienza con un Espíritu Santo vivo y activo, no con teorías acerca de la Trinidad.

Habían pasado cuatrocientos años sin ninguna actividad registrada del Espíritu. Ahora, de pronto, había un estallido de profecías y milagros centrados en el nacimiento de Jesús. Juan, que nunca hizo milagros, fue lleno del Espíritu desde antes de nacer y a lo largo de toda su vida, y fue una extraña mezcla de osadía externa y profundidad interna.

El estallido premesiánico del Espíritu alrededor del nacimiento de Jesús tiene todas las características de la obra del Espíritu en el Antiguo Testamento —el Espíritu viene sobre personas para hacer algo extraordinario—, pero aún no es el patrón que vemos más tarde. Jesús dijo que aun Juan el Bautista era menos que el menor en el reino.

Luego, lo mesiánico: Jesús fue el cumplimiento de la esperanza del Antiguo Testamento de un soberano lleno del Espíritu. Nació del Espíritu, y apareció un nuevo patrón de la actividad del Espíritu con Jesús. El bautismo de Jesús se convirtió en un modelo para todos los bautismos cristianos posteriores. El Espíritu Santo no vino sobre él *en* el bautismo, sino *después*, cuando salió del agua y estaba orando. Ése es el mejor momento para orar para que alguien reciba el Espíritu Santo. Hay una o dos excepciones, pero la norma para el resto del Nuevo Testamento es bautismo en agua seguido por bautismo en Espíritu, y así fue con Jesús. El Espíritu vino en forma de una paloma, recordándonos que éste era el comienzo de la nueva creación. El Espíritu da seguridad a Jesús de que realmente es quien pensaba que era: "Eres mi Hijo amado, y estoy complacido contigo".

El único vistazo previo que tuvimos de Jesús fue a los doce años de edad. En esos días, las mujeres caminaban primero, con sus hijos de menos de doce años. Luego de unos veinticinco kilómetros, llegaban a un lugar para acampar, armaban las carpas y cocinaban la comida de la noche, para que estuviera lista para cuando llegaran los hombres. María puede haber dicho: "José, ¿dónde está Jesús?". "Pensé que estaba contigo". Pero ahora tenía doce años. Se dieron cuenta esa primera noche que no estaba con ninguno de ellos. Podemos ver cómo ocurrió. Yo antes pensaba que eran descuidados, pero en realidad cada uno estaba seguro de que estaría con el otro. Así que volvieron para buscarlo. A esa edad un niño judío se convierte en hombre. Nuestra cultura sufre por no tener un paso reconocido como éste. Por eso los hombres siguen siendo niños hoy, ¡y la única diferencia entre unos y otros es el precio de sus juguetes! A la edad de doce años un niño judío dejaba de lado las cosas de niño, y se convertía en socio del oficio o la profesión de su padre. ¿Dónde encontraron a Jesús? En el templo. ¿No es interesante que María dijo: "Tu padre y yo hemos estado buscándote en todos lados"? Estaba frustrada, y esto muestra que nunca le había dicho quién era él: "Tu padre y yo". Jesús dijo: "Mi Padre..." Él tenía doce años ahora, y era un socio en el negocio de su padre, algo perfectamente normal para un niño judío. En su bautismo, cuando vino el Espíritu, el Padre dijo: "Tú eres mi Hijo amado". No había absolutamente ninguna duda al respecto.

En la evangelización, cuando una persona es bautizada en el Espíritu, ése es el momento de la seguridad, la confirmación de Dios, el sello, la prueba, el depósito, la garantía de que la relación ha sido establecida. Un evangelista no debería estar contento hasta tanto alguien haya recibido el Espíritu

Santo y poder. No estamos realmente evangelizando si solo hacemos que "tomen una decisión por Jesús". El corazón de la conversión es la recepción del Espíritu Santo. La otra parte es el perdón de los pecados. Éstas son las dos cosas que debemos incluir al inicio mismo de la evangelización, porque si no lo hacemos, no lo estamos haciendo al modo del Nuevo Testamento. No es "Ven a Jesús"; no es "Deja a Jesús entrar en tu corazón"; no es "Entrega tu vida a Jesús". Es: "Haz que tus pecados sean perdonados y recibe el Espíritu Santo". Ésa es la evangelización del Nuevo Testamento. Para Jesús, que por supuesto no tenía pecado, luego de su bautismo vino el Espíritu, junto con la seguridad.

Cuando alguien recibe el Espíritu, no solo lo sabe la persona sino las demás personas que están presentes. Inmediatamente, Jesús es guiado por el Espíritu.

Jesús no comenzó su misión hasta entonces, porque él era el Hijo del Hombre y predicaría y haría milagros *por el poder del Espíritu Santo*. Hizo milagros como el Hijo del Hombre lleno del Espíritu de Dios. Es en base a esto que pudo decir: "Las obras que hago las harán ustedes también". Porque las hizo como el Hijo del Hombre que recibió la unción de poder después de su bautismo en agua, nosotros podemos hacer lo que él hizo. Su primera gran batalla fue que tuvo que ajustar cuentas con Satanás. Tuvo que atar al hombre fuerte, porque si no nunca podría arrebatarle sus bienes. Cada tentación comenzó con la frase: "Si eres el Hijo de Dios..." "*Si...*" "¿Estás seguro? Oh, has recibido el Espíritu y escuchaste la voz; intenta convertir estas piedras en pan". En realidad, el primer milagro fue convertir el agua en vino, así que ¿cuál es la diferencia entre convertir piedras en pan y agua en vino? La diferencia es que convertir las piedras en pan habría sido para él, y el agua en vino fue para otras personas. Él no había venido para demostrar cosas para sí mismo o para obtener el reino para sí mismo.

Satanás ofreció a Jesús el puesto de Anticristo, que un día aceptará un hombre. "Te daré todos los reinos del mundo si te postras ante mí". Jesús se rehusó. Gracias a esa batalla privada inicial en la que venció a Satanás, Jesús ahora podía arrebatar sus bienes. Vino lleno del Espíritu y en el poder del Espíritu a Galilea, y entonces comenzó a hacer, a decir y a ser cosas —las tres cosas que vimos en el Antiguo Testamento—, pero las hizo de manera superlativa, porque Jesús recibió el Espíritu sin medida o límite.

Todos sus milagros fueron hechos por el poder del Espíritu, ya sea sus milagros con personas —echando demonios, sanando enfermedades, resucitando muertos— o sus milagros con cosas —maldiciendo un árbol para que se muriera, diciendo a los vientos y a las olas que se callen. No dijo: "Calla, enmudece", que es la versión educada en inglés-español. Dijo: "¡Silencio! ¡Basta!", que es la traducción correcta. Es así como uno habla con un Rottweiler. Les dijo: "¡Dejen de saltar encima de mis discípulos!". Y el viento y las olas cerraron se callaron y se quedaron quietos. Todo eso fue hecho por el poder del Espíritu.

Además, todo lo que dijo fue profecía. ¿Alguna vez lo notó? Dijo: "Solo digo lo que recibo para decir". Era un profeta, y nunca abrió su boca sin profetizar, porque solo decía lo que recibía para decir.

El Espíritu estaba sobre él, el espíritu de consejo y sabiduría y entendimiento. Todos los dones del Espíritu se ven de manera superlativa en Jesús, excepto uno. Hasta donde dice el relato, nunca usó el don de lenguas. No sabemos que no lo haya hecho. Solo no dice que lo hizo, así que no lo sabemos. Pero si Jesús no habló en lenguas puedo entenderlo. Si hubo una persona que no necesitó ayuda con su vida de oración fue Jesús. Después de todo, el don es para eso. Tenía una comunión tan perfecta que puedo entender que no lo haya usado. Pero todos los demás dones aparecen: palabra de conocimiento, palabra de sabiduría, milagros, sanidad. En un sentido, así como todos los dones estuvieron en su cuerpo físico entonces, ahora quiere que todos sus dones estén en su cuerpo, para que pueda continuar su ministerio. Él es la iglesia metida en una persona. Él es el cuerpo entero, y la plenitud de la deidad moró en él corporalmente, así como Dios quiere morar en nosotros corporalmente.

Fue mediante el Espíritu Santo, dice la carta a los Hebreos, que se ofreció a sí mismo como un sacrificio. ¿Qué lo hizo seguir adelante con la cruz? Jesús pasó por el infierno durante tres horas en la cruz. Desde el mediodía hasta las tres de la tarde Jesús estuvo en el infierno. ¿Cómo lo sé? El infierno es un lugar donde no hay luz natural, un lugar de oscuridad total, y es un lugar de mucha sed. Fue ahí que dijo: "Tengo sed". El infierno es un lugar donde Dios no está. Fue ahí que clamó: *"Elí, Elí, lama sabactani"*, "Dios mío, Dios mío, ¿por qué me has desamparado?". Eso es el infierno, y Jesús pasó por el infierno durante tres horas para que no tengamos que hacerlo nosotros.

¿Cómo pudo soportarlo? Era la primera vez que había estado separado jamás de su Padre en toda la eternidad. Fue a través del Espíritu Santo que se ofreció a sí mismo.

Su resurrección también fue la obra del Espíritu. La mayoría de los cristianos no entienden la importancia de la resurrección. Tenía que ocurrir el primer día de la semana, porque era la primera cosa nueva que Dios el Padre había creado desde que hizo el universo. Dios hizo el universo en seis días, no importa si fueron cortos o largos. El séptimo día fue muy largo, y duró todo el Antiguo Testamento. Dios no hizo nada nuevo a lo largo de todo el período del Antiguo Testamento. La palabra "nuevo" casi no aparece en el Antiguo Testamento. El único versículo que se me ocurre es: "No hay nada nuevo bajo el sol". El Creador, habiendo terminado su obra de creación, descansó a lo largo de todo el

Antiguo Testamento. Pero ese primer domingo a la mañana —tenía que ser el primer día de la semana, porque ése es el primer día de trabajo de Dios— Dios volvió a trabajar. Hizo un nuevo cuerpo para su Hijo, porque fue un nuevo cuerpo en el que se introdujo Jesús. Fue un acto de creación, el principio de la nueva creación.

Estamos viviendo en la segunda semana de la creación, el octavo día de la creación. Es ahí donde nos encontramos en el calendario de Dios. La única diferencia es que en la primera creación hizo los cielos y la tierra primero, y los hombres y mujeres, últimos. Esta vez está haciendo a los hombres y mujeres primero, y el nuevo cielo y tierra, últimos. Lo está haciendo en orden inverso para que pueda sacar a personas de lo viejo hacia lo nuevo. Hay personas que están siendo hechas nuevas. El primer acto de creación desde que Dios hizo el universo fue resucitar a su Hijo de los muertos y darle un cuerpo inmortal, un cuerpo que podía comer pescado y atravesar puertas. Estoy pasando a la resurrección, pero fue todo por el poder del Espíritu, y si el Espíritu de aquél que resucitó a Jesús de los muertos vive en usted, su cuerpo mortal será vivificado. Espero tener mi nuevo cuerpo. ¿Sabe qué edad tendré cuando lo obtenga? Treinta y tres. No veo el momento de tener treinta y tres años nuevamente, porque dice que voy a tener un cuerpo glorioso tal como el suyo. Cuando uno es un jubilado anciano es una buena noticia que volverá a tener treinta y tres años, que estará en la flor de la vida y tendrá un cuerpo como el de Jesús.

En un sentido, Jesús es el clímax de los profetas, sacerdotes y reyes que fueron ungidos por el Espíritu en el Antiguo Testamento, todo centrado en una persona en quien el Espíritu está de manera superlativa. ¿Qué ocurre entonces? Todo se ensancha más que nunca, y los súbditos llenos del Espíritu comienzan a completar el cuadro. Esto es el principio la profecía de "toda carne". Jesús no vino para monopolizar el ministerio sino para multiplicarlo, y vino para liberar su Espíritu en un nuevo cuerpo compuesto por millones de personas. La obra del Espíritu ahora se amplía.

En Hechos, tan pronto aparece en escena Pablo todos los demás desaparecen, porque Lucas-Hechos fue escrito para defender a Pablo. Pero Dios tenía un propósito mayor para estos dos volúmenes y los puso en la Biblia. El Evangelio de Juan ha sido puesto entre esos dos volúmenes. ¿Por qué? Porque en Mateo, Marcos y Lucas el énfasis está en el Espíritu y en Jesús, pero en Juan tenemos —cuidadosamente seleccionado del ministerio de Jesús— todas las promesas de que el Espíritu sería transmitido a otros. En Hechos encontramos que el Espíritu es transmitido a otros. Creo que es algo profundo, porque el Nuevo Testamento está modelado, como veremos, por un entendimiento del Espíritu Santo.

Cuando vemos lo que enseña el Evangelio de Juan acerca del Espíritu, tiene que ver con todos esos súbditos llenos del Espíritu que van a recibir el Espíritu. La primera declaración acerca del Espíritu en el Evangelio de Juan nos dice algo que nunca se había dicho antes: que el soberano lleno del Espíritu será el medio para llenar a los súbditos con el Espíritu. Fue Dios quien dijo a Juan el Bautista: "Aquél sobre el cual ves venir el Espíritu, él bautizará a otros en ese mismo Espíritu Santo". Ésta es una revelación nueva, y significa que la frase "bautizado en Espíritu Santo" fue acuñada por Dios. Así que no tenga vergüenza de usarla. ¡Predíquela! Creo que es una clave aquí, porque encuentro que los predicadores carismáticos moderan el hecho de que Jesús es el bautizador en el Espíritu. Fue Dios quien lo dijo primero, y mantengámoslo. Hay una gran carga en mi corazón aquí, porque muchas personas están dispuestas a aceptar los dones del Espíritu ahora. Lo que ahora es una "ofensa" es ser *bautizado* en el Espíritu.

Debo contarle una historia personal. Uno de los fundadores de FIEC (Fellowship of Independent Evangelical Churches – Comunidad de Iglesias Evangélicas Independientes) estaba muriendo en el hospital, con pocas horas de vida. Estaba agotado y con mucho dolor. Un amigo lo visitó un domingo a la mañana y le preguntó: "¿Hay algo que pueda hacer para ayudarte?".

Contestó: "Bueno, no puedo ir a la iglesia hoy, y extraño estar en la iglesia el domingo. ¿Me leerías la Biblia?".

El amigo le dijo: "Haré algo mejor. Iré a casa, buscaré un grabador, traeré una cinta y podrás escuchar una prédica".

El amigo fue a su casa y trajo una cinta mía sobre Juan 1, donde digo lo siguiente: "Juan el Bautista dijo que el Mesías hará dos cosas para ustedes: quitará los pecados del mundo y los bautizará en su Espíritu Santo". Todo mi tema era que debíamos predicar tanto el lado negativo como el positivo del evangelio. Sacar los pecados de las vidas de las personas las dejará vacías, miserables y vulnerables. Si todo nuestro mensaje es: "Aquí tienen al Cordero de Dios, que quita el pecado del mundo", es solo la mitad del evangelio, porque deja a las personas vacías, y no hay nadie más miserable que el que está en el desierto, entre Egipto y Canaán. Todo el énfasis estaba en hacer que las personas sean llenadas del Espíritu, además de vaciadas de sus pecados.

Este querido hombre escuchó la cinta y comenzó a llorar, y dijo: "Señor, he intentado predicar el evangelio fielmente durante años y años, pero solo he estado predicando la mitad del evangelio". Pidió al Señor que lo bautizara en el Espíritu, ¡y lo hizo! Cuando entró su familia, pensando en despedirse de él, dijo a su yerno, que es pastor de una iglesia: "Voy a predicar en tu iglesia el próximo domingo a la mañana".

Su yerno dijo: "Sí, si estás lo suficientemente bien, podrás".

Le contestó: "No, he pedido al Señor que me diera una

oportunidad más de predicar el evangelio completo".

El domingo siguiente todavía estaba vivo, y lo llevaron en sus pijamas, en una ambulancia, a la iglesia. Lo sentaron en un asiento en el púlpito y dijo: "He estado predicando la mitad del evangelio toda mi vida, pero Dios me ha dado la oportunidad de predicarles el evangelio completo…"

Falleció el martes siguiente, y algunos que se enteraron de esto dijeron: "Oh, tal vez se volvió senil al final. ¿No es trágico?".

Predicó el evangelio completo: el Cordero de Dios, que quita los pecados del mundo y bautiza en el Espíritu Santo. Juan dijo que necesitamos ambas cosas, y yo no las puedo hacer por usted. Pero él puede y lo hará: ése es el principio del Evangelio de Juan.

En Juan 3, Jesús enseña que nacer de nuevo es nacer "de agua y Espíritu". Uno no puede nacer de algo hasta que no esté en ese algo. En mi libro *El nacimiento cristiano normal* (Anchor Recordings, 2013), he sostenido que, cuando Jesús habló de nacer de nuevo "de agua y Espíritu", se refiere al bautismo en agua y al bautismo en Espíritu. Ambos son esenciales para el nuevo nacimiento. No lo espiritualicemos.

Consideraremos Juan 7 y la importancia de lo que Jesús dijo en el último día de la fiesta de Tabernáculos: "Si alguno de ustedes tiene sed, venga a mí y le daré una bebida. Llenaré su vientre con agua viva, como manantiales".

Los capítulos 14 a 16, como veremos, alcanzan un clímax. En el Evangelio de Juan, casi cada una de las menciones del Espíritu tiene que ver con el Espíritu que es transmitido a otros a través de Jesús, mientras que los Evangelios Sinópticos hablan del Espíritu derramado sobre Jesús. Pero Juan dice que espera un día futuro. "Con esto se refería al Espíritu que habrían de recibir más tarde los que creyeran en él…" En Juan 14 a 16, en la última noche antes de morir, ocurre algo extraordinario. Los discípulos tendrían que haber estado consolando a Jesús, pero él tuvo que consolarlos a ellos: "No se angustien". De alguna forma sabían que lo perderían, pero él les dice que no lo perderían. Él enviaría al Espíritu para ocupar su lugar, y ellos estarían mejor con el Espíritu. Esto es asombroso. Veremos por qué es así.

Luego consideraremos Juan 20. No creo que los discípulos hayan recibido el Espíritu Santo el Domingo de Resurrección en el aposento alto. Creo que era típico de Jesús, el buen maestro, hacer un ensayo previo. De la misma forma en que, en ese mismo aposento alto, había tomado pan y vino aun antes de que su cuerpo fuera roto y su sangre fuera derramada, preparándolos para después. Creo que la noche del Domingo de Pascua fue un simulacro de Pentecostés, y he dado muchas razones para esa interpretación. No se registra que haya ocurrido nada. Dice que sopló (*ruaj*) sobre ellos y luego, *después* de hacerlo, les dijo que recibieran el Espíritu Santo. Lo hubiera hecho al revés si estuviera ocurriendo en realidad. Y el pobre Tomás ni siquiera estaba ahí. Cada vez que hablaron, después, de recibir el Espíritu nunca mencionaron el Domingo de Pascua, sino Pentecostés. Lo que Jesús hizo en ese momento fue darles una señal y un mandamiento. La señal: sopló sobre ellos. El mandamiento: "Reciban". Está en el imperativo: "Reciban el Espíritu Santo". Solo unas pocas semanas después, cuando estaban en el templo y escucharon el sonido, pensaron: "Está soplando sobre nosotros. Recibamos". Creo que fue eso lo que pasó, y debemos evitar la doctrina de la "doble recepción del Espíritu" que se construye habitualmente sobre este versículo. En el Nuevo Testamento, las personas solo reciben el Espíritu una vez: para la salvación, para el servicio, para todo lo demás. No hay dos recepciones: una para la salvación y una para el servicio. Hay una recepción del Espíritu, en plenitud, para todo creyente; ésta es su herencia.

En cuanto al Espíritu, Juan brinda el vínculo entre los

Evangelios Sinópticos y Hechos. Los Sinópticos muestran que el Espíritu está en Jesús. En Juan se nos muestra que el Espíritu estará en *usted* también. En Hechos está en *nosotros*. ¿Ve el progreso? ¿Cómo podría Jesús, en el momento de las apariciones luego de la resurrección, prometer estar con ellos siempre, cuando los estaba enviando hasta el fin de la tierra? Al principio parece como una contradicción completa. Jesús, en su cuerpo resucitado, solo podía estar en un lugar a la vez. Un cuerpo nos ata a un lugar. Él podría estar en Jerusalén, Emaús o Galilea, pero no podía estar en los tres lugares a la vez. Sin embargo, acá está, prometiendo estar con ellos siempre. Podía estar con ellos mientras estuvieran en el aposento alto. Pero tan pronto supieron que estaba ahí, volvió a desaparecer. Tienen que haberse empezado a preguntar: "¿Adónde se va cuando no lo vemos?".

Los discípulos comenzaron a darse cuenta de que él nunca nos deja en realidad. Todo esto era una preparación para que su Espíritu viniera para estar con ellos siempre. Los estaba "destetando" de tener que depender de los sentidos para su presencia, hasta que hubieran aprendido la lección. Él debía volver a su Padre. La última vez no desapareció; simplemente se fue de viaje. Partió, y los discípulos volvieron a Jerusalén con gozo. ¿Por qué estaban tan contentos? Porque él les había dicho: "En unos pocos días me tendrán más cerca de lo que haya estado jamás de ustedes".

Llegamos a Pentecostés y al libro de Hechos ahora, al centro mismo de la controversia acerca del Espíritu Santo. La pregunta es: ¿hasta qué punto es el libro de Hechos es un modelo para nosotros, o es un período único de la historia que no debemos esperar que vuelva a ocurrir? Hay muchos que descartan a Hechos como narración, con lo cual no pertenece a lo que denominan la parte didáctica de las escrituras, y nos dicen que no debemos construir doctrina sobre Hechos.

En realidad, no conozco a nadie que haga de todo Hechos

un modelo para hoy. Por ejemplo, ¿hay alguien que diría que una persona no ha sido bautizada en el Espíritu si una lengua de fuego no se apoyó sobre su cabeza? ¿Hay alguien que diría que una reunión de oración no es exitosa a menos que haya un terremoto que sacuda el edificio? Todos trazamos la raya en alguna parte. La pregunta es dónde. Debemos trazarla de manera bíblica y precisa.

Esto ocurre particularmente con el día de Pentecostés. Primero, tome nota que Hechos es plenamente trinitario. Los tres temas del libro de Hechos son el reino de Dios, el nombre de Jesús y el poder del Espíritu, y están en un equilibrio asombroso. En los primeros trece capítulos solo, ¿con qué frecuencia piensa que se menciona el Espíritu? La respuesta es cuarenta veces. ¿Con qué frecuencia se menciona el nombre de Jesús? Unas cuarenta veces. ¿Con qué frecuencia se menciona a Dios el Padre? Cien veces. Yo llamo a este libro "Los Hechos de Dios a través de Jesucristo por el Espíritu Santo en los apóstoles y la iglesia". Es una tragedia que hayamos pasado por alto el hecho de que Dios mismo está en el corazón de lo que ocurre en el libro. Su nombre aparece tan frecuentemente que lo damos por sentado.

Imagine un Nuevo Testamento sin el libro de Hechos (como quisieran algunos). Estaríamos perdidos. ¿Quién es este sujeto Pablo que escribe todas estas cartas? No lo sabríamos. Ante todo, no sabríamos lo que es el bautismo en el Espíritu. Se menciona en las epístolas y en los Evangelios. ¿Qué es? Lo que nos conduce entonces a esta pregunta: ¿es Pentecostés algo único, inusual o universal? Me temo que esto divide a la iglesia en tres partes en todo el mundo. Creo que es muy importante que enfrentemos esta dificultad y produzcamos una respuesta bíblica sincera.

Por lo general, los católicos y liberales (aquí, "católicos" cubre más que los católicos romanos) dicen que Pentecostés fue único, una excepción, lo cual significa que el Domingo de Pentecostés es simplemente un aniversario. Es una rememoración de algo que ocurrió años atrás, de una forma muy similar a cómo los judíos recuerdan el cruce del Mar Rojo. Es todo. La mayoría de las iglesias del mundo se limitan a eso. Pentecostés es algo que ocurrió lo suficientemente lejos en el tiempo como para ser seguro.

La siguiente posición es la evangélica, que Pentecostés ocurrió otra vez, pero fue inusual. Quiero tratar con mucho cuidado y firmeza este punto de vista. Dice que hubo, de hecho, tres repeticiones de Pentecostés: a saber, en Samaria, en la casa de Cornelio y en Éfeso. Tradicionalmente, la enseñanza evangélica es que hubo cuatro ocasiones en las que el Espíritu vino de una manera manifiesta, que se correspondieron con los diversos grupos étnicos que Dios quería alcanzar. Hechos 2 es visto como el Pentecostés de los judíos, Hechos 8 como el Pentecostés de los samaritanos, Hechos 10 como el Pentecostés de los gentiles y Hechos 19 como el Pentecostés de los discípulos de Juan. Este último no encaja muy bien en la serie, ¿no es cierto? Pero, después de todo, es algo temporal, porque los discípulos de Juan han desaparecido de todos modos, así que no lo tomemos en cuenta. De modo que tenemos tres "Pentecostés" —Hechos 2, 8 y 10—, y no debemos esperar que vuelvan a suceder.

Luego está el punto de vista de que lo que ocurrió en esas cuatro ocasiones no fue anormal, sino normal. La única característica anormal de las ocasiones posteriores fue la velocidad con que ocurrió, y no lo que ocurrió. En el caso de los samaritanos, obtuvieron el Espíritu más lentamente que los demás, y en el caso de Cornelio lo obtuvo más rápido que los demás, incluso antes que pudiera ser aconsejado. Fueron situaciones anormales, no en lo que ocurrió sino en los tiempos. El corazón de todas estas ocasiones es que en los cuatro casos el Espíritu Santo fue recibido de una manera manifiesta, audible y visible; aun Simón el hechicero vio que algo ocurrió. ¿Es eso normal o es inusual? Me convencí a partir de las escrituras, no de la experiencia, que en realidad la tercera posición es la bíblica. Recibir el Espíritu Santo de una manera manifiesta es normal para todo creyente, y no para unas pocas ocasiones especiales.

Primero, tome el caso samaritano, cuando llegaron Pedro y Juan. Esos samaritanos se habían arrepentido de sus pecados, habían creído en el Señor Jesús, habían sido bautizados en agua en el nombre de Jesús y "estaban llenos de alegría". No conozco un evangelista hoy que no diría que habían recibido el Espíritu, pero hubo quienes dijeron que no lo habían recibido. Ahora, aquí está la pregunta que nunca he oído contestada o siquiera hecha en ningún comentario de Hechos, y es la pregunta es crucial para mí: ¿cómo sabían que no habían recibido el Espíritu Santo? Intente contestar esa pregunta en su mente. Se arrepintieron, creyeron, habían sido bautizados y estaban llenos de alegría. ¿Cómo sabía alguien que no habían recibido el Espíritu? ¡Pero todos sabían que no lo habían recibido! Hay una sola respuesta posible: hasta entonces todos los demás habían recibido el Espíritu Santo de una manera "pentecostal". ¿Me sigue en este razonamiento? Es un punto muy importante. Es la única forma en la que podrían haber sabido que estas personas no lo habían recibido: si todos los demás lo habían recibido de una manera exterior y manifiesta. La segunda pregunta es: ¿cómo supieron que los samaritanos sí habían recibido?

Vamos ahora a Cornelio, y esto fue para mí el argumento contundente que terminó por definir el asunto. Cuando Pedro estaba predicando, y de pronto el Espíritu Santo cayó sobre la casa, ¿sabe lo que dijo Pedro? "¿Acaso puede alguien negar el agua para que sean bautizados estos que han recibido el Espíritu Santo lo mismo que nosotros?". ¿Quiénes son "nosotros"? ¿A quiénes está hablando? No está hablando a los 120 en el día de Pentecostés, sino que está hablando a los hermanos de Jope que trajo con él, y apela a la *experiencia* de ellos. No hay nada anormal en Cornelio. "¿Acaso podemos rehusar el agua cuando recibieron igual que nosotros?".

Luego, cuando Pedro volvió a Jerusalén y los apóstoles le dijeron: "Hemos oído que entraste en una casa gentil y has estado bautizando a personas", les dijo —y no lo dijo a los 120 sino a toda la iglesia de Jerusalén, que ahora tenía miles de integrantes—: "¿Cómo podría rehusarme ya que recibieron el Espíritu exactamente como lo recibimos nosotros?".

Ahora, ponga todo esto junto, y recibir el Espíritu en el libro de Hechos de una forma manifiesta, audible y visible es normal para todos los creyentes. Los samaritanos fueron solo anormales porque no lo obtuvieron de inmediato. Cornelio es solo anormal porque lo recibió rápidamente. Pero lo que obtuvieron fue una experiencia normal y cotidiana. De nuevo, éste es un punto en extremo importante. Si bien no espero lenguas de fuego o un viento recio y poderoso, siempre espero que el Espíritu sea recibido de una manera manifiesta. Cuando el Señor Jesús bautiza en el Espíritu, no solo lo sabe la persona que es bautizada, sino todas las demás personas presentes en el momento. Creo que es algo que debemos predicar a menudo. Cuando predicamos con confianza, la fe de las personas crece, pero si predicamos algo con titubeos, diciendo: "Bueno, algunos creen esto y algunos creen esto, y mi opinión es ésta... Todavía lo estoy pensando, pero no importa", no crecerá la fe de ninguno. Podrán estar interesados y querrán discutir con usted después del culto, pero no hay una verdadera búsqueda. Imagine si usted predicara el perdón de pecados de la misma forma, y dijera: "Saben que hay cierta discusión sobre el perdón de pecados... Algunos piensan que uno realmente lo obtiene, y algunos no están seguros que lo obtienen de inmediato, pero igual pruébenlo a ver qué ocurre". No, la clase de predicación que despierta la fe es: "Jesús puede perdonar tus pecados. Él necesita que te arrepientas, pero el arrepentimiento significa perdón. Puedes ser perdonado. Solo búscalo y lo obtendrás". De la misma forma, creo que deberíamos estar diciendo: "Jesús bautiza en el Espíritu Santo. Él quiere derramar su Espíritu en ti. Quiere que recibas y que sepas que recibiste, porque ése es el fundamento de la seguridad".

Podemos dividir la obra del Espíritu en las epístolas en dos partes: primero, su obra en el creyente individual y, segundo, su obra en la iglesia. Todas las epístolas fueron dirigidas a creyentes, y es por eso que ninguna les dice cómo llegar a ser cristianos. Todas estaban dirigidas a personas que habían recibido el Espíritu, habían sido bautizadas en agua, se habían arrepentido y habían creído. Así que las epístolas no son donde debemos mirar para la evangelización.

Hechos es el libro de la evangelización, y está escrito donde sucedieron los hechos. Es el único libro del Nuevo Testamento acerca de la evangelización. Cuando llegamos a las epístolas, encuentro los cuatro elementos fundamentales: arrepentirse ante Dios por sus pecados, creer en el Señor Jesús, ser bautizado en agua y recibir el Espíritu Santo. No creo que alguien haya nacido de nuevo hasta que lo hayamos guiado a través de esos cuatro pasos. Ésa es mi carga en mi libro *El nacimiento cristiano normal*. Los hemos reducido a un paso y medio en la técnica evangelística promedio, y necesitamos hablar de los cuatro. Sobre todo, hacer que empiecen por el arrepentimiento. Llevar a las personas a través de esas "cuatro puertas espirituales" (como yo las llamo), es esencial para el nuevo nacimiento.

Estamos produciendo muchos cristianos que han nacido mal. Muchos cristianos han venido a mí con un problema, y cuando les digo: "No me hables del problema, háblame de tu nacimiento, cuéntame de tu conversión". Escucho cuidadosamente para ver si estas cuatro cosas fueron hechas de manera correcta. Es que un evangelista es una partera, y una partera tiene que hacer ciertas cosas para el bebé para asegurarse de que sea sano y fuerte. Hay que bañar al bebé, hay que cortar y atar el cordón umbilical. Eso es el arrepentimiento, dicho sea de paso. Pedí a la partera de nuestra localidad que me dijera las cosas hay que hacer a un bebé. Escribió cinco hojas a máquina. Pensaba que era sencillo, que simplemente salía expulsado, pero hay muchas cosas que deben hacerse. Y cada una parece tener un equivalente espiritual, así que resultó muy interesante. La mayoría de las parteras "imponen manos" para hacer que inspiren y lloren. Ellas creen en la imposición de manos, ¡pero solo con un fin definido en mente!

La obra del Espíritu en la persona comienza cuando convence a alguien de pecado, de justicia y de juicio. Encuentro que el arrepentimiento comienza cuando alguien se da cuenta de que Dios es muchísimo mejor de lo que pensaba que era y que la persona es muchísimo peor de lo que pensaba que era, porque los no creyentes normales creen que Dios es malo y ellos son buenos. "¿Por qué hizo Dios eso? Yo no lo hubiera hecho si fuera Dios". Pero el arrepentimiento comienza cuando uno se da cuenta de cuán bueno es Dios y cuán malo es uno. Comienza, en realidad, con un cambio de mente, y ésa es la obra del Espíritu Santo. Nacer de nuevo del agua y Espíritu, ésa es la obra del Espíritu Santo.

La seguridad, en mi Nuevo Testamento, está basada, no en las escrituras, sino en el Espíritu. Quiero subrayar esto. Hay una doctrina evangélica de la seguridad que es simplemente un silogismo, o deducción, de las escrituras. El argumento típico es el siguiente: "La Biblia lo dice, yo lo creo, asunto concluido". Uno se convence en base a las escrituras que es un hijo de Dios. Pero, en realidad, en las escrituras mismas la base de la seguridad es: "He recibido el Espíritu Santo. Sé que pertenezco a Dios porque él me ha dado su Espíritu". La doctrina de la seguridad está basada en el Espíritu en mi Nuevo Testamento; él es el confirmador. Si usted ha guiado a alguien a través del arrepentimiento, la fe y el bautismo en agua, todavía no puede estar seguro de que Dios lo ha aceptado, pero cuando recibe el Espíritu Santo está cien por ciento seguro de que Dios lo ha aceptado. Es la evidencia, la parte más importante de llevar a alguien a Cristo: que reciba el Espíritu Santo. Pero lo que hemos hecho es hablar de "recibir" a Jesús. ¿Se fijó cómo lo hemos hecho? "Recíbelo como tu Señor, recíbelo en tu corazón, recíbelo como Salvador". Pero los apóstoles no usaban esa terminología, y ciertamente no usaban los eufemismos modernos: "Entrega tu corazón a Jesús" y "Entrega tu vida a Jesús". Nunca encontramos esa clase de palabras. ¿Qué encontramos? "Arrepiéntase y bautícese cada uno de ustedes en el nombre de Jesucristo para perdón de sus pecados, y recibirán..." ¿Recibirán a quién? Al Espíritu.

La palabra "recibir" solo se aplica a Jesús en los Evangelios, cuando estaba en la tierra, en la carne. Pero desde el día en que los cielos lo recibieron y desapareció de la vista, la palabra "recibir" se transfiere de manera consistente a la tercera persona de la trinidad. Jesús está a la diestra del Padre, pero uno puede recibir al Espíritu, el que ha ocupado su lugar en la tierra.

Esto es lo que debemos hacer, y entonces nuestros convertidos serán trinitarios desde el inicio. Se habrán arrepentido ante Dios, habrán creído en Jesús y habrán recibido al Espíritu. ¿Cuándo volveremos a esto? Me llevó diecisiete años pasar por esos cuatro pasos sencillos: arrepentirme, creer, ser bautizado y recibir el Espíritu. No voy a dejar a ningún convertido mío esperar diecisiete años, cuando puede tener el "paquete de Pedro" completo (así es como llamo a Hechos 2:39) de inmediato. A partir de ahí, el Espíritu comienza una obra de salvación.

Quiero decir algo ahora que es en cierto modo controversial, pero búsquelo en las escrituras: *la salvación es un proceso, y no concluye en un día.* "Siete personas fueron salvas el domingo a la noche". No, no fue así, siete personas *comenzaron* a ser salvas. La salvación es un proceso. Yo no uso la palabra "salvación" mucho en estos días. Prefiero la palabra "reciclado". Es un equivalente perfecto. Cuando la gente me pregunta: "¿A qué se dedica?", contesto: "Me dedico al reciclado". "¿Botellas, papel, latas?". "No, ¡personas!". Dios está en el negocio del reciclado. Reciclar es salvar a las personas del basural llamado Gehenna. Reciclarlas hasta que vuelvan a ser útiles para Dios, perfectamente restauradas a la imagen original. Y lleva tiempo. La salvación es un proceso, el reciclado es un proceso. Dios está reciclando a hombres y mujeres antes de reciclar todo el planeta Tierra. Un cristiano se preocupa por la ecología, pero no entra en pánico, y ciertamente no adora a esta extraña señora llamada "Madre Naturaleza". Creemos que habrá una nueva tierra. Somos los únicos que lo sabemos, y es una gran noticia. Dios reciclará este planeta, y está reciclando a personas para habitarlo. La salvación no es ser salvado, sino rescatado. Ésa era la palabra en la Segunda Guerra Mundial, "rescatar", pero ahora decimos "reciclar". Nuestro negocio es hacer que las personas sean recicladas, y esto comienza cuando reciben el Espíritu. El Espíritu continuará reproduciendo en ellas el carácter de Cristo. Lo llamamos el fruto del Espíritu, y hay un solo fruto así, que tiene nueve sabores. No hable de los *frutos*, sino del *fruto*, porque no son plurales. La prueba es ésta: los que no son creyentes puede mostrar dos o tres, hasta cuatro de esos nueve sabores, pero cuando el fruto del Espíritu aparece en la vida de una persona, los nueve sabores aparecen juntos. Uno no puede tener uno sin los otros ocho. Requiere tiempo para que crezca y, al caminar en el Espíritu, el fruto crece. Hay una fruta que cuando uno la muerde tiene sabor a naranja; cuando lo muerde de nuevo, sabe a limón. Tiene diferentes sabores en un fruto. El fruto del Espíritu es así: en un cristiano uno saborea paciencia, saborea paz y saborea gozo. Éste es el carácter de Cristo, y solo crece en esos nueve sabores que van juntos en los que están caminando en el Espíritu.

Hay, todavía, una salvación futura, que aún no tengo y estoy esperando. Hay una salvación lista para ser revelada en el último tiempo. Cristo viene una segunda vez para traer salvación a los que la están esperando. Traerá salvación al creyente un día, y la finalización del proceso de reciclado.

De esto se trata la salvación. No solo hacer que alguien cruce la línea o conseguir una decisión. Es lograr que sea completamente reciclado. Dios lo hace, y todo es la obra del Espíritu.

Hay una obra individual mediante la cual el Espíritu Santo nos convence, nos convierte y nos conforma a Cristo. Pero el énfasis mayor en el Nuevo Testamento es en la comunidad del Espíritu. Debemos ser conscientes de que la recepción del Espíritu Santo era la *base de la membresía* en la iglesia primitiva. Hemos hecho de las declaraciones de fe y toda clase de otras cosas la base de la membresía, pero la iglesia es el templo de Dios, el cuerpo de Cristo y la comunión del Espíritu, y hasta tanto una persona no tenga una relación trinitaria con la deidad no creo que califique para la membresía en la iglesia. La cosa crucial que calificaba a una persona para ser un miembro del cuerpo de Cristo era el bautismo en el Espíritu, la recepción del Espíritu, el llenado del Espíritu, que es todo lo mismo en el Nuevo Testamento. En otras palabras, cuando alguien recibía el Espíritu Santo no podían rehusarse a reconocer que era parte de la iglesia. Pero, mientras no ocurría, era una preocupación.

Una de las cosas que mi esposa me dijo que más extrañaba

cuando dejé de ser pastor en una iglesia local eran las asambleas de los miembros. Eran tiempos en que el Espíritu Santo nos decía cosas maravillosas, y nos daba su dirección. A menos que los miembros hayan recibido el Espíritu, su reunión de iglesia será un desastre. Se transforma en una democracia. Si uno incorpora miembros que no han recibido el Espíritu, entonces seguramente tendrá problemas. Creo en el gobierno abierto. Creo que es maravilloso que pastores y ovejas pueden compartir juntos, y que los pastores puedan escuchar el balido de las ovejas —esto es importante—, pero si sus miembros no han recibido el Espíritu, entonces está abriendo la puerta a toda clase de abusos.

No solo debe ser el Espíritu Santo la *base de la membresía en la iglesia*; él es la *fuente del ministerio*. Uno no puede convertir a nadie en ministro; solo el Espíritu puede hacerlo. Esto significa que cada miembro será un ministro. Nos hemos librado del concepto de "entrar en el ministerio". Toda la división entre clérigos y laicos ha limitado la obra del Espíritu, y ha limitado el ministerio. En la iglesia del Nuevo Testamento Pablo podía decir libremente: "Cada uno de ustedes ha recibido un don". Esto no significa que una persona puede hacer cualquier cosa. Ése es el estilo de ministerio antiguo, en el que se contrataba a un hombre para hacer todo. Tampoco significa que cualquiera puede hacer cualquier cosa, sino que todos pueden hacer algo. El Espíritu da orden a la iglesia para que todos puedan hacer algo, y el Espíritu quiere a todos en el ministerio.

Hay demasiadas personas que quiere enfrentar los dones con el fruto, y dicen: "Prefiero tener una iglesia con fruto que una iglesia con dones". Yo también porque, francamente, es mucho más fácil. Pero el fruto sin los dones es ineficaz, así como los dones sin el fruto son peligrosos. Suponga que usted va a visitar a una persona enferma en el hospital y le demuestra el fruto del Espíritu. Le muestra amor visitándola.

Le muestra gozo alegrándola. Le muestra paz calmándola. Le muestra paciencia escuchando todos los detalles de la cirugía. Le muestra amabilidad dejándole un racimo de uvas. Le muestra fidelidad visitándola cada día. Le muestra mansedumbre dejándola cuando la enfermera dice: "La hora de visita ha terminado". Le muestra autocontrol al no comer las uvas. Ha demostrado el fruto del Espíritu, pero la ha dejado enferma, porque la sanidad es un don. Necesitamos ambas cosas. El Espíritu Santo quiere hacer crecer el fruto en cada creyente individual, y quiere distribuir sus dones entre todos los creyentes.

Volvamos ahora al aspecto comunitario del Espíritu Santo, que es el enfoque principal en el Nuevo Testamento: el Espíritu habita el cuerpo de Cristo. Hay cuatro aspectos de la obra del Espíritu en la iglesia, y hemos comenzado a pensar en dos de ellos. El Espíritu es la base de la membresía en la iglesia desde Hechos 2:38 en adelante. La iglesia es la comunidad de quienes han recibido el Espíritu y, por lo tanto, constituyen la *koinonia*, la comunión del Espíritu. *Koinonia* significa tener algo completamente en común. El Espíritu que está en usted no es diferente del Espíritu que está en mí, y es por eso que, cuando el cuerpo pierde una persona, el cuerpo queda desmembrado. Aun cuando sea solo un pequeño dedito, el cuerpo está incompleto sin usted.

En segundo lugar, vimos que el Espíritu Santo es la fuente del ministerio, y él da dones diferentes, precisamente porque quiere a todos en el ministerio dentro del cuerpo. Da un don a cada uno y a todos. Esto ocurrió en la iglesia primitiva. Ha dado a cada uno un don para el resto, para el propósito de edificación, para la edificación mutua.

En tercer lugar, el Espíritu Santo en la iglesia del Nuevo Testamento es el modelo de la administración. ¿Alguna vez notó que el Espíritu Santo es bastante diferente del Padre y del Hijo? El Padre y el Hijo son, ambos, reyes, pero el

Espíritu Santo nunca es llamado "rey". El Padre y el Hijo llevan coronas; el Espíritu Santo, nunca. El Padre y el Hijo están sobre tronos; el Espíritu Santo nunca se sienta sobre un trono. El Padre y el Hijo son señores, y con una posible excepción el Espíritu Santo nunca es llamado "Señor" en el Nuevo Testamento. Lo que descubrí, cuando miré los verbos que corresponden a todo esto, es que los verbos que corresponden al Padre y al Hijo son verbos de obediencia total y sumisión completa. Pero los verbos usados en relación con el Espíritu son verbos de cooperación más que de sumisión. ¿Qué saco de esto? Muy simplemente, que el Espíritu nunca trata de llevar a las personas a la sumisión a él, sino que las conduce y guía para estar en sumisión total al Padre y al Hijo. Verifíquelo en la Biblia. El Espíritu Santo quiere que obedezcamos al Padre y al Hijo. Él nos corteja.

Hay una diferencia similar en la adoración. La adoración es en el Espíritu a través del Hijo al Padre. La adoración se dirige directamente al Padre y el Hijo en el Nuevo Testamento, pero nunca al Espíritu. Me resulta interesante. No significa que sea un pecado adorar al Espíritu, sino que estoy señalando el cuadro en el Nuevo Testamento.

El Padre y el Hijo no delegan su autoridad. Los mismos verbos que se usan para el Espíritu se usan para los líderes de la iglesia. Nuestra tarea no es traer a las personas a la sumisión a nosotros sino ponerlas bajo el Padre y el Hijo. Cuanto más hagamos esto, más independientes serán las personas de nosotros, y más dependientes del Señor.

En cuarto lugar, el Espíritu brinda poder en la misión. Estamos tratando de comunicar el evangelio de una forma que el Nuevo Testamento no hacía. En "todo lo que Jesús comenzó a hacer y enseñar", ¿nota el orden? En el Nuevo Testamento ellos *demostraron* antes de *declarar*. De hecho, comunicaron el evangelio en tres dimensiones: palabra, hecho y señal. O, si prefiere una aliteración, palabra, proceder y prodigios. En Romanos 15 Pablo dice: "Escucharon mi mensaje. Vieron cómo viví, y fueron testigos de las señales y maravillas, todos por el poder del Espíritu Santo. Así, he comunicado plenamente el evangelio..." De las palabras, hechos y señales, ¿nota que dos de estas dimensiones son para el ojo y una para el oído? Era el método: dejen que vean el evangelio y luego dejen que lo escuchen. Pero nos hemos vuelto demasiado orientados hacia la palabra. Cuando pensamos en evangelización, siempre son palabras. Palabras predicadas, palabras impresas, palabras registradas, palabras cantadas, palabras, palabras, palabras. Pensamos que, si les hemos dado todas las palabras, si hemos introducido las palabras en el buzón de las personas, de alguna forma las hemos evangelizado. Sin embargo, el mundo no está esperando *escuchar* el evangelio; están esperando *verlo*. Tienen derecho a verlo y nosotros tenemos la responsabilidad de dejar que lo vean. Nietzsche (un filósofo detrás de Hitler) dijo una vez: "Me gustaría ser salvado si los cristianos parecieran más salvados". Él conocía a personas que iban a la iglesia, y no podía ver ninguna diferencia entre ellas y los demás.

Piense en Jesús, cuando envió a los discípulos de dos en dos. Sé que fueron sin fe. Lea entre líneas las escrituras. Estaban bastante seguros de que no podían hacer lo que Jesús había estado haciendo. Todo lo que tenían que hacer era resucitar a los muertos, sanar a los enfermos y echar fuera demonios. Luego, cuando hubieran hecho todo eso, debían decir a las personas que el reino estaba había llegado.

La comunicación del evangelio es palabras, hechos y señales. Tiene que ser palabras, porque sin palabras la gente no entenderá lo que está ocurriendo, pero tenemos que dejar que vean primero. Cada vez que hay una contradicción entre lo que vemos y lo que escuchamos, siempre damos el beneficio de la duda a nuestros ojos.

Es muy importante que comuniquemos el evangelio al modo del Nuevo Testamento. 1 Tesalonicenses 1 también menciona las palabras, los hechos y las señales. Los hechos son cómo vivimos y las señales son las maravillas que realiza Dios. Uno puede transmitir las palabras sin el Espíritu Santo. He conocido a no creyentes que transmitieron palabras de evangelio y hubo personas que se salvaron, pero uno no puede hacer los hechos y las señales sin el Espíritu Santo.

Hace muchos años, mi esposa y yo estuvimos con 1.500 jóvenes en un campamento llamado Canvas Camp, en Nueva Zelanda, durante la semana de Navidad. Hacía 30 grados, y estábamos usando un galpón para trasquilar ovejas. La gente estaba sentada sobre la paja y los fardos de heno, y había una plataforma hecha también con fardos de heno. De los asistentes, unos 500 no eran convertidos: chicos de pandillas de las calles de Auckland, principalmente maoríes, cubiertos de tatuajes espantosos. Uno tenía la palabra "proscrito" tatuada en su garganta. Otro tenía "O-d-i-o" en ambas manos, así que, cuando se acercaba a alguien, sabía lo que pensaba de esa persona. Me pidieron que hablara sobre el reino de Dios, a la mañana y la noche. Ahora bien, ése es mi tema favorito (también era el tema favorito de Jesús). El martes a la mañana me paré en la plataforma para mi charla, y el Señor susurró: "David, les has dicho, pero no les has mostrado". Le pregunté: "¿Por dónde comienzo, Señor?". Me contestó: "Caspa". ¿Caspa?

Hablé a los que estaban reunidos: "Les dije que Jesús es Rey de reyes y Señor de señores, y que toda situación está bajo su control, y ahora lo verán, porque Jesús es Rey de la caspa". Mi esposa estaba bien atrás, entre la gente, y hemos estado casados el tiempo suficiente como para poder leernos los rostros. El de ella decía: "Finalmente perdió la chaveta; lo he estado esperando por años, ¡y ahora ha ocurrido!". Tenía todo el aspecto de querer salir de la reunión.

Pregunté: "¿Qué sigue, Señor?". Me contestó: "Pie de atleta". Le dije: "Los estás cubriendo de arriba abajo, Señor". Dije fuerte: "Él es el Rey del pie de atleta". Pregunté: "¿Qué sigue?". "Verrugas". Había un hombre sentado al lado de mi esposa, de unos cincuenta años de edad, y sus manos estaban cubiertas de bultos. ¡Era como dar la mano a un agricultor de maní! Estaba sentado al lado de un cirujano que le había dicho tres minutos antes: "Mira, ven a mi hospital el próximo jueves, te daré una anestesia local y sacaremos esas cosas".

Dos días después estaba navegando en el Pacífico con el cirujano, y me dijo: "David, ¿por qué estás queriendo humillarme esta semana?". Le dije: "John, ni lo soñaría. ¿A qué te refieres?". Dijo: "¡Me quitaste dos pacientes!". Uno era el hombre con verrugas. "Se cayeron todas y solo quedaban huecos rosados donde estaba apareciendo la piel nueva".

Durante la reunión, había pensado: "¿Dónde terminará todo esto?". Pregunté: "¿Qué sigue, Señor?". Me contestó: "Una mano atrofiada". Ahora, conozco el nivel de mi fe, y sé dónde empieza a tambalear. Dije: "Hay alguien aquí que no puede usar su mano derecha". Era una niña de unos quince años de edad que siempre había estado así. Una hora después escribió una carta a sus padres: "Queridos Mamá y Papá: estoy escribiendo esta carta con mi mano derecha".

Finalmente, alcanzó el clímax con un muchacho de dieciséis años llamado Andrew. Había estado en un accidente automovilístico cuando tenía dos años, y tenía el brazo izquierdo paralizado. Dos meses antes del campamento había estado intentando cortar un árbol con una motosierra a gasolina sostenida con una mano. Estaba arrodillado sobre este árbol y se sacó la rodilla derecha completamente. Lo llevaron a toda velocidad al hospital y lograron salvarle la vida con una transfusión de sangre. Le unieron los huesos, así que vino al campamento con una pierna corta, y con su brazo izquierdo en un soporte de aluminio. Pero era un muchacho hermoso, muy divertido; todos lo querían. Un jueves por la tarde este chico corrió de un extremo del campo del deporte al otro, ¡con ambos brazos y piernas funcionando! Volvió corriendo al galpón, saltó a la plataforma y bailó ante todos nosotros. Dije: "Tira tus muletas". "No", dijo, "Mejor las llevo de vuelta al hospital. Le pertenecen".

Pero nadie fue sanado de caspa, y el viernes les dije: "Miren, si el Señor ha hecho algo por ustedes esta semana, vengan y dígannos. Es bueno testificar, y necesito que mi fe sea ayudada. Todo ha ocurrido excepto una cosa, pero no les voy a decir qué cosa".

Ahora una niña dijo: "¿Fue la caspa?". Le contesté: "Sí". Ella dijo: "Mire, solía tener una tormenta de nieve sobre mis hombros". Y me mostró una hermosa cabeza con cabello brillante.

Mientras hablaba ella, un joven mayor con una larga barba roja y escaso cabello rojizo se acercó. Dijo: "No lo creo, no lo creo". Le pregunté: "¿Qué cosa no crees?". Dijo: "El asunto de la caspa". "Bueno", dije. "No podrías venir en un mejor momento. Aquí está ella". "No", dijo, "he intentado con todos los champús, todos los medicamentos. Cuando me peiné el cabello esta mañana había desaparecido. Así que fui a la carpa de primeros auxilios y pedí a la enfermera que peinara mi cabello y mi barba. No pudo encontrar nada, ¡y no lo creo!". Dije: "Bueno, no lo hagas. Simplemente disfrútalo. Dios te bendiga. Ve a casa".

Otra noche, los demonios se manifestaron. Había chicos maoríes arrodillados ladrando como perros y comiendo heno como animales. Otros jóvenes estaban alrededor, enfrentando la situación en el nombre de Jesús. Había sido una semana ajetreada, pero el viernes a la mañana dije: "Ahora han oído acerca del reino, han visto el reino, saben que Jesús es Rey. Esta tarde volveré al galpón a las cuatro y les diré cómo entrar en el reino, si quieren entrar. No me importa si solo vuelven diez de ustedes, siempre que lo tomen en serio".

Volvieron, pero esto fue lo que ocurrió. Era un hermoso día, caluroso y soleado. A unos tres kilómetros, en Pacific Beach, fueron todos a nadar, y había quince guardavidas a lo largo de la playa. Un guardavidas habló con otro y le dijo: "¿Podrías vigilar mi parte de la playa? Quiero ir a escuchar a David en el galpón". Le contestó: "Pero yo quiero ir también". Los dos fueron a un tercero, y éste también quería ir. El cuarto también. Los quince guardavidas querían saber cómo entrar en el reino, pero no podían dejar la playa. Estaban vigilando a 1.500 jóvenes. Así que se juntaron, y uno de ellos dijo: "Probemos esta cosa de la oración". Dijo: "Dios, si estás ahí, haz que podamos ir a la reunión de David". Miraron hacia el mar y había tres tiburones entrando en la bahía. Gritaron: "¡Tiburones!", y tuve 1.500 asistentes. He encontrado el secreto. ¡Solo consigue tres tiburones que hagan tu trabajo!

El lado serio es que, de una forma sencilla, estábamos comunicando en palabra, hecho y señal. Escucharon las palabras y vieron los hechos, porque esos muchachos estuvieron viviendo en carpas con cristianos durante una semana. Vieron cómo vivían, y fueron testigos de señales y maravillas. Fue una semana simplemente maravillosa. En realidad, cuando vinieron les dije: "Ahora hay cuatro pasos que tienen que dar, y los ayudaré a empezar con el primero esta tarde. Hoy voy a enseñarles a arrepentirse". No los llevé más lejos, pero se arrepintieron. Por toda Nueva Zelanda, durante las cinco semanas siguientes, mientras viajábamos, escuchamos que habían buscado el bautismo, habían creído y habían seguido adelante.

No podemos hacer que las personas nazcan en cinco minutos, al final de una reunión, pero podemos hacer que empiecen, así que hago lo siguiente. Les hablo de los cuatro pasos y les digo: "Comencemos por el primero". Encuentro que, si empiezan correctamente con el arrepentimiento, nunca miran atrás. Irán por los otros tres pasos tan pronto como puedan obtenerlos.

Finalmente, en esta reseña de lo que el Nuevo Testamento nos dice acerca de la obra del Espíritu Santo, tenemos que subrayar que el libro de Apocalipsis es muy importante.

Lamentablemente, la mayoría de los protestantes que toman como referencia la Reforma dejan al libro de Apocalipsis sin tocar. Pero trate de imaginar al Nuevo Testamento sin este libro. Sería como grabar una película y encontrar que nos perdimos los últimos cinco minutos, o ponernos a leer una novela de detectives y encontrar que alguien arrancó las tres últimas páginas. Sin el libro de Apocalipsis, al Nuevo Testamento le faltaría una parte, porque todo se parece a un romance que termina así: se casan y viven felices para siempre. "El Espíritu y la novia dicen: '¡Ven!'", porque la novia se ha preparado para la boda. El Padre busca una esposa para el Hijo.

Hay una doctrina del Espíritu en el libro de Apocalipsis que es muy importante. ¿Por qué dicen las personas que es complicado? Piensan que fue escrito para eruditos de la Biblia o estudiantes de teología. No fue escrito para ellos, sino para personas muy comunes. Los que pueden recibir el mensaje de Apocalipsis son personas muy comunes que lo toman al pie de la letra.

Los capítulos 1 a 3 se ocupan del estado presente de la iglesia. Luego vamos hacia el futuro, donde podemos dividir al resto de Apocalipsis en dos secciones sencillas. Primero, las cosas se pondrán mucho peor antes que mejoren; segundo, las cosas se pondrán mucho mejor luego de que empeoren. Ése es mi resumen del libro de Apocalipsis. Es una visión apocalíptica de la historia.

Hay una visión griega de la historia que contrasta con ésta: la visión cíclica, que da vuelta en círculos, repitiéndose, y terminando donde comenzó. Hay, también, una visión épica de la historia: simplemente continúa, subiendo y bajando, arriba y abajo, ciclos de la historia, con imperios que surgen y caen. Luego está la visión optimista de la historia, que era el punto de vista principal que apareció con el siglo XX: estamos en un ascensor del progreso que nos llevará a Utopía. Después está la visión pesimista de la historia, con la cual ingresamos en el siglo XXI. La palabra clave no es "progreso" sino "supervivencia". Muchos creen que todo va hacia abajo y más abajo.

Una visión de la historia es que todo va hacia abajo y de pronto mejorará y seguirá así. Pero el Espíritu nos ha preparado para que las cosas se pongan peor, así que mi expectativa es que las cosas empeoran antes de que mejoren. Esto me evita tener falsas esperanzas y sueños utópicos, porque las falsas esperanzas enferman el corazón. Me temo que, unos años atrás, muchos tenían la esperanza de que el reino estaba a la vuelta de la esquina, y hay mucha desilusión por las falsas esperanzas que se crearon. Creo que las cosas se pondrán más difíciles para los cristianos. El libro de Apocalipsis está lleno de mártires, precisamente porque el Espíritu vio que venía una opción para los creyentes, entre la vida y la muerte.

Finalmente, en esta breve reseña, tenemos que ser conscientes de que hay una diferencia entre ser *llenados* con el Espíritu y estar *llenos* del Espíritu. Todos los cristianos deben ser llenados con el Espíritu, pero algunos están llenos. Cuando buscaban líderes en la iglesia primitiva, no buscaban a los que habían sido llenados sino a los que estaban llenos. Hay una distinción marcada en el Nuevo Testamento entre quienes han sido llenados, y podrán ser llenados vez tras vez, y los que están continuamente llenos.

En la Biblia, "lleno" significa no solo fruto, sino dones y fruto. Lea Hechos 6, donde eligen a Esteban porque estaba lleno del Espíritu Santo, y encontrará que estaba lleno de gracia y poder.

La madurez ideal para la vida cristiana no es solo estar lleno de gracia, sino estar lleno de gracia y poder. Uno puede estar llenado y entonces tiene poder, pero estar lleno significa estar lleno de gracia y poder: el fruto y los dones en combinación perfecta.

Capítulo cuatro

EL ESPÍRITU SANTO EN MATEO, MARCOS Y LUCAS

Jesús, lleno del Espíritu Santo, volvió del Jordán y fue llevado por el Espíritu al desierto. Allí estuvo cuarenta días y fue tentado por el diablo. No comió nada durante esos días, pasados los cuales tuvo hambre.

—Si eres el Hijo de Dios —le propuso el diablo—, dile a esta piedra que se convierta en pan.

Jesús le respondió:

—Escrito está: "No sólo de pan vive el hombre".

Entonces el diablo lo llevó a un lugar alto y le mostró en un instante todos los reinos del mundo.

—Sobre estos reinos y todo su esplendor —le dijo—, te daré la autoridad, porque a mí me ha sido entregada, y puedo dársela a quien yo quiera. Así que, si me adoras, todo será tuyo.

Jesús le contestó:

—Escrito está: "Adora al Señor tu Dios y sírvele solamente a él".

El diablo lo llevó luego a Jerusalén e hizo que se pusiera de pie en la parte más alta del templo, y le dijo:

—Si eres el Hijo de Dios, ¡tírate de aquí! Pues escrito está:

> "Ordenará que sus ángeles te cuiden.
> Te sostendrán en sus manos

para que no tropieces con piedra alguna".

—También está escrito: "No pongas a prueba al Señor tu Dios" —le replicó Jesús.

Así que el diablo, habiendo agotado todo recurso de tentación, lo dejó hasta otra oportunidad.

Jesús regresó a Galilea en el poder del Espíritu, y se extendió su fama por toda aquella región. Enseñaba en las sinagogas, y todos lo admiraban.

Fue a Nazaret, donde se había criado, y un sábado entró en la sinagoga, como era su costumbre. Se levantó para hacer la lectura, y le entregaron el libro del profeta Isaías. Al desenrollarlo, encontró el lugar donde está escrito:
"El Espíritu del Señor está sobre mí,
    por cuanto me ha ungido
  para anunciar buenas nuevas a los pobres.
Me ha enviado a proclamar libertad a los cautivos
    y dar vista a los ciegos,
  a poner en libertad a los oprimidos,
  a pregonar el año del favor del Señor".

Luego enrolló el libro, se lo devolvió al ayudante y se sentó. Todos los que estaban en la sinagoga lo miraban detenidamente, y él comenzó a hablarles: "Hoy se cumple esta Escritura en presencia de ustedes".

Lucas 4:1–21

Según mi experiencia, una de las razones por las que las personas se han vuelto desequilibradas en un sentido u otro al pensar en el Espíritu Santo es precisamente porque no quieren considerar toda la Biblia. Se concentran en ciertas partes de ella y, por lo tanto, pierden el equilibrio. Toda la Biblia, y nada más que la Biblia, debe ser nuestra base.

Entre el final del Antiguo Testamento y el principio del Nuevo Testamento hay una brecha de cuatrocientos años.

Esto no es porque no hubo registros ni escritos entonces. Hay libros llamados Apócrifos. Éste sigue siendo uno de los principales puntos de diferencia entre católicos romanos y protestantes. Los protestantes dicen que esos libros no deberían estar en la Biblia porque no son la palabra de Dios, mientras que los católicos creen que lo son. ¿Por qué no están en la Biblia? La respuesta está en una frase que aparece 3.800 veces en el Antiguo Testamento, pero ni una vez en los Apócrifos: "Así dice el Señor..." No vino ninguna palabra de Dios en ese período. No hubo ningún profeta en ese tiempo que pudo decir: "Esto es lo que dice Dios". El Antiguo Testamento comienza con los libros de Moisés, que fue el primer gran profeta, y finaliza con el libro de Malaquías, que fue el último profeta. Y la Biblia no vuelve a comenzar hasta que Dios vuelve a hablar. No importa cuán apasionante sean las historias de los macabeos, no importa cuántas cosas emocionantes ocurrieron en esos cuatrocientos años, el hecho es que donde el Espíritu Santo no está operando sobre seres humanos, a los ojos de Dios no hay nada que valga la pena registrar.

¿Significa esto que nadie pensó en el Espíritu Santo durante cuatrocientos años? No es así. En el Antiguo Testamento había dos grandes promesas. Primero, que un día vendría de Dios un rey que estaría lleno del Espíritu Santo y podría hacer y decir las cosas de Dios. Segundo, cuando él viniera, todas las personas podrían ser llenadas con el Espíritu Santo también, y el Espíritu de Dios sería derramado sobre toda carne: hombres y mujeres, jóvenes y viejos. Esos dos sueños son todo lo que puedo decirle acerca de la obra del Espíritu Santo entre el Antiguo y el Nuevo Testamento. Le debe haber parecido a esa gente que los sueños se alejaban cada vez más. Nadie era llenado con el Espíritu, nadie hablaba la palabra de Dios y nadie realizaba milagros. El Espíritu parecía haberse ido, pero durante cuatrocientos años esperaron a que el Espíritu viniera y llenara un rey, un hijo de David, y que el Espíritu fuera derramado sobre toda carne. Nunca se olvidaron de esos sueños. Los judíos tienen una memoria asombrosa. Han recordado su tierra santa durante casi dos mil años, mientras no estuvieron en ella. ¡No renuncian a sus esperanzas fácilmente! Las esperanzas judías de una tierra propia se han cumplido, y no se olvidaron de esos dos sueños acerca del Espíritu Santo.

¿Qué hace el Espíritu Santo en Mateo, Marcos y Lucas? Alrededor del año 5 a.C., el Espíritu Santo comenzó a tocar personas luego de ese tiempo de espera. El Espíritu Santo comenzó nuevamente a llenar a algunas personas comunes y a permitirles que dijeran e hicieran cosas sobrenaturales, tocando primero a una pareja anciana y una pareja adolescente. La pareja anciana, una pareja piadosa, eran Zacarías y Elisabet. Los jóvenes comprometidos para casarse eran José y María. Ninguna de las parejas tenía hijos: una, porque eran demasiado viejos para tener hijos y no habían tenido ninguno, y la otra, porque aún no estaban casados. Pero a ambas parejas el Espíritu Santo dio un hijo. En un caso, un niño llamado Juan; en el otro, un niño llamado Jesús. Humanamente hablando, en ningún caso tendría que haber habido un bebé siquiera, pero el Espíritu Santo estaba comenzando a obrar milagros otra vez. La pareja más joven vivía en el norte de la tierra santa; la pareja mayor, en el sur. Estaban emparentadas, así que de hecho es probable que los niños fueran primos. Miremos a las dos parejas y veamos lo que el Espíritu Santo hizo con ellas de acuerdo con los Evangelios de Mateo, Marcos y Lucas.

Zacarías tenía dos sueños o ambiciones, ninguno de los cuales se habían cumplido hasta ahora, y parecía más bien que ninguno se cumpliría jamás. Zacarías era un sacerdote, uno de los muchos miles de sacerdotes que cumplían con sus deberes en el templo en Jerusalén. Vivía apenas a unos kilómetros bajando por el valle, pero acostumbraba a subir a Jerusalén. Viajaba todos los días a la ciudad y trabajaba en el templo como sacerdote. Una vez al año era el gran privilegio de un sacerdote entrar en el lugar santo, completamente solo en la oscuridad, y quemar la lámpara de incienso en el altar. Era bastante obvio que, con miles de sacerdotes, la mayoría de ellos nunca tendrían la oportunidad de entrar. ¿Cómo hacían? Acostumbraban a echar suertes. Todo sacerdote esperaba que un día, antes de jubilarse, la suerte le tocara a él. Ésa era la primera ambición de Zacarías.

La segunda ambición, que era la de todo sacerdote, era tener un hijo varón, para que pudiera trasmitir el privilegio, porque el sacerdocio era hereditario. Pero a la esposa de Zacarías le había pasado hace mucho tiempo la edad para tener hijos. Había perdido la esperanza de cumplir uno de sus sueños. Había sido sacerdote, tal vez por cuarenta años, y estaba cerca de la jubilación, y comenzaba a darse por vencido con relación a la otra ambición. Pero un día, cuando los sacerdotes se reunieron para echar suertes para ver a quién le tocaría entrar en el lugar santo, surgió el nombre de Zacarías. Tiene que haber sido un momento sumamente dramático para este hombre anciano: a solas con Dios en un lugar donde Dios vivía entre su pueblo. En ese lugar, Zacarías quemó el incienso.

Pero la experiencia impactante que tuvo fue que encontró que no era la única persona en el lugar, aun descontando a Dios. Cuando miró, vio a alguien parado en un rincón, y al mirar más detenidamente se dio cuenta de que no era un ser humano, y no era Dios. Se dio cuenta de que era uno de los espíritus sobrenaturales de Dios; un ángel, según se los llama en la Biblia. Tiene que haberse sentido aterrorizado. El ángel le dijo que tendría un hijo, y Zacarías, de manera muy humana, preguntó cómo podría estar seguro.

Estaba pensando sin el Espíritu Santo, que es lo que hace

alguien cuando dice que algo que Dios prometió es imposible. Cada vez que una reunión de iglesia llamada por Dios a hacer algo grande comienza a decir: "No puede hacerse, es imposible; está más allá de nuestras posibilidades", están pensando sin el Espíritu Santo. La palabra "imposible" no está en el vocabulario de Dios. Jeremías preguntó: "¿Hay algo imposible para Dios?". Jesús dijo: "Para Dios todo es posible". Así que el ángel dijo a Zacarías que permanecería mudo durante nueve meses por no creer. Eso le demostró a él y a los demás que Dios estaba haciendo algo en su vida.

El pobre hombre, cuando salió, no podía decir siquiera a su esposa lo que había ocurrido, pero se unieron físicamente, ya ancianos, y ella concibió y dijo a su esposo que tendría una criatura. Ella aún no sabía que sería un varón. El secreto estaba encerrado en Zacarías, a menos que lo hubiera escrito para ella. Llegó el gran día cuando nació el varón, y entonces vino el momento de darle nombre. Zacarías escribió "Juan", el nombre que Dios había elegido, e inmediatamente su lengua se soltó y comenzó a alabar a Dios. ¿Ha notado cómo, cuando las personas son llenadas con el Espíritu, generalmente salen palabras de la boca? Zacarías, dice, fue llenado con el Espíritu y comenzó a hablar palabras que han sido dichas y cantadas por cristianos a lo largo de los siglos. "Bendito sea el Señor, Dios de Israel, porque ha venido a redimir a su pueblo..."

Se dijeron ciertas cosas acerca del niño a Zacarías que debemos notar. Hay algunos contrastes extraños entre Juan y Jesús. Jesús fue llamado un bebedor de vino por sus enemigos. No era un abstemio. Pero se dice de Juan que desde su nacimiento no tocaría vino ni bebida fuerte. También sabemos que sería la primera persona en toda la historia en ser llenada con el Espíritu Santo desde el vientre de su madre. Sansón era un hombre adulto cuando el Espíritu lo llenó, Moisés era un adulto cuando el Espíritu lo llenó, y si usted recorre el Antiguo Testamento, las personas eran adultas antes de ser llenadas con el Espíritu durante esta era.

Pero una de las cosas más notables acerca de Juan el Bautista es ésta: desde el momento de su concepción podía hacer cosas extraordinarias y decir cosas extraordinarias, y para que la gente nunca pudiera pensar que eran otra clase de espíritus que lo estaban haciendo, Juan tenía que mantenerse lejos de la bebida alcohólica, de modo que fuera completamente claro que las cosas que haría serían de Dios. El niño creció de una forma muy inusual. Era diferente de todos los demás. Pasó la mayor del tiempo en el desierto, solo. Ésa fue su escuela, donde Dios le enseñó. Ni siquiera sé si fue alguna otra escuela —probablemente no—, pero vivía solo allá afuera. Alrededor de la edad de treinta años comenzó a predicar, y usaba la misma vestimenta que Elías, uno de los más grandes profetas del Antiguo Testamento, había usado. Elías estaba detrás solo de Moisés en la lista de profetas. Todos decían: "Moisés fue el más grande profetas, y Elías lo seguía". Juan vivió también con exactamente la misma comida que la que había comido Elías. Jesús sería un profeta como Moisés, pero Juan el Bautista sería como Elías, y hasta eso fue dicho por el ángel a Zacarías. Juan comenzó a predicar, y corrió la voz de que había un profeta en Israel otra vez. El pueblo había esperado para que Dios hablara, y ahora estaba hablando nuevamente. Comenzaron a acudir en masa a escuchar al profeta. Esta generación nunca había oído a un profeta, aunque había leído acerca de ellos y se les había contado que sus tátara-tátara-tatarabuelos habían oído a un profeta. Las personas que ahora escuchaban a Juan solo habían escuchado a escribas que explicaban las escrituras, y no a profetas que solo hablaban la palabra de Dios directamente.

Juan no realizó ningún milagro para ellos. Lo extraordinario acerca de Juan fue que su poder sobrenatural estuvo en lo que *dijo*, y no en lo que hizo. Lo único inusual que hizo fue bautizar a personas sumergiéndolas en agua, que le dio el apodo "Juan el Bautista" o "Juan el Sumergidor" o "Juan el Zambullidor", que es lo que significa. Un día, entre la multitud que vino a escucharlo, apareció el otro niño, ahora todo un adulto, y el Espíritu Santo comenzó a hacer algo aún más extraordinario.

Volvamos a la otra pareja joven, José y María, y veamos lo que el Espíritu Santo ha hecho con ellos. Acá tenemos un par de adolescentes comprometidos. Las niñas se comprometían a los quince años de edad. Un muchacho se convertía en hombre a los doce años, cuando asumía la plena responsabilidad como adulto, y se casaba alrededor de los dieciséis años de edad. Así que los cuadros de José y María como personas de mediana edad están muy lejos de la realidad. Imagine un muchacho de dieciséis años de edad y una muchacha de quince años de edad, y estará más cerca. Estos dos adolescentes estaban felices. Estaban comprometidos para casarse, que era algo muy serio. El compromiso, en esos días, era mucho más que salir juntos o estar de novios. Significaba que la mujer tomaba el nombre del hombre, y si él moría antes de casarse era considerada como una viuda. Estaban comprometidos, pero el matrimonio no se había consumado. Eso debería esperar algunos meses, y aun varios años, hasta la ceremonia de matrimonio oficial. Un día, esta muchacha de quince años de edad estaba en su casa, tal vez orando. Vio a alguien en la habitación que no era humano ni era Dios. Se dio cuenta de que uno de los mensajeros de Dios estaba por decirle algo, algo muy extraordinario. Ella iba a concebir, y tendría un hijo. Todavía era una virgen, así que preguntó cómo ocurriría. La respuesta del ángel fue que el Espíritu Santo vendría sobre ella; el poder del Altísimo la cubriría con su sombra.

Un tiempo atrás se hizo una evaluación de algunos

supuestos nacimientos virginales. Se informaron y examinaron unos siete casos de mujeres que dijeron haber tenido bebés sin tener relaciones con hombres. Todos menos dos casos fueron rechazados. Pero los médicos y científicos estaban preparados para decir que, en estos dos casos, probablemente había ocurrido, que el huevo femenino u óvulo dentro del útero había comenzado a dividirse espontáneamente y había formado un bebé. Esto es una posibilidad física. Hay otras especies en las que ocurren nacimientos virginales más frecuentemente. Uno de estos es el erizo de mar, donde el huevo puede comenzar a multiplicarse, dividirse y formar un cuerpo. Pero he aquí lo más crítico e importante: se trata de algo que es físicamente imposible, porque el ángel dijo que María tendría un varón, y un nacimiento virginal natural, aun cuando ocurra, no puede producir de ninguna forma un varón. Estamos tratando con lo milagroso aquí. María estaba muy entusiasmada, porque seis meses antes se había enterado de que Elisabet, una pariente anciana, también estaba esperando un bebé. Habían pensado entonces que algo maravilloso estaba empezando a ocurrir, así que fue a visitar a Elisabet, que ya tenía un embarazo de seis meses. María entró en la casa y el bebé de Elisabet saltó en su vientre. Elisabet fue llena del Espíritu Santo y profetizó. Dijo esto: "¡Bendita tú entre las mujeres, y bendito el hijo que darás a luz! Pero, ¿cómo es esto, que la madre de mi Señor venga a verme? Te digo que tan pronto como llegó a mis oídos la voz de tu saludo, saltó de alegría la criatura que llevo en el vientre. ¡Dichosa tú que has creído, porque lo que el Señor te ha dicho se cumplirá!".

Profecía, nuevamente. Aquí había una mujer profetizando y, tan pronto terminó, María fue llena del Espíritu Santo y profetizó, y dijo: "Mi alma glorifica al Señor..."

Desde entonces, el "Magníficat" ha sido cantado por cristianos. Ahora usted puede ver lo que está ocurriendo.

En estos pocos años alrededor del nacimiento de estos dos niños, hombres y mujeres comunes y corrientes estaban profetizando, estaban siendo llenados con el Espíritu, abriendo su boca y diciendo palabras extraordinarias, que son tan palabra de Dios que las hemos tratado como tal desde ese momento.

El niño Jesús nació, y no sabemos nada de él por treinta años, salvo un pequeño vistazo, cuando se corre la cortina y vemos a un muchacho que ya sabe que su padre no es José, sino Dios. Durante mucho tiempo me había extrañado por qué Dios no nos dijo nada acerca de Jesús en treinta de sus treinta y tres años de vida. ¿Por qué no hay nada en la Biblia acerca de su niñez? ¿Por qué no hay nada acerca de cómo se relacionó con la gente de Nazaret como el carpintero de la aldea? La respuesta es muy sencilla: durante treinta años el Espíritu Santo no estuvo operando a través de él. Se omiten cuatrocientos años de la historia de Israel y treinta años del relato relacionado con Jesús. Ahora bien, esto puede ser un pensamiento impactante para usted cuando lo presento tan abruptamente, pero déjeme explicarle a qué me refiero. Jesús se desarrolló físicamente; creció en estatura. Se desarrolló mentalmente; creció en sabiduría. Socialmente, tenía el favor de los demás. Espiritualmente, tenía el favor de Dios. Tuvo un muy buen desarrollo físico, mental, social y espiritual. Es el deseo de un padre o una madre que sus hijos hagan lo mismo.

Sin duda Jesús estaba por encima del promedio, ya que los maestros del templo notaron que sus preguntas eran muy agudas para su edad. Pero el hecho es éste: las personas de Nazaret no vieron nada en este muchacho que les hiciera pensar que fuera más que un chico inusual. No vieron ningún milagro; no escucharon ningún sermón. No les dio ni la Palabra de Dios ni los hechos de Dios. Era un muchacho que se desarrollaba para llegar a ser un hombre y que trabajaba, y eso fue todo lo que vieron durante treinta años. Si usted hubiera vivido en Nazaret en ese tiempo no habría llegado a la conclusión de que el Hijo de Dios estaba viviendo al final de la calle. Habría dicho: "¿Viste al hijo de José? Es un buen chico, muy equilibrado. Me gusta".

Durante esos treinta años Dios no nos dice nada acerca de su Hijo porque no hay nada que decir, excepto ese único vistazo, que nos muestra que él ya sabía que era el Hijo de Dios. Es todo. Aun eso es algo privado entre él y sus padres. No hay nada que uno necesite saber, y aunque usted conociera todos los detalles sería de un interés puramente humano. No lo ayudaría a ser un mejor cristiano, de ninguna forma. A diferencia de su primo Juan, no se nos dice que fue lleno del Espíritu desde su nacimiento.

Llegamos al punto en que la cortina es levantada completamente, y se nos pide que miremos su vida en detalle. Ocurre cuando, a los treinta años (note su edad), sabiendo lo que estaba haciendo, dejó el taller de carpintería de Nazaret por última vez, dejó a sus hermanos, y caminó los ciento diez kilómetros hasta el río Jordán, el punto más bajo de la superficie de la tierra. Ahí se encontró con su primo Juan y pidió que lo bautizara. Juan sabía que Jesús no era un pecador y que no necesitaba lavar sus pecados. Él quería ser bautizado por Jesús. Pero Jesús insistió en ser bautizado. Dios le había dicho que lo hiciera. Así que Juan lo bautizó. Entonces ocurrió algo muy inusual. Luego de ser bautizado, Jesús se puso de pie y oró y, mientras lo hacía, Juan vio algo en el cielo, bien alto, algo blanco que aleteaba, y bajaba cada vez más, hasta posarse sobre la cabeza de Jesús. Al principio pensó que era un pájaro, pero al mirar más detenidamente, se dio cuenta de que solo se parecía a un pájaro. Era del cielo; ningún pájaro de la tierra es así.

Juan sabía, porque Dios se lo había dicho, que un día bautizaría a un hombre, y que vería al Espíritu Santo venir y ungir a ese hombre. Ésa sería la persona que el pueblo había esperado durante mil años. Habían añorado un príncipe lleno del Espíritu. Juan lo vio, y Jesús fue ungido con poder ese día. Fue solo por esto que pudo hacer milagros después. Cuando Jesús, el Hijo de Dios, nació, fue tan dependiente como nosotros del poder del Espíritu Santo para hacer cualquier cosa —predicar la palabra de Dios, realizar los hechos de Dios—, y no podría haberlo hecho antes de esto.

Sabemos que inmediatamente después de su bautismo fue tentado por el diablo. ¿Ha notado que, estando lleno del Espíritu Santo, *fue llevado por el Espíritu* al desierto para ser tentado? ¿Ha notado que, después de ganar la batalla, *regresó a Galilea en el poder del Espíritu*? Encontramos constantemente esto: "Jesús, lleno del Espíritu Santo...", "Jesús, guiado por el Espíritu...", "Jesús, en el poder del Espíritu..."

Esto es terminología que no había sido usado para él antes, porque no se cumplía en él antes de su bautismo. Éste fue el tema en el desierto: Jesús, como ser humano, ¿sería controlado por el diablo (Satanás) o por el Espíritu Santo?

Satanás estaba intentando desesperadamente decir: "Intenta mi modo: transforma estas piedras en pan, salta del pináculo del templo". La batalla había comenzado. Jesús, un auténtico ser humano, estaba en la encrucijada, y podía dejar que el diablo lo controlara o que lo hiciera el Espíritu Santo. Ahora sería controlado por uno o por el otro. Llega un momento en la vida de una persona en que llega a la encrucijada, y será controlada por el diablo o por el Espíritu Santo. ¿Por quién será controlada? ¿Qué camino seguirá? Éste es el significado de las tentaciones.

Fue solo ahora que Jesús comenzó a hacer sus milagros. Comenzó a resucitar a los muertos. Comenzó a sanar a los enfermos. Comenzó a hacer que los sordos escucharan, los ciegos vieran y los mudos hablaran. La gente nunca había escuchado a un hombre hablar así o hacer cosas como éstas. Jesús dijo: "Si expulso a los demonios por medio del Espíritu de Dios, eso significa que el reino de Dios ha llegado a ustedes".

No puedo pensar en ninguna prueba más severa para el ministerio de un hombre que volver a predicar a los que lo habían conocido antes. Jesús volvió a Nazaret, a su propia gente, que lo habían conocido como carpintero, y ahora habían oído acerca de estos milagros extraordinarios. ¿Por qué no creyeron?

Se paró en la sinagoga. No sé si el Espíritu Santo guio a alguien a escoger el rollo correcto, pero le entregaron Isaías. Lo abrió y leyó: "El Espíritu del Señor está sobre mí, por cuanto me ha ungido para anunciar buenas nuevas a los pobres... vista a los ciegos..." ¿Qué está diciendo? Esto está mostrando por qué ahora es diferente, está explicando por qué no realizó un solo milagro en Nazaret, mientras vivía ahí, y por qué ahora podía hacer lo que estaba haciendo, que incluía dar vista a los ciegos. Jesús estaba haciendo saber a la gente que había sido ungido con el Espíritu Santo y poder. Antes de esto había estado haciendo mesas y sillas, pero ahora podía tocar cuerpos y arreglarlos. "El Espíritu del Señor está sobre mí..." ¡Qué sermón!

Está diciendo, dicho sea de paso, a partir de la profecía de Isaías, que es el Príncipe lleno del Espíritu que habría de venir. Con razón intentaron arrojarlo de un precipicio: ¿un carpintero afirmando esto? Simplemente no lo podían soportar, así que intentaron matarlo luego de su primer sermón en casa. Su predicación reveló lo mismo, que él era el cumplimiento de la profecía. Les enseñaba como ningún otro lo había hecho en sus sinagogas. Lo escuchaban con gusto porque les enseñaba no como un escriba sino como alguien que tenía autoridad. Ahora, ¿qué querían decir con esto? Eso no era despectivo hacia los escribas. Un escriba es alguien que toma la Palabra de Dios que otro ha hablado y la explica a la gente. Yo soy un escriba. Estoy haciendo lo que hacían los escribas. Tomo la Palabra de Dios y la explico a las personas, pero no es la palabra que hablé yo. Es la palabra que habló Isaías, Mateo, Marcos o Lucas. Eso era todo lo que podían hacer los escribas. Pero Jesús les enseñaba como alguien que hablaba directamente. No les citaba solo la Biblia; les daba pedazos nuevos de la Biblia.

Cuando predicó el Sermón del Monte, no les estaba predicando solo las escrituras, sino que les estaba dando nuevas escrituras. Él tiene la autoridad de alguien que tiene la Palabra de Dios directamente de Dios. La razón es que el Espíritu Santo había llenado a Jesús, y él puede decir: "El Espíritu del Señor está sobre mí, por cuanto me ha ungido para anunciar buenas nuevas a los pobres, a pregonar el año del favor del Señor...", diciendo a las personas lo que Dios estaba diciendo *ahora*.

Debo extraer dos conclusiones extraordinarias, que tal vez usted nunca ha sacado antes en su vida. Son absolutamente revolucionarias en su pensamiento acerca de la vida cristiana. Ésta es la primera: *el poder de Jesús, que ejerció durante los tres años que conocemos, no tuvo que ver con el poder de la segunda persona de la Trinidad sino con el poder de la tercera persona de la Trinidad.*

En lenguaje más sencillo, cuando el Hijo de Dios se convirtió en un ser humano estuvo sujeto a las limitaciones de la fuerza humana. Por lo tanto, no pudo realizar milagros él mismo o predicar la revelación directa de Dios mismo hasta tanto estuviera ungido por el Espíritu Santo en poder, y luego, como dijo Pedro unos años después, habiendo sido ungido con poder, anduvo haciendo el bien. "Hacer el bien" aquí es quedarse corto. No se trató de cortar el cerco a alguien o empapelar una habitación, sino sanar paralíticos y resucitar muertos. Él tenía el poder como un ser humano, no porque era divino. Ése es el primer entendimiento revolucionario al que llego cuando miro el Espíritu Santo en Mateo, Marcos y Lucas.

La segunda conclusión aún más revolucionaria es ésta: *si esto es cierto, y el poder que tenía Jesús no era el suyo propio sino el poder del Espíritu Santo, entonces cualquier otro ser humano podría tener el mismo poder.* Ahora bien, esto es revolucionario, y una de las cosas que dijo Jesús y que me cuesta creer (y casi no he encontrado a alguien que realmente lo crea) es: "El que cree en mí las obras que yo hago también él las hará, y aun las hará mayores". Si lee dónde dijo eso, encuentra que está hablando de la venida del Espíritu Santo a sus discípulos.

En otras palabras, el poder que tuvo Jesús lo podría tener usted. Si el poder de él fue el poder del Espíritu, y si sus milagros fueron realizados solo porque estaba ungido con el Espíritu Santo, y si nosotros podemos ser ungidos también con el Espíritu Santo (todo lo cual enseña la Biblia), entonces esto puede ocurrirnos a nosotros.

D. L. Moody el gran evangelista, se dio cuenta de esto por primera vez. Él pensaba que uno tendría que hablar acerca de las cosas asombrosas que Jesús hizo como algo que solo él podía hacer, pero luego vio esto y escribió en su diario: "¿Qué no podría hacer Dios con un hombre si un hombre se sometiera completa y enteramente al Espíritu de Dios?". Luego escribió: "¿Por qué no puedo ser yo ese hombre?". Comenzó a orar y comenzó a pedir a Dios que lo ungiera con el mismo poder que tuvo Jesús. Un día, caminando por una calle principal de una ciudad de Estados Unidos, fue ungido con poder de lo alto, y su ministerio comenzó ese día. Moody se convirtió en un nombre conocido a ambos lados del Atlántico y, por cierto, en todo el mundo.

Hay otro pasaje acerca del Espíritu Santo en Mateo, Marcos y Lucas al que no me he referido aún. Jesús estaba hablando de la oración. Dio el Padrenuestro, y luego dijo que si uno realmente quiere obtener algo en oración tiene que seguir pidiendo hasta obtenerlo. Contó una historia de un hombre que golpea la puerta de su vecino a medianoche y le dice: "Tengo visitas; dame un poco de pan", y la persona adentro dice: "Es demasiado tarde; estoy en la cama". "No, seguiré golpeando hasta que te levantes y me des ese pan". El vecino le dio el pan, y Jesús dijo: "Si siguen golpeando, Dios abrirá. Si siguen pidiendo, recibirán". Luego Jesús enseñó: no tengan miedo de lo que Dios les dé, porque los padres de la tierra no dan cosas desagradables y dañinas a sus hijos. Si un hijo pide un pedazo de pan, el padre no le da una piedra o un escorpión, y si sus padres terrenales no hacen eso, ¿qué hará su Padre celestial?

Luego dijo: "Si ustedes, entonces, siendo malos, saben cómo dar regalos buenos a sus hijos, cuánto más su Padre celestial dará el Espíritu Santo a quiénes siguen pidiéndole". En esa única oración nos estaba diciendo que podemos tener la unción, que podemos hacer las cosas que hace él, que podemos continuar el ministerio que él ha comenzado, si seguimos pidiendo hasta que tengamos el poder.

Capítulo cinco

EL ESPÍRITU SANTO EN LOS PRIMEROS CAPÍTULOS DE JUAN

Cuanto más recorremos la Biblia, y cuanto más nos introducimos en la vida cristiana, más interés tenemos en el Espíritu Santo. Hay una especie de progresión. Antes de ser cristianos tal vez creíamos en Dios. La mayoría de las personas creen en él; encuentro muy pocos ateos auténticos. Encuentro un poco más agnósticos genuinos, que dicen que no saben, pero la mayoría de las personas en Inglaterra cree en algún tipo de "dios". Pero eso no las ayuda, no las salva, no las hace cristianas. Luego llega el día en que uno se da cuenta de que Dios es más que una persona, y que Jesucristo, su Hijo, también es Dios, además de un gran ser humano. Uno cree en él, y se convierte en cristiano. Por lo general, lleva un tiempo antes que las personas se den cuenta de que Dios es tres personas. Comienzan a interesarse en el Espíritu Santo también. Idealmente, esto debería ocurrir tan pronto como sean cristianos, pero a menudo no sucede.

John Bunyan escribió una de las frases más contundentes y sagaces que he leído: "Algunos piensan que el amor del Padre y la sangre del Hijo alcanzan, sin la santidad del Espíritu de Dios, pero están engañados". En otras palabras, una experiencia completa y total de Dios incluirá a la tercera persona de la bendita Trinidad, el Espíritu Santo.

En este capítulo consideraremos las cuatro breves

menciones del Espíritu Santo en la primera mitad del Evangelio de Juan. Cada una está vinculada con el agua, un elemento sumamente ordinario. El agua tiene dos usos específicos en nuestra vida humana, y sin ella estaríamos en verdaderos problemas. Tuvo la experiencia de tener poca agua en el desierto de Arabia. Uno se da cuenta de cuán fundamental es para la vida tener agua, y no es ningún accidente que vez tras vez la Biblia vincula al Espíritu Santo con el agua. Hay dos propósitos para los que cuales necesito agua en mi vida diaria. Afuera de mí la necesito para lavar, para limpieza. Adentro de mí la necesito para beber, para refrescarme. Estos son los dos aspectos tomados por la Biblia cuando menciona al agua con un significado espiritual.

El significado "exterior" está más conectado con el bautismo, que es la inmersión total en el agua como medio de limpieza, purificación, para deshacerse del polvo del pasado. Pero el agua adentro, Jesús siempre la describe en términos del Espíritu Santo. El uno sin el otro es insuficiente. Uno puede haber sido bautizado en agua, pero eso es solo la mitad de lo que necesita. Necesita también estar lleno de agua viva adentro, de modo que surjan manantiales de agua para vida eterna. Veremos cómo se desarrolla esto a lo largo del Evangelio de Juan.

Jesús llegó al río Jordán para ser bautizado por su primo Juan:

> Juan declaró: "Vi al Espíritu descender del cielo como una paloma y permanecer sobre él. Yo mismo no lo conocía, pero el que me envió a bautizar con agua me dijo: 'Aquel sobre quien veas que el Espíritu desciende y permanece, es el que bautiza con el Espíritu Santo'. Yo lo he visto y por eso testifico que éste es el Hijo de Dios".
>
> *Juan 1:32–34*

Aquí tiene una declaración que puede criticar si quiere: Jesús fue y es un bautista, en el significado estricto de ese término. Esto no es una promoción denominacional barata, porque la palabra en la Biblia no es un rótulo denominacional. Cuanto antes deje de ser usado de esa forma más contento estaré, porque nos priva del verdadero significado de la palabra "bautista", así como la palabra "hermanos" como rótulo denominacional nos priva del verdadero significado de esa palabra.

Jesús era un bautista, al igual que Juan. Es ahí donde comenzó la palabra, y no significa alguien que ha sido bautizado, porque hasta donde sabemos Juan no fue bautizado nunca. Por eso dijo que Jesús tendría que estar bautizándolo a él. Aprendemos ahora, en este primer pasaje del Evangelio que Jesús es el bautizador, tanto como lo fue Juan. Ambos fueron bautizadores, pero hay una profunda diferencia entre los bautismos que hicieron, que se describe en un simple detalle: Juan bautizaba en agua, pero Jesús es quien bautiza en el Espíritu Santo.

Así que usaron diferentes medios en los cuales bautizar a las personas. Juan los inundaba con agua afuera, mientras que Jesús lo inunda con agua en su interior, pero ambos los están empapando en otra cosa. Ésta es la diferencia entre un bautismo humano y uno divino, porque una cosa queda muy clara; su predicador o pastor puede bautizarlo en agua, pero nunca puede bautizarlo en el Espíritu Santo. Solo una persona divina podría hacer esto alguna vez para usted.

De modo que aquí, bien al principio del Evangelio de Juan, estas dos cosas se enseñan claramente, se presentan claramente, y lo interesante es que los primeros cristianos enseñaban que ambas eran necesarias. Una no sustituye a la otra, y durante toda la historia de la iglesia primitiva ambos bautismos eran buscados: el bautismo en agua y el bautismo en el Espíritu Santo. Uno era buscado de otro ser humano, y el otro de un ser divino. Ambos continuaron en paralelo, de modo que, cuando uno estudia las cartas que fueron escritas a la iglesia primitiva, encuentra que se describen por igual como ser *bautizados* en agua y *bautizados* en el Espíritu Santo. Todos los primeros cristianos conocían ambos, y se dieron cuenta de que ambos debían continuar juntos.

Surge la pregunta importante: ¿cómo busco este bautismo en el Espíritu Santo? La respuesta se encuentra en el Evangelio de Juan, y vamos al segundo pasaje, para tener el primer paso para ser llenados con el Espíritu Santo:

Había entre los fariseos un dirigente de los judíos llamado Nicodemo. Éste fue de noche a visitar a Jesús.

—Rabí —le dijo—, sabemos que eres un maestro que ha venido de parte de Dios, porque nadie podría hacer las señales que tú haces si Dios no estuviera con él.

—De veras te aseguro que quien no nazca de nuevo no puede ver el reino de Dios —dijo Jesús.

—¿Cómo puede uno nacer de nuevo siendo ya viejo? —preguntó Nicodemo—. ¿Acaso puede entrar por segunda vez en el vientre de su madre y volver a nacer?

—Yo te aseguro que quien no nazca de agua y del Espíritu, no puede entrar en el reino de Dios —respondió Jesús—. Lo que nace del cuerpo es cuerpo; lo que nace del Espíritu es espíritu. No te sorprendas de que te haya dicho: "Tienen que nacer de nuevo". El viento sopla por donde quiere, y lo oyes silbar, aunque ignoras de dónde viene y a dónde va. Lo mismo pasa con todo el que nace del Espíritu.

Juan 3:1–8

El primero paso para ser llenado con el Espíritu es ser nacido del Espíritu. Uno nunca sabrá lo que es ser bautizado en el Espíritu Santo a menos que haya nacido del Espíritu Santo. Una de las declaraciones categóricas hechas por Jesús más adelante en el Evangelio de Juan es ésta: el mundo no puede recibir el Espíritu Santo. *No puede* es una expresión categórica. Jesús estaba lleno de "no puedes", y si uno estudia todos los "no puedes" de Jesús descubrirá algunas verdades espirituales muy profundas. Una, es que el mundo no puede recibir el Espíritu Santo. Si uno no es un cristiano no puede tener el Espíritu Santo, y punto.

Segundo, se nos dice que, a menos que uno no nazca del Espíritu no podrá ver el reino de Dios. Nunca tendrá un vistazo del cielo. Nunca verá el reino y el poder de Dios. Nunca tendrá un solo indicio de esto. Uno es ciego hasta que haya nacido del Espíritu.

Cuando un bebé recién ha sido concebido en el vientre de su madre, al principio no puede ver el mundo en el cual existe. No puede tocar el mundo fuera del vientre. Cuando ha salido y ha nacido, el bebé puede ver, escuchar, tocar y oler el mundo más amplio. ¿Sabe que hay personas en su comunidad hoy que están completamente ciegas y sordas al reino de Dios? Pueden caminar por las calles y ver toda clase de cosas interesantes, y no pueden ver una sola cosa que está haciendo Dios. Son espiritualmente ciegas y sordas. Hasta que nazcan de nuevo del Espíritu de Dios nunca comenzarán a ver y escuchar las cosas que Dios está haciendo en su ciudad, aun cuando el reino de Dios comienza a irrumpir.

Jesús estaba hablando a un hombre que era un predicador de Israel, en Jerusalén. Nicodemo era probablemente un conferencista teológico, además de maestro. Aquí está este hombre que tendría que haber estado hablando a otros acerca de la verdad, pero está desconcertado él mismo. Tiene formación religiosa y teológica, y tiene todos salvo una cosa: es espiritualmente ciego y no puede ver el reino de Dios. Viene a Jesús de noche. No sé si era porque tenía vergüenza o temor. Era un hombre que estaba en la oscuridad en más de un sentido.

Nicodemo se había dado cuenta de que él enseñaba y no ocurría nada, pero Jesús enseñaba y aparecían señales de Dios. ¿Cómo podía ser? Aquí tenemos un hombre que sabe que la teología tiene que funcionar. Un hombre que sabe que la verdad tiene que liberar a las personas, pero no sucede nada. "Eres un maestro que ha venido de parte de Dios", dice. ¿De dónde pensaba que era un maestro él?

La diferencia entre ser un maestro de Israel y un maestro de Dios es que un maestro de Dios ve que ocurren cosas. Jesús estaba mostrando a Nicodemo lo que estaba mal. "Volvamos bien al principio. Hasta tanto no nazcas de nuevo no podrás conocer este poder. No podrás ver señales en tu propio ministerio hasta que tengas poder. Y todo comienza por nacer del Espíritu".

Nicodemo no estaba intentando ser difícil. Ni siquiera creo que estaba siendo simplemente literal. Lo que se preguntaba era cómo, a esta altura, podría volver a empezar todo de nuevo. ¿Cómo puede uno volver a empezar la vida?

Jesús estaba enseñando a Nicodemo que el poder del Espíritu puede hacer esto. Es que la carne puede darle a usted un nacimiento carnal. Yo nací en la carne el 25 de febrero de 1930, y todo lo que obtuve de ese nacimiento fue carne: una naturaleza que estaba ciega a Dios, sorda a Dios. Una naturaleza egocéntrica que viviría en este mundo y no en otro. Una naturaleza que nació de la carne era carne. Me llevó varios años averiguar lo que era la carne, pero tan pronto llegué a mi adolescencia descubrí que lo que nace de la carne es carne. Luego, no sé cómo ocurrió, pero en 1947, en una sala de estar, nací del Espíritu. Comencé a pensar: "Ahora el mundo es un lugar diferente".

Recuerdo la mañana siguiente, mientras salía para ordeñar las vacas de la granja. Tenía que levantarme a las cuatro de la mañana y ordeñar noventa vacas. A esa hora, no es algo divertido. Pero esa mañana me levanté y canté canciones cristianas a las vacas mientras las ordeñaba. Estoy bastante seguro de que ésta era una experiencia nueva para ellas, así como en Gales, luego del avivamiento galés, los ponis en las minas de carbón no podían hacer su trabajo. ¿Por qué? Porque los hombres que habían sido tocados por el Espíritu Santo habían dejado de patearlos y maldecirlos.

Las vacas que estaba atendiendo eran las mismas que la mañana anterior. ¿Por qué me parecían diferentes? Es que *era* un mundo nuevo. Nacer del Espíritu abre un mundo espiritual que está alrededor de la persona.

"Señor, abre los ojos del joven", oró Eliseo. El joven miró hacia arriba y ahí estaban las carrozas de Dios. Él había pensado que estaban completamente solos. Uno toma conciencia de un nuevo mundo. Así es como empieza. Uno nunca será lleno del Espíritu Santo hasta que haya nacido al mundo espiritual. Eso ocurre cuando cree en Jesucristo. Es así de sencillo. Jesús estaba enseñando a Nicodemo, sentados en ese techo oscuro con la brisa de la noche soplando en sus cabellos. Para explicar, usó el viento que ambos podían sentir. Uno no sabe de dónde viene el viento o adónde va. Uno no entiende mucho, pero sabe que el viento lo ha golpeado, ¿no es cierto? Así ocurre con todos los que nacen del Espíritu: no pueden explicarlo, pero experimentan el efecto. Uno no puede decir cómo ocurrió todo, lo que lo originó. Solo sabe que un día el viento de Dios sopló sobre usted, y supo que la vida sería diferente y comenzaría de nuevo. Ha nacido de nuevo del Espíritu de Dios.

Ése, entonces, fue el segundo pasaje. El primero dice que hay dos bautistas, dos bautismos, dos cosas en las que uno necesita estar empapado: agua y el Espíritu Santo. El primer paso es nacer del Espíritu y entrar en el mundo espiritual.

El siguiente pasaje que vamos a ver es Juan capítulo 4.

Sus discípulos habían ido al pueblo a comprar comida.

En eso llegó a sacar agua una mujer de Samaria, y Jesús le dijo:

—Dame un poco de agua.

Pero como los judíos no usan nada en común con los samaritanos, la mujer le respondió:

—¿Cómo se te ocurre pedirme agua, si tú eres judío y yo soy samaritana?

—Si supieras lo que Dios puede dar, y conocieras al que te está pidiendo agua —contestó Jesús—, tú le habrías pedido a él, y él te habría dado agua que da vida.

—Señor, ni siquiera tienes con qué sacar agua, y el pozo es muy hondo; ¿de dónde, pues, vas a sacar esa agua que da vida? ¿Acaso eres tú superior a nuestro padre Jacob, que nos dejó este pozo, del cual bebieron él, sus hijos y su ganado?

—Todo el que beba de esta agua volverá a tener sed —respondió Jesús—, pero el que beba del agua que yo le daré, no volverá a tener sed jamás, sino que dentro de él esa agua se convertirá en un manantial del que brotará vida eterna.

—Señor, dame de esa agua para que no vuelva a tener sed ni siga viniendo aquí a sacarla.

—Ve a llamar a tu esposo, y vuelve acá —le dijo Jesús

Juan 4:7–16

Ésta es una conversación asombrosa. En primer lugar, porque los judíos y los samaritanos no se hablaban y, en segundo lugar, porque no estaba bien visto que los hombres hablaran con mujeres extrañas en público. Aquí hay un hombre judío, que es claramente un maestro importante, pidiendo a una mujer de reputación muy dudosa un trago de agua. Nunca obtuvo ese trago; tuvo que quedarse sin el agua. ¡La mujer estaba demasiado interesada en la conversación! He bebido del mismo pozo y puedo testificar que es la mejor agua y la más refrescante que he bebido jamás. En el clima cálido del Oriente Medio, llegar al pozo de Jacob y bajar el balde veinte metros para obtener esa agua hermosa y pura, es maravilloso.

Las palabras de Jesús señalaron la verdad de que la mujer tenía que seguir viniendo al pozo porque había una sed física que nunca sería satisfecha. Uno necesita seguir bebiendo toda la vida, así que ella tendría que seguir viniendo para el agua, bajando ese balde. Pero Jesús podría darle algo para beber que significaría que tendría una fuente en su interior, no una en el fondo del pozo, sino bien en lo profundo de ella. Seguiría burbujeando de modo que estaría satisfecha.

Ella intentó ser frívola y ligera, como ocurre con las personas a veces cuando uno las cuestiona. Jesús ni siquiera tenía un balde. ¿Cómo podría darle de beber? Pero esto era un asunto serio. Jesús podría suplir sus necesidades más profundas: espirituales, morales y emocionales. Entonces le dijo que fuera a buscar a su esposo, y ella le dijo: "No tengo esposo".

Él le recordó que había tenido cinco esposos y que ahora era la amante de otro hombre. Él sabía que ella estaba buscando algo en su vida que la satisficiera y completar los anhelos de su ser. Estaba insatisfecha, sedienta moral y emocionalmente.

Entonces intentó un regate típico. Recuerdo haber hablado con un hombre mientras estábamos sentados sobre una caja de embalaje en la parte trasera de un viejo avión, mientras cruzábamos el desierto. Empezamos a hablar de asuntos morales. Luego de un rato comenzó a admitir que tal vez su vida no era tan recta como debía ser, y yo reconocí que la mía tampoco. Luego, para tratar de desviar las conversaciones, dijo: "Bueno, ¿y todas esas denominaciones? ¿Quién tiene razón?". Ése es un regate muy astuto. Cuando uno lo ha escuchado varias veces, está en guardia. Es una gran maniobra de distracción, porque es Dios con quien tenemos que tratar, no las denominaciones.

La mujer samaritana, viendo que Jesús la estaba incomodando, trató de desviar la discusión hacia el tema del lugar de adoración. "Los samaritanos dicen que uno debe adorar a Dios en esta montaña, el monte Guerizín; los judíos dicen que hay que adorar a Dios en Jerusalén. ¿Quiénes tenían razón?". Jesús la trajo de vuelta al tema personal. Dios es Espíritu, y uno debe adorarlo en Espíritu y verdad.

La forma de adoración no es lo realmente importante, sino si es en espíritu y en verdad, porque entonces es real. Venía el tiempo en que las personas lo adorarían en cualquier lugar, en Espíritu. El lugar de adoración no importa.

Entonces la mujer samaritana volvió a cambiar el tema, y habló del Mesías, que explicaría todas las cosas. Jesús le dijo: "El hombre que te está hablando es el Mesías".

Ahí fue cuando empezó todo. Tres años más tarde, el avivamiento sacudió a Samaria. Había comenzado con esta mujer. Más y más personas del lugar creyeron, y tres años después el Espíritu Santo vino en poder. Fueron todos bautizados en agua, y entonces vino el Espíritu Santo, derramado sobre ellos, en ese mismo lugar. Puede leerlo en Hechos 8.

Aquí está el segundo paso. El primer paso: uno debe nacer del Espíritu. Por cierto, ni siquiera querrá el Espíritu Santo hasta que haya ocurrido esto. El segundo paso es tener sed, estar insatisfecho con su vida moral y con su adoración espiritual.

He participado de comisiones con teólogos que discutían la forma de mejorar nuestra adoración. Creo que ninguna viene al caso. Hablan de formas de adoración y órdenes de adoración. Pero si solo cambiamos el patrón el domingo, será como cuando a alguien no le gusta el menú servido en cierto orden y le sirven la misma comida en un orden distinto.

Para que sea adoración real, las personas tienen que venir en espíritu. Si uno se vuelve insatisfecho con la adoración la respuesta está en su interior. Está en tener sed. "Señor, no estoy viviendo bien, no estoy adorando bien, no estoy satisfecho. Tengo sed de más".

Unos meses después, estamos en la fiesta de Tabernáculos, en Jerusalén.

En el último día, el más solemne de la fiesta, Jesús se puso de pie y exclamó:

—¡Si alguno tiene sed, que venga a mí y beba! De aquel que cree en mí, como dice la Escritura, brotarán ríos de agua viva.

Con esto se refería al Espíritu que habrían de recibir más tarde los que creyeran en él. Hasta ese momento el Espíritu no había sido dado, porque Jesús no había sido glorificado todavía.

Juan 7:37–39

La gran fiesta de Tabernáculos era la fiesta más alegre del año judío. Era su festival de la cosecha, cuando todos vivían en carpas en los montes alrededor de Jerusalén, y venían para los cultos al templo. Recordaban no solo el alimento que Dios les había dado durante la cosecha de los últimos doce meses, sino cómo, durante cuarenta años, dos millones y medio de personas habían encontrado pan en la península de Sinaí, donde el ejército de Egipto no sobrevivió tres días. Dios alimentó a su pueblo con maná del cielo. Habían necesitado agua en una tierra que es tan seca que no hay agua, y Dios había producido suficiente agua para todas esas personas y cientos de miles de cabezas de ganado, ovejas y cabras. La produjo de la roca. Agradecían a Dios por el agua. Por esta razón, en cada festival de la cosecha yo preguntaba: "¿Hay un vaso de agua en la mesa?". Debemos agradecer a Dios por el agua.

El clímax de la fiesta llegaba el último día. El sumo sacerdote tomaba un cántaro de oro y plata y caminaba a lo largo de la ciudad de Sion, desde el templo arriba hasta el estanque de Siloé abajo, y llenaba el recipiente con agua. Volvía a subir el monte salmodiando: "Saquemos agua de las fuentes de salvación" (de Isaías 12). Subía por el monte con ese cántaro de agua, y cuando llegaba al altar del holocausto derramaba el agua para Dios, para recordar el agua que brotó de la roca durante cuarenta años. Ese año, cuando el sumo sacerdote hizo esto, en el silencio, mientras todos oían el agua salpicando sobre el altar, una voz resonó: "¡Si alguno tiene sed, que venga a mí y beba!", un momento sumamente dramático. Jesús estaba declarando que él había dado el agua a sus antepasados. Él es el que puede sacar agua de las fuentes de salvación. Él puede producir en usted un pozo de agua viva. No necesitamos conmemorar algo del pasado "Yo estoy aquí. Vengan a mí a beber".

La única restricción agregada era que tendría que pasar un tiempo antes que pudieran beber. Jesús aún no estaba glorificado. Debía morir, resucitar, ascender y sentarse a la diestra del Padre antes que el Espíritu pudiera ser derramado. Entonces podrían beber.

Ahora estamos del lado correcto de Pentecostés, no del lado incorrecto. No tenemos que esperar hasta que Jesús sea glorificado. Él ha sido glorificado. Por lo tanto, la invitación es a venir *ahora* a beber. Si usted dice: "Tengo sed" y yo le doy un vaso de agua, lo sostiene en su mano y dice: "Gracias, eso me ha refrescado realmente", no es cierto. Recién lo hará cuando usted beba, actúe, reciba e incorpore esa agua. Un pastor puede predicar acerca del Espíritu Santo. Pero hasta tanto usted no beba de Jesús solo es un sermón más; interesante, pero solo un sermón.

Hasta ahora hemos visto dos bautistas y dos bautismos, en agua y en el Espíritu Santo: agua fuera del cuerpo y agua adentro, ambos empapándonos en Cristo. ¿Cómo? Nazca del Espíritu y luego deje que esa sed e insatisfacción cada vez mayores lo hagan volverse a Jesús y decir: "Jesús, vengo a ti. Quiero beber. ¿Quieres derramar tu Espíritu Santo sobre mí?".

Cuando lo haga, tome un sorbo profundo. Haga lo que él le diga que haga, y beba del Espíritu. Entonces conocerá un pozo de agua viva.

Un barco había naufragado en el Atlántico y se hundió. La tripulación tomó un bote salvavidas, y anduvo a la deriva durante semanas. Tenían algo de comida, pero el agua pronto se agotó y, sin agua, la comida sirve de poco. Se mantuvieron acostados en el fondo del bote, cada vez más cansados y agotados. Entonces, uno de ellos alzó la cabeza por encima del borde del bote, vio humo en el horizonte y dijo: "¡Un barco, un barco!" Se pusieron de pie, arrancaron los restos de las camisas que aun colgaban de sus espaldas, y gesticularon y gritaron.

El gran barco giró y se dirigió hacia ellos hasta acercarse a este botecito con los pobres hombres en su interior. Uno de los hombres del bote gritó a un marinero en la cubierta: "¡Agua, agua!". El marinero le contestó: "Mete tu balde al costado, hombre". ¡Qué chiste cruel! ¿O no? Medio loco de sed, el hombre metió el balde al costado, bebió y descubrió que era agua dulce. Estaban a la deriva en la boca del gran río Amazonas, que introduce agua dulce en el Atlántico. Habían estado a la deriva en ese río, y todo lo que necesitaban hacer era meter un balde al costado y beber. Si alguna vez hubo una imagen de la iglesia de Jesucristo es ésta: a la deriva. Algunos dicen que se está muriendo, simplemente a la deriva, tratando de mantenerse vivos unos a otros. Las personas miran a la iglesia y la ven como un bote salvavidas lleno de personas que se están muriendo, en vez de un bote que puede salvar a otras. Jesús ha sido glorificado y está esperando que las personas digan: "Tengo sed, Señor, estoy desesperadamente sediento, y seguiré acudiendo a ti hasta tanto me des algo de donde beber profundamente. Quiero agua viva adentro. Estoy sediento, y quiero ser bautizado adentro, y quiero dentro de mí una fuente de agua que brote para vida eterna".

Capítulo seis

EL ESPÍRITU SANTO EN JUAN 14–16

Ciertamente les aseguro que el que cree en mí las obras que yo hago también él las hará, y aun las hará mayores, porque yo vuelvo al Padre. Cualquier cosa que ustedes pidan en mi nombre, yo la haré; así será glorificado el Padre en el Hijo. Lo que pidan en mi nombre, yo lo haré.

"Si ustedes me aman, obedecerán mis mandamientos. Y yo le pediré al Padre, y él les dará otro Consolador para que los acompañe siempre: el Espíritu de verdad, a quien el mundo no puede aceptar porque no lo ve ni lo conoce. Pero ustedes sí lo conocen, porque vive con ustedes y estará en ustedes. No los voy a dejar huérfanos; volveré a ustedes. Dentro de poco el mundo ya no me verá más, pero ustedes sí me verán. Y porque yo vivo, también ustedes vivirán. En aquel día ustedes se darán cuenta de que yo estoy en mi Padre, y ustedes en mí, y yo en ustedes. ¿Quién es el que me ama? El que hace suyos mis mandamientos y los obedece. Y al que me ama, mi Padre lo amará, y yo también lo amaré y me manifestaré a él.

Judas (no el Iscariote) le dijo:

—¿Por qué, Señor, estás dispuesto a manifestarte a nosotros, y no al mundo?

Le contestó Jesús:

—El que me ama, obedecerá mi palabra, y mi Padre lo amará, y haremos nuestra vivienda en él. El que no me ama, no obedece mis palabras. Pero estas palabras que ustedes oyen no son mías sino del Padre, que me envió.

"Todo esto lo digo ahora que estoy con ustedes. Pero el Consolador, el Espíritu Santo, a quien el Padre enviará en mi nombre, les enseñará todas las cosas y les hará recordar todo lo que les he dicho. La paz les dejo; mi paz les doy. Yo no se la doy a ustedes como la da el mundo. No se angustien ni se acobarden.

"Ya me han oído decirles: 'Me voy, pero vuelvo a ustedes'. Si me amaran, se alegrarían de que voy al Padre, porque el Padre es más grande que yo. Y les he dicho esto ahora, antes de que suceda, para que cuando suceda, crean.

Juan 14:12–29

Imagine que su mejor amigo será ejecutado mañana, a las ocho de la mañana. Usted sabe que es inocente del crimen por el cual será muerto, y él le envía un mensaje urgente pidiéndole pasar su última noche en su celda, porque tiene algunas cosas que quiere decirle. Quiero que imagine que visita a ese amigo con su corazón partido al pensar que su vida se perderá, innecesaria e injustamente. Imagine la atención que prestaría a cada cosa que dijera en esa noche memorable, cosas que recordará por toda su vida. Si puede imaginarlo, entonces pienso que puede comenzar a pensar cómo se sintieron los doce discípulos en la noche en que Jesús les dijo todo esto.

Al día siguiente sería ejecutado por un crimen que no había cometido. Él los iba a dejar, y ellos lo sabían. Sus corazones estaban atribulados al punto de romperse. Había varias cosas que Jesús quería decirles y que quería que recordaran. En esa atmósfera, les habló de muchas cosas. Comenzó por lavar sus pies sucios y finalizó orando por ellos. Tal fue el recuerdo de esa noche que, sesenta años después, Juan, al escribir sobre esto, pudo recordar cada una de las palabras. Creo que usted también lo hubiera hecho en esas circunstancias.

Entre muchas cosas, Jesús dijo: "Me iré... vendré..." Esto era lo que estaba diciendo constantemente. Uno estaría desconcertado si alguien que está por ser muerto le dijera eso. Así que es lógico que, cuando el Hijo de Dios dijo esas cosas, los discípulos se preguntaran: "¿Qué quiere decir? Dice constantemente que se va, pero luego dice que no nos preocupemos. 'Vendré de nuevo, me iré y no me verán más, pero no se preocupen que me quedaré con ustedes. Vuelvo a mi Padre, pero no se preocupen, que haré mi morada con ustedes para siempre. Debo despedirme, pero no necesitan despedirse jamás'". Parece muy desconcertante, y cuanto más uno estudia los capítulos 13 a 17 del Evangelio de Juan, más desconcertante se vuelve. Hasta que entendemos algo acerca del Espíritu Santo, y entonces todo cobra sentido. De pronto, a través de la experiencia, podemos leer esos capítulos y entender de qué está hablando. En realidad, el Señor Jesús estaba hablando de tres formas diferentes en las que iba a irse y volver, tres diferentes formas en que lo haría, en diferentes momentos. Explicaré cuáles son las tres formas en que iría y volvería a ellos. En cierto sentido, están todos mezclados, ya que Jesús habla de las tres al mismo tiempo. Solo más tarde ellos podrían desenmarañar las tres hebras. Primero —y ésta es la más sencilla—, se iría de ellos en la muerte y volvería a ellos en la resurrección. Ésta es la primera ida y venida. Sería una brecha de tres días alejado de ellos. Dijo: "En poco tiempo no me verán, y tendrán una gran pena, y luego, después de un tiempo breve, me verán y tendrán una gran alegría, como tiene una mujer cuando ha dado a luz a su hijo". Está bastante claro que la ida y la venida en este caso es la ida en la muerte y, tres días después, la venida en vida nuevamente, de modo que pudieran verlo y tocarlo. Hay ciertas cosas que dice acerca de ir y venir que no encajan en este caso, así que tenemos que pensar en una segunda instancia. Esto es, claramente, acerca de su ida de ellos hacia el cielo y su venida de nuevo a la tierra. La brecha entre estos dos sucesos, la brecha de su ausencia, en este caso, sería de cientos de años. No les dijo cuánto tiempo pasaría, y todavía no lo sabemos, porque aún no ha venido. Pero cuando dice: "Voy al Padre, y vendré otra vez para que estén conmigo donde yo estoy", se está refiriendo a su ida al cielo y no a su ida a la muerte (porque eso no fue ir al cielo). Ahora estaba hablando de algo que ocurriría seis semanas después, cuando ascendió al cielo. Y un día vendrá del cielo. Esto cubre muchas otras cosas que dijo acerca de ir y venir, pero todavía no las cubre todas.

Hay, todavía, una cosa misteriosa que dice: que entre ese ir y venir —ir al cielo y volver a la tierra— seguiría estando *con* ellos. Estaría haciendo su morada en ellos y que, en realidad, nunca se iría. Está diciendo, en este caso, que ellos no lo verían, pero que él habría venido a ellos. Esta tercera ida y venida es ir en la carne y venir en el Espíritu. La brecha, esta vez, entre ambos —el ir y el venir— sería de solo diez días.

Éstas son las tres idas y venidas de las que habla Jesús en la última noche de su vida. Cuando leemos estos capítulos, debemos mantener en mente las tres en todo momento, para no confundirnos. Tal vez yo lo haya confundido completamente ahora, pero señalo esto para echar un fundamento para lo que Jesús dice acerca del Espíritu Santo. Nos interesa la tercera ida y venida aquí. Ésta es la más maravillosa de todas, porque soluciona este problema: si Jesús está en el cielo, ¿cómo puedo tenerlo en mi corazón aquí? Si Jesús está a la diestra del Padre, ¿cómo podemos decir que Jesús está vivo y haciendo cosas en el mundo hoy? Si entendemos esta tercera ida y venida, entonces entenderemos la respuesta a este problema.

La enseñanza de Jesús significaba lo siguiente: "Yo me voy, pero no se preocupen, porque no me voy. Los dejo, pero no necesitan despedirse, porque no los dejo. No me verán de nuevo hasta que vuelva del cielo, pero sentirán que no estoy lejos de ustedes". Esto es precisamente como se siente un cristiano, aun cuando no lo pueda explicar. Sé que este mismo día, ahora mismo, Jesús está en el punto más alto del cielo, en la sala de control del universo, a la diestra de Dios el Padre. Los cristianos también conocen su presencia en cada uno de sus creyentes, y él está activo y vivo en el mundo hoy.

La respuesta es que se ha ido en la carne. No he visto su cuerpo. Lo haré algún día, pero no hasta tanto él vuelva en la carne. Pero él ya está aquí en el Espíritu. Vino a sus discípulos de una forma nueva.

La mejor forma de encararlo es a través de dos versículos clave. El primero es Juan 14:16: "Yo le pediré al Padre, y él les dará otro Consolador [consejero, ayudante, defensor, respaldo, amigo, maestro; podríamos introducir prácticamente cualquiera de estas palabras aquí] para que los acompañe siempre". ¡Qué promesa! El mayor regalo que Dios dio jamás a las personas fue su Hijo unigénito. El segundo mayor regalo es el Espíritu Santo. La tragedia de esto es que hay muchos miles de cristianos que han recibido el primer regalo, pero no saben nada acerca del segundo. Tarde o temprano, en la vida de cada cristiano aparece un interés en el segundo regalo, la tercera persona de la Santa Trinidad.

Jesús murió por nosotros, fue resucitado de los muertos por nosotros y, después de volver al Padre, pidió otro regalo para nosotros. Es interesante que, a lo largo del Nuevo Testamento, el Espíritu Santo es mencionado frecuentemente como el regalo, o don. Francamente, es una de las palabras más hermosas del idioma inglés-español. El dar está relacionado con Dios. Dios es un Dios dador, sus regalos son regalos hermosos, y las cosas que hace el Espíritu entre la humanidad siguen siendo llamados "dones". Si hay una cosa que la palabra "don" me transmite es que es algo no merecí ni me gané. Me llega gracias a la bondad de otra persona. Quiero que fije esa palabra "dar" y la palabra "don" en su mente.

Si ha llegado a conocer a Cristo, es puramente un regalo. Ocurrió solo porque Dios es generoso. Si sabe lo que es ser lleno del Espíritu Santo, será porque Dios es generoso y le ha dado un regalo que nunca mereció. Así que estemos llenos de gratitud porque tenemos un Dios que da.

Considere la expresión "otro Consolador" u "otro Confortador". No sé lo que significa la palabra "consolador/confortador" para usted. ¿Algo que lo calma, algo que lo envuelve y mantiene bien, suave y caliente? ¿Qué significa "confortar"? Lamentablemente, ha cambiado su significado, y hoy si uno dice: "Yo te confortaré" siempre quiere decir: "Te sacaré de problemas. Te sacaré de esa situación. Te sacaré de lo que está molestando". Pero, en realidad, la palabra "confortación" significaba originalmente lo opuesto. Significaba meter a alguien en un problema y darle la fuerza para enfrentarlo. Viene de la palabra *fortes*, de donde tenemos la palabra "fortitud" y aun "fuerte". Significa estar en el medio mismo de la batalla, empujado a la batalla.

El tapiz de Bayeux ilustra el significado. El tapiz es una especie de larga tira cómica, de los días previos a los periódicos. Describe la batalla de Hastings y otras historias militares. Hay una sección muy interesante que describe una gran batalla en desarrollo, y tiene la leyenda "El obispo Oden conforta a sus tropas" (*Bishop Oden conforts his troops*). Sus soldados están formados, frente al enemigo que estaba del otro lado de una estrecha franja de tierra. El obispo está detrás de ellos, incitándolos a la batalla con una espada en la mano. ¡Es la última cosa que uno diría que los estaba confortando! En su uso moderno, la palabra podría significar enviarlos a un hogar de convalecientes de licencia, pero en realidad "confortar" significa aguijonear a alguien, incitándolo a la batalla: hacerlo fuerte y valiente para enfrentar al enemigo. El gran cambio al significado moderno de "confortar" es la razón por la que la mayoría de las traducciones ahora tratan de alejarse de la palabra "consolador" o "confortador". La tragedia es que no hay otra palabra en el idioma inglés-español para traducir el sentido del original de manera adecuada. Un erudito señaló que "consolador/confortador" hoy sugiere una dosis de algo que calma, que no es lo que dice. El término griego *parakletos* es muy interesante: *para* significa "al lado", "al costado de"; *kletos* significa "ser llamado", así que toda la palabra significa: "alguien que es llamado para pararse al lado de usted, alguien que estaría con usted en la batalla".

Es útil tener amigos cristianos que son intrépidos en la causa de Cristo y pueden pararse junto a usted. ¿Hay alguien así en su vida? Usted tiene un problema, una carga, o ha recibido una noticia desastrosa, y tiende a pensar: si tan solo alguien viniera a pararse al lado de mí en esto, yo estaría bien. La mayoría de nosotros tenemos a alguien así y, por supuesto, esto es en última instancia de lo que se trata el matrimonio: un hombre y una mujer llamados a pararse uno al lado del otro, no solo en la iglesia sino a través de toda su vida, enfrentando las cosas juntos.

El *parakletos* es alguien que usted ha llamado para pararse al lado de usted, para darle valentía cuando está en alguna especie de batalla. Se usaba para los abogados en el mundo griego. Cuando uno se metía en problemas con la ley y necesitaba un abogado, un consejero para la defensa, el *parakletos* es el que viene para pararse al lado de usted en el calor de la batalla y hasta que termine.

Jesús enseñó a sus discípulos que, cuando volviera al cielo, pediría al Padre que les diera un *parakletos*, un confortador, alguien que se parara al lado de ellos cuando estuvieran en el calor de la batalla. Éste sería quien los arrojaría al medio de la batalla y luego estaría con ellos en ella: el Confortador divino, el bendito Espíritu Santo. He aquí el secreto de la valentía de los santos de Dios. Han tenido a alguien parado al lado de ellos que les daba fortaleza y valentía.

La otra palabra a notar es "otro", y de nuevo necesito mencionar expresiones del griego del Nuevo Testamento. Las dos palabras *heteros* y *allos* podrían ser traducidas como "otro". Si uno está describiendo a otra cosa que es *diferente*, usa la palabra *heteros*. Pero si está diciendo que hay otro que es exactamente *igual* que el otro, con las mismas cosas adentro, idénticas, de modo que no podría notar la diferencia, usaría la palabra *allos*. Ésta es la cosa más asombrosa que dijo Jesús: "Cuando vuelva al cielo, oraré al Padre para que les dé *allos parakletos*, otro respaldo exactamente igual al que han tenido". Aquí estamos tocando una de las verdades más profundas y maravillosas que surge vez tras vez en el Nuevo Testamento: el Espíritu Santo y Jesús son tan similares que uno no puede notar la diferencia. Si el Espíritu Santo lo está llenando, se siente exactamente como si Jesús lo estuviera llenando. No son diferentes en carácter, no son diferentes en perspectiva. Exactamente lo que Jesús fue para los discípulos en los días de su carne, el Espíritu Santo es para el cristiano hoy. Todo lo que él hizo para ellos, el Espíritu Santo hace para nosotros. Ésta es la razón por la que uno lo encuentra descrito tan frecuentemente en el Nuevo Testamento como el Espíritu de Jesús.

Por eso, cuando una persona es llenada con el Espíritu habla tanto de Jesús. Dirá: "Jesús es real para mí, más real que nunca antes", porque conocer el Espíritu es conocer a Jesús. Es la razón por la que los cristianos que están llenos del

Espíritu Santo tienen una relación tan vívida con Jesucristo.
Otro Confortador.

El otro versículo clave que nos ayuda a entender esto es Juan 16:7:

> Pero les digo la verdad: Les conviene que me vaya porque, si no lo hago, el Consolador no vendrá a ustedes; en cambio, si me voy, se lo enviaré a ustedes.

Una de las cosas infantiles que el cristiano adulto deja a un lado es la idea de que sería mejor para nosotros que Jesús estuviera en la carne. No es cierto. Nos conviene que está en el Espíritu ahora. ¿Por qué? Hay dos razones muy simples. Primero, si Jesús aún estuviera en la carne, en la tierra, no podría estar en todas partes. Podríamos logar que nos visite una vez en la vida, para alguna ocasión especial, pero hasta el siglo XX no podría haber viajado por todo el mundo rápidamente. Habría personas que nunca lo habrían visto, nunca lo hubieran conocido personalmente. Aun durante los días de su carne, estuvo limitado a un lugar. No hay ningún ejemplo registrado de que haya estado jamás en dos lugares a la vez, y eso es porque estaba en la carne. A veces tengo que decir en una carta: "Por mucho que me gustaría estar con usted, no puedo estar en dos lugares a la vez. Tengo otras cosas que debo hacer".

Podríamos llevarlo un poco más lejos. Marta, que había perdido a un hermano querido, una vez dijo a Jesús: "Si tan solo hubieras estado aquí, mi hermano no habría muerto". Su hermana María dijo lo mismo. ¿Se da cuenta de que Jesús solo sanaba a las personas donde se encontraba, mientras se desplazaba de un lado a otro? Hubo un caso de sanidad a distancia, pero era porque un pariente cercano de la persona enferma podía estar donde estaba Jesús. Todo lo que hizo Jesús en los días de su carne lo hizo porque estaba en contacto físico con la situación. No leo acerca de ningún milagro realizado en China, en India o en África por Jesús en los días que estuvo en la carne; absolutamente ninguno. Estaba localizado porque estaba en la carne. ¿Desea que Jesús estuviera en la carne nuevamente ahora? ¿Desea que estuviera en un solo lugarcito en la tierra y que las únicas cosas que ocurrieran pasaran ahí? ¡Yo no! Nos conviene que se haya ido y haya enviado a otro Confortador que pudiera estar con nosotros todo el tiempo y en todo lugar. Lo mismo podría decirse de la presencia del Señor con cristianos en muchos lugares diferentes, todos adorando al mismo tiempo. Si Jesús aún estuviera en la carne, no podríamos hacerlo.

Agradezca que Jesús oró al Padre, que su Espíritu ha venido, y que esto significa que puedo estar en contacto con Jesús, al igual que otros en todo el mundo, ¡y aun en el espacio! Es significativo que la mayoría de los astronautas estadounidenses han sido cristianos convencidos. Ésta es la primera gran ventaja: Jesús puede estar en todas partes.

En una pequeña isla llamada Patmos, en un calabozo, estaba encadenado un anciano llamado Juan, en cuyo Evangelio estamos pensando. Un día, de pronto, las cadenas dejaron de tener importancia. Estaba en el Espíritu, y Jesús estaba con él en esa celda. Jesús lo llevó en el Espíritu y le mostró el cielo. Juan miró a través de una puerta abierta y vio el futuro. Podemos estar en el Espíritu hoy y podemos conocer a Jesús hoy. Podemos conversar con él ahora, y todo gracias a que se fue y oró al Padre pidiendo que dé otro Confortador.

Hay otra ventaja en tener a Jesús en el cielo ahora. Solo suponga que estuviera aún en el cuerpo en la tierra, todavía en su cuerpo de resurrección. Ya he señalado que no podría estar en todas partes. Si fuera así, hay otra consecuencia también: *nunca podría estar dentro de nosotros; siempre estaría fuera de nosotros*. Uno puede acercarse mucho a una persona que está fuera de usted, pero no lo suficientemente cerca. Todo el tiempo que Jesús estuvo en el cuerpo, en la tierra, aun después de su resurrección y también antes, la gente no pudo acercarse más a él de lo que pudo acercarse a otra persona en la tierra. Seguía estando afuera de ellos. Podrían haber tocado su mano. Podían, como lo hizo Juan, recostarse sobre su pecho en la cena. Podían estar muy cerca de él, pero no podían acercarse más que eso. Ésta era una limitación en la relación, porque lo que anhelamos profundamente entre nosotros es meternos en el interior del otro. Cuando un esposo y una esposa viven juntos mucho tiempo, comienzan a meterse en el interior del otro mentalmente, a tal punto que comienzan a entender los pensamientos y sentimientos más profundos de cada uno. Pero sigue habiendo un límite, porque aún están en un cuerpo. Pero, cuando Jesús fue al cielo y envió su Espíritu, su Espíritu ya no permaneció afuera de los discípulos, sino que ahora estaba adentro.

Una de las cosas que aprendemos de las palabras de Jesús en estos capítulos es ésta: "Ustedes han conocido al Espíritu Santo afuera de ustedes; ha estado *con* ustedes". Por supuesto que sí. En la persona de Jesús, el Espíritu Santo había estado cerca de ellos. Ellos habían estado comiendo, durmiendo y bebiendo con el Espíritu Santo, porque el Espíritu Santo estaba en Jesús. Jesús dijo: "Ha estado *con* ustedes, pero estará *en* ustedes". Ésa es la diferencia: tener a Jesús, el Espíritu de Jesús, bien *adentro* de mí. Ahora hay cosas que se vuelven posibles que yo no podría haber imaginado. Esta clase de cosas pueden ocurrir solo si él se mete tan profundamente en mi interior que comienza a poner sus pensamientos en lugar de mis pensamientos, y usa mis manos de forma tal que, en realidad, no las estoy usando yo, sino él. Comienza a usar mi voz. Todo esto comienza a abrir posibilidades tremendas. "Las obras que yo hago también él las hará, y aun las hará mayores". Esto se vuelve posible, y el futuro se abre de una forma nueva.

Al final del Evangelio de Juan vemos que María Magdalena quería mantener a Jesús en el cuerpo. Después de su resurrección, ella fue probablemente la primera persona que se encontró con él cara a cara en el cuerpo. Cayó a sus pies y se aferró a esos benditos tobillos, como si quisiera decir: "Nunca volverán a quitarme tu cuerpo". Porque recién había estado preguntando a una persona que creía que era el jardinero: "¿Dónde has puesto el cuerpo?". Ella se aferraría al Cristo físico. Jesús dijo: "María, no sigas aferrándote a mí, porque aún no he ascendido al Padre". ¿Entiende ahora lo que estaba diciendo? Mientras María estuviera aferrándose así, nadie más podría tenerlo. Él iba a ascender al Padre, y entonces ella y los demás podrían tenerlo adentro de ellos. Cuando Jesús viniera en el Espíritu, cualquier persona podría aferrarse a él tan cerca como quisiera. ¿Entiende lo que estaba diciendo? Así que no se aferre al Jesús físico. No desee poder tener su cuerpo aquí. No desee haber sido como sus discípulos, haber podido andar por los caminos polvorientos de Galilea. Simplemente alabe a Dios y grite "¡Aleluya!", porque puede tener su Espíritu viviendo en su corazón dondequiera vaya. Puede tener a Jesús en todo momento, y puede llevarlo al medio de la batalla. Su Espíritu será su respaldo, fortaleciéndolo y dándole valentía en medio de la lucha, dándole la victoria que vence al mundo.

Capítulo siete

EL ESPÍRITU SANTO EN LOS ÚLTIMOS CAPÍTULOS DE JUAN

Si el Espíritu Santo es un fortalecedor, un respaldo, una persona a la que le gustaría tener en la crisis, como si fuera Jesús mismo, entonces se deducen dos cosas que son muy importantes. Primero, el Espíritu Santo es una *persona*. Nunca hable del Espíritu Santo como "algo". Se asombraría las veces que lo hacemos cuando oramos o hablamos. La gente dice: "Danos *eso*". Nunca hable así. Si el Espíritu Santo es otro Confortador como Jesús, el Espíritu Santo es él, una personalidad plena que puede pensar, sentir, guiar, enseñar, liderar, hablar, entristecerse, enojarse, molestarse. Es alguien que puede ser para usted todo lo que es Jesús.

Es interesante que, en lo que denominamos sectas, que dicen tener la verdad y ser los únicos que la tienen —Testigos de Jehová, Ciencia Cristiana, mormones, espiritismo, etc.—, descubrirá algo notable. Se refieren al Espíritu Santo como una especie de fuerza o atmósfera, un "algo" impersonal. Esto es malentender lo que Jesús enseñó: él iba a orar al Padre, y el Padre daría otro Confortador tal como él. Por lo tanto, es una persona, alguien que usted puede conocer y a quien le puede hablar. Esto es la primera cosa que deducimos de la palabra "otro": la personalidad del Espíritu Santo, él.

Si alguien sale de un culto o reunión y dice: "Hubo un lindo espíritu en la reunión", siempre escribirá "espíritu" con minúscula, y no dirá "él" sino solo "un espíritu" o "un buen espíritu". Pero si un creyente sale de un culto o reunión en el que el Espíritu Santo ha estado presente, hablará de otra manera. Dirá: "¿No es cierto que estuvo el Espíritu esta mañana? Él estuvo ahí. Él nos ayudó a adorar. ¿Acaso no nos mostró (él) la verdad?". Es así como la persona hablará si conoce al Espíritu Santo. La otra cosa que deducimos, si el Espíritu Santo es otro Confortador como Jesús, es su deidad. Debe ser Dios.

Sabemos que Jesús es Dios. Le llevó a la gente tres años darse cuenta de esto, pero fue un escéptico con dudas "científicas" quien, habiendo conocido a Jesús todos esos años dijo: "¡Mi Señor y mi Dios!". Por primera vez en sus vidas esos discípulos judíos se dieron cuenta de que Dios era más que una única persona. Llamaron a Jesús Dios, adoraron a Jesús y oraron a Jesús. Como judíos, sabían que solo debían orar o adorar a Dios, pero ahora estaban adorando y orando a Jesús. El tercer paso al que llegaron —y esto llevó a la doctrina de la Trinidad— es que el Espíritu Santo, si es otro Confortador, como Jesús, debe ser Dios. Por lo tanto, podemos adorarlo, alabarlo y orar a él. Los cristianos creen en el Padre, el Hijo y el Espíritu Santo, todos los cuales son personas, todos los cuales pueden entristecerse y enojarse, todos los cuales los aman, todos los cuales tienen compasión de ellos, y todos los cuales son Dios. Por lo tanto, decimos: "Padre, Hijo y Espíritu Santo", y alabamos a los tres libremente.

Volvamos ahora a los capítulos 14 a 16 de Juan. Nuestro Señor va a morir dentro de las siguientes veinticuatro horas. Lo que un hombre dice en su último día de vida por lo general es significativo y memorable. El Hijo de Dios tiene que haber dicho muchas cosas maravillosas ("tantas que, si se escribiera cada una de ellas, pienso que los libros escritos no cabrían en el mundo entero"), pero en estos capítulos tenemos el discurso más largo registrado de las palabras de nuestro Señor en toda la Biblia. No sé si se da cuenta de esto, pero en todo el Nuevo Testamento tenemos solo unas seis horas de la enseñanza de nuestro Señor. Si no me cree, verifíquelo y lea todas las palabras registradas de Jesús. Será algo muy útil y saludable. Este pasaje en Juan es más largo que el Sermón del Monte, que es el segundo más largo. Si realmente quiere la enseñanza de Jesús tiene que ir a estos capítulos. Las personas a veces me dicen: "Si todos vivieran de acuerdo con el Sermón del Monte, no necesitaríamos nada más". Sin embargo, aún no he encontrado a nadie que pudiera vivir de acuerdo con el Sermón del Monte; ¡ése es el problema! ¿Cómo podríamos hacerlo? La respuesta está en el último sermón que predicó Jesús: por el Espíritu Santo. El corazón del Sermón del Monte, dicen muchos, está en el mandamiento positivo: "traten ustedes a los demás tal y como quieren que ellos los traten a ustedes", y está perfecto. Pero piense: ¿cuántos hemos dado a nuestros prójimos tanta atención como hubiésemos querido recibir nosotros? ¿Cuántos hemos dado a esas personas solitarias al final de la calle tanta amistad como uno quisiera si estuviera solo? ¿En cuántas personas hambrientas del mundo ha pensado como si fuera usted? No hay una sola persona, en ninguna iglesia, que pueda decir: "He hecho lo que el Sermón del Monte me dice que haga plenamente". ¿Cómo llegaremos allí alguna vez? La respuesta es que necesitamos otro Confortador, otro respaldo, que venga a ayudarnos.

De esto habló nuestro Señor en la última noche de su vida terrenal. Padre, Hijo y Espíritu Santo son idénticos en carácter; conocer a uno es conocer a todos. Sabemos que debemos mirar a Jesús todo el tiempo, y luego comenzaremos a reflejarlo. Con parejas que están muy unidas, conocer a uno es conocer al otro, escuchar lo que piensa uno es escuchar lo que piensa el otro, tener la reacción de uno es tener la reacción del otro. Con el Padre, el Hijo y el Espíritu Santo, si usted conoce al Padre conoce al Hijo, y viceversa: si conoce al Hijo conoce al Padre. "El que me ha visto a mí, ha visto al Padre". Es igual de cierto con el Espíritu Santo: si conoce al Espíritu Santo, conocerá a Jesús mejor y conocerá al Padre mejor, porque todos piensan igual, todos hablan igual y todos tienen los mismos sentimientos hacia usted. Si uno de ellos se entristece por algo que usted ha hecho, los tres se entristecerán. Si uno le dice que haga algo, los otros dos estarán de acuerdo en que es lo correcto.

En Juan 17, una oración que hizo Jesús al final de su discurso, dice: "Padre, yo estoy en ti, tú estás en mí. Solo digo las cosas que quieres que diga. Solo hago tu voluntad. Somos uno". Esta cercanía es hermosa, y no creo que ninguna relación en la tierra podría ser tan cercana. Pero, habiendo dicho todo esto, —que el Padre, el Hijo y el Espíritu Santo están tan unidos, y son tan idénticos en carácter, perspectiva y sentimientos—, quiero afirmar que tienen un *trabajo* distinto para hacer. Cada uno se dedica a ese trabajo a su propio modo. En Juan 14 a 16, Jesús explicó tres aspectos de la obra del Espíritu Santo: su obra con relación a Jesús, su obra con relación a los discípulos y su obra con relación al mundo.

1. Su obra con relación a Jesús
El Espíritu Santo es quien atrae la atención de las personas hacia Jesús. Jesús dijo: "Cuando él venga, el Espíritu de verdad, me glorificará". Esto significa: él tomará mis cosas y las hará reales para ustedes. Hará que la gente piense en mí. El Espíritu Santo hace que la gente hable de Jesús, atrae su atención a Jesús. Usted podrá publicitar a la iglesia, podrá publicitar a un pastor, pero le resultará problemático e imposible publicitar a Jesús sin el Espíritu Santo.

El Espíritu Santo ciertamente glorificará a Jesús siempre. He notado vez tras vez que una de las marcas de las personas que han sido llenadas con el Espíritu Santo es que empiezan a usar el nombre "Jesús" con mucha mayor frecuencia y de manera mucho más abierta, mucho más francamente. Esto es porque el Espíritu Santo, obrando en ellas, ahora las usará para hablar a otros de Jesús, de modo que su nombre esté en los labios de todos y sea ampliamente conocido. Así todos sabrán que Jesús vendrá un día, y se prepararán para él. Es algo que no encontrará fuera del Espíritu Santo. Nunca escuchará a personas diciendo "Jesús viene" excepto a través del Espíritu Santo.

Quienes hablan mucho acerca de ser llenados con el Espíritu Santo a veces pueden estar negándolo, porque no están hablando de la persona correcta. Hay iglesias que se han dividido acerca del Espíritu Santo, y es una tragedia. Me han pedido más de una vez ir a este tipo de iglesias como una especie de consultor, para tratar de ayudarlos a superar los problemas. Primero encaro a los que dicen que han sido llenados con el Espíritu Santo, y les digo muy francamente: "¿De quién han estado hablando en la comunidad: la segunda o la tercera persona de la Trinidad? ¿Han estado hablando de Jesús o del Espíritu Santo?". Invariablemente, cuando ha habido problemas, es porque han estado hablando del Espíritu Santo en vez de hablar de Jesús. He dicho: "Nadie en una iglesia puede objetar jamás que alguien hable más acerca de Jesús". Uno usa el poder del Espíritu Santo para hablar acerca de Jesús; para eso le fue dado. Es la persona más modesta de la Trinidad. No quiere que usted hable de él; él quiere hablar de Jesús. Ésta es la primera obra del Espíritu Santo en Juan 14 a 16,

2. Su obra con relación a los discípulos

He notado que al Espíritu Santo le preocupa más nuestra mente que nuestro corazón, nuestros pensamientos más que nuestros sentimientos. Sin embargo, vez tras vez me he encontrado con personas que piensan que ser lleno del Espíritu Santo es principalmente una experiencia emocional o extática que le da a uno sentimientos hermosos y burbujeantes en el interior. Una joven, que aún estaba en una búsqueda, llegó a preguntarme: "¿Cómo sabré cuando estoy llena del Espíritu Santo? ¿Tendré una sensación agradable y burbujeante en mi interior?". Es algo que bien podría ocurrir, pero Jesús nunca lo prometió, y no me preocuparía si no ocurre. Al Espíritu Santo le preocupa mucho más que pensemos bien, y no tanto que nos sintamos bien. Esto es muy importante, y vez tras vez en Juan, capítulos 14 a 16, surge esto. Se lo describe en 14:17, 15:26 y 16:13 como el "Espíritu de (la) verdad".

La verdad es lo que su mente entiende, es en lo que usted piensa, lo que es real y lo que es cierto y correcto. Se lo llama el Espíritu de verdad porque, cuando viene a alguien, la persona ve lo que es cierto y correcto. El mundo en el que vivimos es un mundo repleto de mentiras. Podría parecer una declaración fuerte, pero es cierto. Mentiras acerca de Dios, mentiras acerca de los hombres, mentiras acerca del mundo en el que vivimos, mentiras acerca del pasado y mentiras acerca del futuro. Aparecen artículos en los medios que son mentira acerca de Jesús y de Dios.

Hay una mentira circulando que dice que Dios no castigará el pecado. Eso no es cierto. El Espíritu de verdad, cuando llega a un creyente, trae verdad. El creyente sabe que Dios debe castigar el pecado, pero también sabrá que Dios perdona el pecado; que es un Dios de misericordia, además de justicia. Sabrá la verdad acerca de sí mismo, y no hay muchos de nosotros a los que nos guste esto. Poder saber cómo es uno realmente a los ojos de Dios es devastador. Pero conocerse a sí mismo, decían los antiguos griegos, es el principio de la sabiduría. En un mundo lleno de mentiras, el Espíritu viene como el Espíritu de verdad. Él le dirá lo que es verdadero y lo llevará a toda verdad. Cuando Jesús estuvo en la tierra solo podía introducir a sus discípulos a un poquito de verdad. Había cosas que no podían entender en esa etapa, y cosas que aún no podían creer. Así que había más cosas que Jesús podría haber dicho a los discípulos, pero no lo hizo en ese momento. Pero el Espíritu de verdad los guiaría a toda verdad.

La verdad acerca del pasado: el Espíritu traería todo lo que Jesús había dicho a su memoria. He escuchado a eruditos que dijeron que los libros del Nuevo Testamento fueron escritos entre diez y cuarenta años después. ¿Cómo sabemos que los discípulos recordaron con precisión lo que Jesús dijo? La respuesta es muy sencilla: el Espíritu de verdad traería a su memoria todo lo que Jesús dijo. Verdad acerca del presente y acerca del futuro.

¿Cómo sabemos cómo finalizará el mundo? ¿Cómo conocemos el futuro? ¿Consultamos un horóscopo? ¿Miramos en una bola de cristal? ¿Escuchamos a los expertos políticos? La respuesta es que el Espíritu de verdad muestra todo, y tenemos en la Biblia un relato del futuro, con todo lo que uno necesita saber acerca del final de este mundo y el comienzo de un mundo nuevo. Fue el Espíritu Santo quien hizo esto. El Espíritu de verdad llevaría a los creyentes hacia la verdad pasada, la verdad presente y la verdad futura. Los Evangelios son la verdad pasada traída a la memoria de ellos, las epístolas son la verdad presente para ellos en su vida de iglesia, y el libro de Apocalipsis es la verdad futura. Con eso está todo prácticamente cubierto. Es el Nuevo Testamento. El Espíritu de verdad trajo a la existencia la Biblia. No es la producción de un grupo de hombres que pensaron que podrían poner por escrito sus pensamientos. Es la producción del Espíritu Santo, y por eso es toda verdad.

Si el Espíritu Santo es otro Confortador como Jesús, esperaríamos que fuera un gran maestro. Permítame contarle ahora acerca de un joven que era un oficial piloto en la Real Fuerza Aérea. Recuerdo a Trevor sentado una noche en una reposera conmigo, afuera de la cantina de oficiales en el calor abrasador del desierto. Me dijo francamente que no estaba interesado en la religión, pero miramos a las estrellas arriba y, de alguna forma, cuando el desierto se extiende ante uno hasta el infinito, es más fácil pensar en grande. Hablamos de Dios y le di un libro para leer acerca de Dios. Volvió y me dijo: "Eso es interesante". Finalmente, comenzó a venir a la pequeña choza donde teníamos nuestra pequeña iglesia. Luego, una noche, Trevor conoció a Jesucristo y tuvo una conversión profunda. Pero, luego del culto, mientras estaba hablando con él, me dijo: "Padre, tengo que partir mañana. He sido destinado a uno de los puestos en el desierto durante seis meses, con quince hombres". Así que el día después que nació nuevamente del Espíritu, fue separado de la comunidad cristiana seis meses. Le hablé inmediatamente acerca del otro Confortador que iría con él al desierto, y que le enseñaría las cosas que no podría aprender en la iglesia, y partió.

Tres semanas después recibí una carta de él que decía que había llevado a otra persona a Cristo, así que ahora había dos personas que se reunían y adoraban juntas. La cosa continuó. Durante seis meses no tuvo a nadie para enseñarle. Durante seis meses no tuvo a nadie que lo llevara a recorrer la Biblia. Durante seis meses no tuvo a nadie aparte del Espíritu Santo, pero el Espíritu fue suficiente. El Espíritu Santo se ocupó de él en esa situación. Trevor luego construyó rutas y predicó alrededor de la zona de Midlands, en Inglaterra, y llevó a otras personas a Jesucristo.

Si alguna vez se encuentra con cosas difíciles de entender, pida al Espíritu Santo que le enseñe. Cada vez que lea la Biblia diga: "Espíritu Santo, tú escribiste esto. Ahora, mientras lo leo, enséñame".

¿Por qué puede haber un grupo de personas en el mismo

edificio, escuchando al mismo predicador, y dos personas que han estado sentadas una al lado de la otra salen y una dice: "No saqué nada esta mañana y no entendí de lo que estaba hablando" (que ocurre con mucha frecuencia) y alguien que estuvo sentado al lado puede salir y decir: "Realmente aprendí algo esta mañana que no sabía antes, y podré ponerlo en práctica"? ¿Por qué ocurre esto? Se lo diré. Una tiene el Espíritu Santo, y la otra, no. Una tiene un maestro en su corazón que puede tomar la palabra que el predicador está leyendo y de la que está hablando, y la planta bien profundamente en la tierra del corazón, donde germina. Durante la semana algo ocurrirá, algo crecerá, y algo muy práctico resultará.

3. Su obra con relación al mundo

¿Qué puede hacer el Espíritu Santo para las personas que están afuera de la iglesia? Ante todo, Jesús dice muy directamente en Juan 14:16 que ellas no pueden *recibir* al Espíritu Santo. No pueden tenerlo, no pueden ser *habitados* por él, no pueden tener a este Confortador. No pueden tener su fortalecimiento. No pueden tener esta experiencia de fortaleza. Es así de sencillo.

Lo trágico es que estas personas, cuando llegan a una crisis, cuando se encuentran en la batalla, cuando se encuentran en medio de ella, deben enfrentarlas solas, sin el bendito Confortador parado al lado. Eso nos da compasión y pena; vivir sin el Espíritu Santo debe ser miserable. Pero, ¿qué podemos hacer por ellas? Juan 16:8-11 es el texto clave ahora: "Cuando él venga, convencerá al mundo de su error en cuanto al pecado, a la justicia y al juicio; en cuanto al pecado, porque no creen en mí; en cuanto a la justicia, porque voy al Padre y ustedes ya no podrán verme; y en cuanto al juicio, porque el príncipe de este mundo ya ha sido juzgado". Ahora, si alguna vez necesita el Espíritu

Santo para entender la palabra de Dios, lo necesita ahora. Necesita su enseñanza. Hay tres cosas que son ciertas de las que nunca convencerá a nadie más que son ciertas sin el Espíritu Santo: pecado, justicia y juicio. Analicémoslo. Uno puede convencer a las personas de vicios y crímenes, pero no de pecado. Uno puede convencer a alguien que tiene vicios, si los tiene. Puede convencerlo de un crimen, si ha quebrantado leyes, pero convencerlo de pecado es imposible. Usted ha intentado. Yo he intentado. Hemos dicho a alguien: "Eres un pecador", y ha recibido una bofetada o lo han tratado con frialdad, o han dicho: "Nunca hice daño a nadie en mi vida. ¡Qué ocurrencia!". Encontré que lo mejor que se puede decir a alguien que dice: "Nunca he hecho daño a nadie" es decir: "Ojalá pudiera decir lo mismo". Y es cierto. Ningún cristiano podría decir algo así jamás, porque ha sido convencido de pecado.

Es asombroso que personas sin vicios y sin ningún crimen en su vida (y esto es posible) no se dan cuenta de que eso no significa que no sean pecadoras. Pueden ser completamente respetables, con una vida íntegra, decentes, gente trabajadora y, sin embargo, son pecadores a los ojos de Dios. ¿Por qué? ¿Sabe cuál es el peor pecado de todos? ¿Asesinato? ¿Adulterio? ¿Cuál piensa que es el peor pecado? No, la peor cosa que uno puede hacer es no creer en Jesús. Es arrojar el amor de Dios de vuelta a su cara y decir: "Dios, realmente no me interesa. ¿Enviaste a tu Hijo a la tierra para morir y ser resucitado para mí? No me importa, puedo arreglarme sin él".

Piense en los millones de personas en Inglaterra que han oído acerca de Jesús, pero no creen en él. Usted nunca convencerá a nadie de que eso es un pecado. Nunca convencerá a sus buenos vecinos que son tan amables cuando usted tiene problemas. Es bastante difícil convencerse usted de que ellos son pecadores, ¿no es cierto? Solo el Espíritu Santo puede convencerlo de que el vecino amable es un pecador que necesita un Salvador, y solo el Espíritu Santo puede convencerlos a ellos. El pecado es la primera cosa de la que una persona necesita ser convencida para llegar al Salvador. Si uno no cree que es un pecador, nunca creerá en un Salvador, porque no cree que lo necesite. Si no piensa que tiene ningún pecado, no acudirá a Jesús.

La segunda cosa de la que necesita ser convencido es justicia: de que hay tal cosa como una bondad perfecta, y que es por este estándar que su pecado aparecerá más claramente. ¿Cómo puede convencer a las personas que existe tal cosa como una bondad perfecta? Recuerdo a una peluquera que me dijo esto mientras hablábamos. Dijo: "Nadie es perfecto". Pero hay alguien que es perfecto. Hubo una vez un Hombre en la tierra que fue absolutamente perfecto. Cuando uno ha convencido a las personas que son pecadoras, hay otra cosa que se deduce. ¿Qué ocurre cuando la maldad se encuentra con la bondad? ¿Qué ocurre cuando el pecado se encuentra cara a cara con la justicia? La respuesta es *juicio*.

¿Alguna vez intentó convencer a una persona de que se presentará ante Dios y deberá responder por toda palabra ociosa que haya pronunciado y todo pensamiento que haya tenido jamás, y todo sentimiento que haya tenido? ¿Alguna vez intentó convencer a alguien de que será juzgado por toda su vida, y que las cosas que ha olvidado durante años serán presentadas nuevamente? ¿Alguna vez intentó convencer a alguien de que esto es cierto? Nunca podrá hacerlo. Las personas hoy no creen que habrá un juicio, no creen en el infierno, no creen en nada por el estilo. ¿Cómo las convenceremos? La respuesta es que el Espíritu Santo convencerá al mundo (no la iglesia) de pecado, de justicia y de juicio. Cuando alguien es convencido de estas tres cosas, está maduro para el evangelio, está listo para el Salvador. Quiere saber cómo puede escapar. "¿Cómo puedo salir de este terrible dilema? Soy malo, y Dios es perfectamente bueno. Cuando me encuentre con él cara a cara, tendré que huir de él. ¿Cómo puedo salirme de esto?". Entonces le podemos decir: "Jesús murió por ti. Jesús murió para que puedas ser perdonado. Él murió para hacerte bueno, para que puedas ir al final al cielo, salvo por su preciosa sangre". Es ahí cuando entra el evangelio.

A veces pienso que en la iglesia tenemos muchas personas medio convertidas que nunca han sido convencidas de pecado, nunca han sido convencidas de justicia, nunca han sido convencidas de juicio y, por lo tanto, nunca han amado realmente al Salvador como deberían. Pero cuando llega el día en su vida en que usted tiembla y dice: "Dios, no puedo enfrentarte. No puedo enfrentar el juicio, no estoy listo, no soy bueno, soy un pecador", entonces Dios se acerca tiernamente y lo levanta, y a través de Jesucristo lo salva.

Capítulo ocho

EL ESPÍRITU SANTO EN LOS HECHOS DE LOS APÓSTOLES

Hay una tremenda diferencia entre la teoría y la práctica, entre leer acerca de algo y luego experimentarlo. Hemos oído de un hombre que escribió un libro sobre como criar hijos. Describe seis teorías diferentes en el libro, pero no tenía ningún hijo en ese momento. ¡Terminó con seis hijos, sin ninguna teoría, y encontró que era muy diferente en la práctica! Antes de nuestra boda, mi esposa y yo leímos algunos libros sobre el matrimonio, que es algo muy bueno. Llegamos a un punto en que dijimos: "No vamos a leer nada más. Hay demasiadas cosas que pueden salir mal, y nos echaremos atrás". Pero qué diferente era leer acerca del tema en un libro y después estar casados y solucionar las cosas juntos. Recuerdo haber leído muchos libros acerca de la tierra de Israel y entusiasmarme por lo que había leído, pero llegó el día en que fui allí, y descubrí que caminar por el lugar es completamente diferente a leer un libro.

Hay quienes han leído mucho acerca del Espíritu Santo. Han leído la Biblia, han leído otros libros, han ido a convenciones y han escuchado a predicadores y conferencistas. Tienen mucho conocimiento intelectual, pero llegan hasta ahí. Es tan diferente tener una experiencia personal del Espíritu Santo como leer un libro acerca del matrimonio y luego casarse. En el último capítulo dejamos a los discípulos en el punto en que tenían conocimiento intelectual acerca del Espíritu Santo. Habían sido bien enseñados por el más grande maestro del mundo, Jesucristo mismo. Podrían haber tomado un examen teológico sobre el tema. Podrían haber contestado preguntas doctrinales con las respuestas correctas. Si usted les hubiera preguntado quién es el Espíritu Santo, habrían dicho: "Es el Confortador". Si les hubiera preguntado: "¿Cuál es su obra?", habrían dicho: "Confortar al creyente y convencer al no creyente". Es aquí donde se encuentran muchos cristianos hoy. Saben *acerca* del Espíritu Santo; han escuchado acerca de él. Pero si uno les pregunta, muy personalmente: "¿Cuánto conoces en tu propia experiencia?", confesarían bastante ignorancia.

Una vez tuve el privilegio de visitar Chartwell, la casa de Sir Winston Churchill, con el secretario de nuestra iglesia y su esposa. Por una vez tenía muy poco que aportar a la conversación. Logré pensar en una cosita que había leído una vez acerca de Churchill, que encontré que el secretario de nuestra iglesia desconocía, pero la diferencia era qué él lo conocía a Churchill personalmente. Lo había ido a ver muchas veces, así que podía contarme todo acerca de él. Aun cuando yo había leído muchos libros, aun cuando había leído muchas historias, aun cuando sabía mucho *acerca* de Churchill, nunca lo había *conocido*. De modo que mi conocimiento en realidad estaba bastante fuera de lugar mientras íbamos caminando.

No alcanza con saber *acerca* del Espíritu Santo, la bendita tercera persona de la deidad. Necesitamos conocerlo por experiencia personal para que sea lo que Jesús quería que fuese. Él quería que el Espíritu Santo estuviera activo de manera personal y poderosa en nuestra vida. Cuando vamos a Hechos pasamos de la doctrina a verlo obrando de manera poderosa y personal. En los capítulos anteriores de este libro he estado dándole la doctrina y hablándole de la verdad, la enseñanza acerca del Espíritu Santo, que ha dado nuestro

Señor. Pero, tan pronto llegamos a Hechos, ya no puedo hacerlo.

Mientras se hable del Espíritu Santo como doctrina, todos están contentos, porque uno guarda un libro en un estante. Uno puede mantener una doctrina en un compartimento de su mente. Pero cuando empezamos a hablar del Espíritu Santo como una persona dinámica que necesitamos conocer, no solo saber *acerca* de ella, entonces surgen las dificultades. La gente se vuelve tensa, preocupada y temerosa. ¿Por qué deberían tener miedo del Espíritu? Él da amor, paz, poder y una mente sana.

Al movernos de la doctrina en el Evangelio de Juan a leer acerca de la persona dinámica que vemos obrando en el libro de Hechos, encontramos que los discípulos han cruzado una frontera. ¡Por supuesto que no estaban viviendo como palabras impresas en un libro! Eran personas reales en una situación real. *Ahora podían hablar desde el corazón, mientras que antes solo habría sido desde la cabeza. Ahora podían transmitir a otros una experiencia, en vez de solo dar una conferencia.*

El libro de Hechos es llamado "Hechos de los Apóstoles", y ciertamente trata de algunos apóstoles (Pedro, Pablo, Santiago y Juan), pero podría describirse como los hechos de Jesús, y las cosas que siguió haciendo y enseñando. Es interesante que los Evangelios cubren treinta y tres años, y Hechos cubre treinta y tres años, como para ilustrar que el ministerio de nuestro Señor continuó. Pero es aún más correcto llamar a Hechos los "Hechos del Espíritu Santo". Si usted subraya las palabras "Espíritu Santo" en Hechos, descubre que el Espíritu Santo es mencionado con su nombre más de cuarenta veces en los primeros capítulos y, por implicación, muchas otras veces.

Primero, sin embargo, considere la última mención del Espíritu Santo en Juan capítulo 20:

Al atardecer de aquel primer día de la semana, estando reunidos los discípulos a puerta cerrada por temor a los judíos, entró Jesús y, poniéndose en medio de ellos, los saludó.

—¡La paz sea con ustedes!

Dicho esto, les mostró las manos y el costado. Al ver al Señor, los discípulos se alegraron.

—¡La paz sea con ustedes! —repitió Jesús—. Como el Padre me envió a mí, así yo los envío a ustedes.

Acto seguido, sopló sobre ellos y les dijo:

—Reciban el Espíritu Santo. A quienes les perdonen sus pecados, les serán perdonados; a quienes no se los perdonen, no les serán perdonados.

Juan 20:19–23

Ahora, hay una cosa muy clara: ellos no recibieron el Espíritu Santo en ese momento. ¿Qué les hizo Jesús, cuando sabía perfectamente bien que tendrían que esperar otro par de meses antes de recibir el Espíritu Santo? ¿Por qué hizo esto, y por qué dijo esto en esta tarde en particular?

Entre otras cosas, él quería que conocieran el secreto de la verdadera paz. Usted nunca conocerá la verdadera paz hasta que encuentre que la paz es un fruto del Espíritu Santo. Dos veces les dijo: "La paz sea con ustedes". ¿Con las puertas cerradas y trabadas, por temor a los judíos? Sí. Deben tener al Espíritu Santo si quieren tener paz y salir con paz en su corazón.

Jesús les estaba dando tres cosas en esta etapa, que los prepararía para lo que ocurriría dos meses después. Primero, les estaba dando una señal mediante la cual reconocerían al Espíritu Santo cuando viniera. La palabra literal que se traduce como "sopló" es fuerte: el *sopló fuerte* sobre ellos. Jesús había soplado sobre ellos una vez, así que cuando escucharan el sonido de una violenta ráfaga de viento, reconocerían que era Jesús, en el cielo, soplando sobre ellos nuevamente.

Segundo, les estaba dando una conexión entre el Espíritu y él mismo. El Espíritu que vendría sería el aliento de él, el Espíritu de él, *su* soplo sobre ellos. Nunca cometieron el error de separar demasiado al Espíritu de Jesús.

Tercero, les estaba dando un mandamiento: "Reciban". Es un verbo en imperativo. ¿Por qué lo dijo? Porque, con la mejor voluntad del mundo, un regalo puede ser rechazado. A veces he querido ayudar a alguien, y he dicho: "Aquí tienes", y la persona me ha respondido: "No, no puedo recibirlo". "Vamos, aquí tienes. Quiero dártelo. Quiero ayudarte". "No, no puedo". Uno quiere decir: "Recibe. Toma lo que te estoy dando. No rechaces. Quiero ayudar". El Espíritu Santo no se impone por la fuerza, igual que ninguno de sus dones, sobre ningún cristiano. Podemos resistir al Espíritu, podemos rechazar sus dones. Podemos mantenerlo alejado de nuestra vida y de nuestra iglesia si lo deseamos. Está dentro de nuestro poder humano resistir al Espíritu y, cuando quiere llenarnos, rehusarnos y entristecerlo al hacerlo.

He encontrado que una de las razones por las que muchas personas desisten de pedir ser llenadas con el Espíritu es el temor de que los vaya a obligar a hacer algo que no están dispuestas a hacer. Nunca debemos temer que ocurra algo así. El Espíritu Santo no obliga a nadie a hacer algo. Cuando Dios sopla, cuando el Señor Jesús sopla, entonces los que están dispuestos a recibir, a tomar activamente lo que él está dando, conocerán un gran amor, una gran alegría, una gran paz y un gran poder. Pero los que se quedan quietos y dicen: "Tengo miedo, no quiero esto, quiero estar al control de mí mismo, no quiero ser poseído por él o por nadie más", pueden volver a casa sin que ocurra nada.

Recuerdo una vez, cuando era más joven, entre los

estudiantes, nos empezamos a interesar en el hipnotismo y decidimos probarlo. Uno de los jóvenes dijo: "Yo puedo hacerlo", y comenzó a balancear relojes y otras cosas. La mayoría de los que intentó hipnotizar estábamos bastante determinados a no ceder. No queríamos ser los primeros, hasta que un pobre estudiante aceptó y quedó bajo la influencia. Está bien tener un temor saludable del hipnotismo, porque lo pone bajo el control de un hombre que no es perfecto, que podría hacerle cosas que están mal y hacerle daño. Pero, ¿por qué debería uno temer quedar bajo el control del Espíritu Santo? La misma palabra "santo" quita su temor de que pueda pasar algo que lo dañe, lastime, perjudique o destruya.

Jesús dijo: "Reciban", así que deje que venga el Espíritu Santo. No resista. El primer paso fue una señal, una conexión y un mandamiento.

La última mención del Espíritu Santo en el Evangelio de Lucas y la primera mención de él en Hechos es en el mismo aposento alto. Jesús les dijo que esperaran en Jerusalén hasta que hubieran sido bautizados en el Espíritu Santo con poder, y que entonces serían sus testigos hasta lo último de la tierra. Lo dijo justo antes de volver a su Padre en el cielo.

Hay dos cosas que decir sobre esto. Es bastante obvio que ellos todavía no habían recibido el Espíritu Santo en poder, aun a esta altura. Y también es bastante obvio que lo sabrían si lo hubieran recibido. Hay quienes piensan que el Espíritu Santo viene tan silenciosamente que uno ni siquiera sabe que se ha introducido. Esto es totalmente extraño al Nuevo Testamento. Cuando él viene, uno lo sabe. Y ellos lo sabrían. Fue por eso que pudo decirles que esperaran hasta que llegara, porque sabrían perfectamente bien cuando llegara. No tendrían ninguna incertidumbre. Pero las dos palabras clave en estos pasajes, al final de Lucas y al principio de Hechos, son: "poder" y "esperen".

Tenemos que saber que hay dos palabras griegas importantes: *exousia* (autoridad) y *dunamis* (poder, capacidad). Es bastante diferente tener la autoridad para hacer algo y tener la capacidad para hacer algo. La palabra que se traduce "poder" en Hechos 1 y al final de Lucas significa "capacidad". Ya tenían la autoridad, pero no tenían la capacidad.

Cuando uno solicita una licencia de manejo provisoria, tiene la autoridad para conducir un coche, pero no tiene la capacidad, y tal vez ande a los saltos y dando giros por la calle. ¡La pobre persona sentada con usted querrá accionar el freno de mano!

Aquí está la autoridad de Jesús. Dijo a los discípulos en el monte de los Olivos: "Se me ha dado toda autoridad en el cielo y en la tierra. Por tanto, vayan y hagan discípulos de todas las naciones..." Pero debían esperar hasta que recibieran la capacidad; en griego, la *exousia*. Ahora tenían la autoridad de Jesús para predicar en cualquier parte y en cualquier momento. Debían ir y predicar a toda criatura, pero debían esperar hasta que tuvieran la capacidad. Ésta es la diferencia que hace el Espíritu Santo: convierte a la Gran Comisión en la "gran compulsión". La Gran Comisión es ir y hacer discípulos de todas las naciones. La gran compulsión es que el Espíritu Santo lo enviará.

He oído varios sermones predicados sobre Hechos 1:8, y todos han citado el texto mal. Es un texto que se entiende mal. A menudo se lee como si dijera: "recibirán poder para testificar". Pero no es eso lo que dice Jesús. Dijo "recibirán poder" y también "serán mis testigos". Si esperaban tener la capacidad, serían sus testigos. Ocurriría espontáneamente. Ya no será un "deber" externo, impuesto, sino un "deber" interior, constreñido por el Espíritu Santo. Cuando hubieran recibido la capacidad, el poder, lo harían. No se les tendría que decir que lo hicieran. No necesitarán ser exhortados para salir y evangelizar, o ser empujados al fin de la tierra. Cuando recibieran poder, serían testigos de Jesús. Si uno solo sale con la autoridad de Jesús, es un deber, una demanda, algo que uno debe hacer e intenta hacer. Pero si espera el poder, entonces es algo que quiere hacer, que se muere por hacer, que debe hacer desde adentro. Ésa es la diferencia.

Supongo que muchos de nosotros hemos exhortado a personas a ganar a otros para Cristo, a ir y hablar de Jesús, y les hemos dicho que debemos ir y predicar el evangelio a toda criatura. Pero he notado que no se logra mucho con decir a las personas que testifiquen, porque eso es solo darles la autoridad para hacer. Lo que las personas quieren es la capacidad para hacer, y lamentablemente a menudo la buscan en el lugar equivocado. Piden clases y cursos de capacitación, manuales y guías, donde puedan buscar en qué categoría se encuentra su vecino, para saber qué decirle la próxima vez que se encuentran. Pero la capacidad no viene de esa forma. Una persona llena del Espíritu Santo se desbordará sobre la vida de sus vecinos. La capacidad estará allí. Tendrá un método completamente diferente de cualquier otra persona. Será un fluir espontáneo que es muy diferente de: "Debemos realizar una cruzada, debemos evangelizar, debemos cumplir la Gran Comisión". Espere hasta que reciba la capacidad, el poder. Y busque ese poder.

Esto me lleva a la segunda palabra clave, que a menudo se malentiende: "esperen". Esto suena como si no tuvieran que hacer nada hasta que algo ocurriera. He conocido a personas que han pensado que "esperar" era una palabra pasiva. En la Biblia, "esperar" es una palabra activa, atareada, que significa hacer algo, no sentarse en un sillón sin hacer nada hasta que algo ocurra.

Permítame ilustrarlo con Hechos 1. ¿Los discípulos no hicieron nada entre que Jesús ascendió desde el monte de los Olivos y Pentecostés? ¿Se quedaron sentados sin hacer absolutamente nada, según nuestro entendimiento de "esperar"? De ninguna manera; estuvieron muy ocupados. Por un lado, estuvieron ocupados en la organización. Estuvieron ocupados cubriendo el vacío en los apóstoles. Estuvieron ocupados en la elección de oficiales. Estuvieron ocupados organizando la iglesia, preparándose para el poder, para que, cuando llegara, estuviera bien manejado y fuera de acuerdo con la Palabra de Dios. Estuvieron estudiando la Biblia para que pudieran tener un conocimiento de la voluntad de Dios. Estuvieron orando durante esos diez días. Se reunían para orar, 120 personas. Tuvieron una reunión de oración diaria durante diez días.

Cuando una iglesia está realmente esperando el poder del Espíritu Santo, estará sumamente ocupada. No estará solamente sentada en bancos sin hacer nada. Las personas estarán reunidas alrededor de la Biblia, estudiándola en grupos; la gente estará orando con dedicación en grupos. Estarán organizando la iglesia, haciendo que la maquinaria funcione de manera eficiente, preparándose para que, cuando Dios envíe el poder, la fuerza sea movilizada allí. Esperar siempre involucra actividad. Por eso la Biblia tiende a decir, no esperando *al* Señor sino esperando *en* el Señor. Me pregunto si usted ha aprendido a esperar en el Señor. La mayoría de las personas pueden esperar al Señor y simplemente sentarse y esperar que él haga algo. Cualquiera puede hacer eso. Pero espere en el Señor haciendo activamente todas las cosas que ya pueden hacerse, y sobre todo empapándolo todo en una oración expectante. "Señor, estamos alistando la organización, pero derrama el poder, danos la capacidad".

Ésta es la diferencia que noto: la iglesia del Nuevo Testamento estaba tan activa antes de Pentecostés como después. Pero, antes de Pentecostés, todo lo que lograron fue dentro de la iglesia. Después de Pentecostés, la mayoría de las cosas que lograron ocurrieron afuera. Ésta es la diferencia que hace el poder del Espíritu Santo. Uno puede estar tremendamente ocupado, puede organizar, puede estar leyendo la Biblia y puede estar orando. Puede hacer todo esto dentro de la iglesia, pero ¿qué es lo que envía a la iglesia afuera, a las calles, al barrio, a las casas de los vecinos, con una dinámica que transforma vidas? Es la diferencia entre vivir antes y después de Pentecostés. Es la diferencia entre tener la autoridad de predicar y tener la capacidad: el poder.

Ése fue el segundo paso para ellos. El tercer paso, por supuesto, vino el día de Pentecostés. Para un estudio más completo de esa parte de los Hechos de los Apóstoles, por favor consulte mi libro sobre Hechos en mi serie *New Testament Commentary*[1]. Pero hay algunos puntos que debemos señalar aquí. Primero, Pentecostés fue una *experiencia inequívoca*. No puede haber ninguna duda al respecto. Todos supieron que ocurrió. Fue muy clara. Nadie podría haber tenido alguna duda de que el Espíritu Santo había venido. Si una persona me dice: "No estoy seguro de si he sido llenado con el Espíritu o no", le diría muy humildemente: "Entonces creo que debe seguir buscando, porque si estuviera lleno no habría ninguna duda".

Algo les ocurrió. Escucharon algo, vieron algo e hicieron algo. Sea que las manifestaciones específicas que tuvieron ellos y que han ocurrido a otros nos ocurran a nosotros o no, si somos llenados con el Espíritu Santo entonces será algo tan inequívoco para nosotros como lo fue para ellos. Les ocurrió a *todos* ellos y a *cada uno* de ellos. Me encanta la combinación de estas expresiones. No fue que todos fueron arrastrados a algo por una histeria de masas. Ocurrió a cada uno de ellos, juntos, así que ocurrió a todos. Fue algo individual. Las lenguas de fuego tocaron a cada uno de ellos. El Espíritu Santo trata con personas como individuos.

---

[1] En español, *Comentario del Nuevo Testamento*.

No arrastra a las masas a experiencias que morirán tan rápidamente como llegan. Trae a cada individuo, y a veces a grupos de individuos juntos, a su poder. Cuando se produce, es un momento muy maravilloso.

Quiero señalar que estaban llenos hasta desbordar, y el cuerpo humano desborda por la boca. Cada una de las veces que el Espíritu Santo vino en el Nuevo Testamento, el desborde mostró que estaban llenos. Usted nunca sabrá que está completamente lleno hasta que desborde, y no puede desbordar hasta que sea lleno. Si nuestra experiencia cristiana está tan abajo que tenemos que cavar hondo en nuestras propias experiencias para dar un poco a otra persona, entonces encontraremos muy rápidamente que nos estamos volviendo secos y rancios en el servicio cristiano. Como cuando la mujer tocó el borde del manto de Jesús, si alguna vez ayuda a alguien espiritualmente, ha salido bondad de usted. Es un asunto costoso testificar y ayudar a las personas. Sale bondad de usted cuando está sirviendo a otros en el nombre de Jesús. Por eso necesita estar desbordando en vez de rebuscar en la profundidad de su propio pozo. Fue lo que ocurrió aquí.

Noto que desbordaron hacia Dios primero. El mundo no puede entender esto. El mundo solo puede entender que uno desborde hacia otras personas. El mundo solo puede entender el dinero o el servicio a las personas. No pueden entender un culto de adoración. "¿Qué hacen, perdiendo el tiempo allí cantando himnos y otras cosas? Deberían estar afuera, en las calles, ayudando a las personas, que es mucho más útil". No pueden entender que somos llamados a amar a Dios primero. Pero cuando uno está lleno del Espíritu Santo, su desborde es hacia Dios mucho antes de que sea hacia las personas. Uno lo adorará a él antes de predicar. En el día de Pentecostés estuvieron llenos y comenzaron a hablar y ensalzar las obras poderosas de Dios —no dirigido a los hombres, porque nadie se había reunido aún para escucharlos—, y fluyeron en adoración a Dios. Cuando una persona está fluyendo en adoración a Dios, entonces fluirá en predicación a hombres y mujeres.

La otra gran cosa que noto acerca del día de Pentecostés es que condujo directamente a una evangelización efectiva, porque la gente pudo ver el poder de Dios obrando en personas comunes. Estos no eran predicadores profesionales sino galileos, pescadores, hombres y mujeres, ancianos, jóvenes, sirvientas, sirvientes, independientemente de la edad, la clase y el género. Cuando las personas ven a hombres y mujeres comunes llenos del Espíritu Santo, se preguntan qué pasa. ¿Cómo lo hacen? ¿Cómo pueden estar tan llenos de Dios? No han ido a una universidad teológica. La respuesta es que el Espíritu Santo no tiene preferencias.

Cuando estudiamos los próximos capítulos de Hechos, descubrimos que el verdadero jefe en la iglesia primitiva era el Espíritu Santo. Sé que Pedro fue el primer pastor (no el primer papa; esa palabra significa "padre", y Jesús advirtió a los discípulos que no se llamaran unos a otros "padre"), porque así lo llamó Jesús. Pedro no era el *líder* de la iglesia, sino el pastor.

Está bien que la iglesia tenga oficiales designados para tareas específicas, así que tenían un pastor y diáconos. Pero el pastor no guiaba la iglesia, ni los diáconos. La asamblea de la iglesia tampoco la lideraba, ¡como si fuera una especie de nueva democracia en la que todos los miembros pudieran opinar y los asuntos de la iglesia se trataran al final de la agenda!

Entonces, ¿quién estaba a cargo? En Hechos 3, encuentro que el Espíritu Santo les dio el poder para dar al hombre sanidad en sus piernas. En el capítulo 4 encuentro que, cuando los apóstoles fueron llevados a juicio, el Espíritu Santo les dio osadía y sabiduría santas para defenderse ante el tribunal de la forma más efectiva. En el capítulo 5 encuentro que, cuando los miembros de la iglesia pecaban, no pecaban contra los miembros, los diáconos o el pastor, sino que estaban pecando contra el Espíritu Santo, y él trató con ellos a través de Pedro. En el capítulo 6, veo que, cuando fueron elegidos los diáconos, no fue cuestión de encontrar los hombres más populares de la iglesia, sino: "Escojan de entre ustedes a siete hombres de buena reputación, llenos del Espíritu y de sabiduría".

El Espíritu Santo los equipó para su tarea. En Hechos 7 encuentro que el primer mártir que murió por Jesús fue a su muerte lleno del Espíritu Santo y tuvo una visión de Jesús en el cielo junto al Padre. El Señor estaba esperando recibir a Esteban. En el capítulo 8 encuentro que la misión se extendió por primera vez más allá de los confines de Israel y fue a Samaria. Una ciudad fue llenada de personas alegres, creyentes y bautizadas, que luego fueron llenadas con el Espíritu Santo y se convirtieron en una iglesia. ¿Notó esto? La iglesia en Samaria fue iniciada por los miembros de la iglesia de Jerusalén, no por los ministros. Los apóstoles se quedaron en Jerusalén, pero los discípulos, el resto, fueron dispersados fuera. El Espíritu Santo estaba haciendo esto. En el capítulo 9 tenemos el relato de la conversión de Pablo en el camino a Damasco. ¿Cuál fue la última vez que escuchó a un predicador mencionar lo que ocurrió tres días después? Un cristiano llamado Ananías, que había sido llenado con el Espíritu Santo, fue a Pablo tres días después de su conversión y le dijo que había sido enviado para bautizarlo en agua y para imponerle manos, para que fuera lleno del Espíritu Santo. Fue así como empezó Pablo, no solo a través de una conversión en el camino a Damasco, no solo siendo bautizado en agua. Estoy bastante seguro de que Saulo no fue santificado perfectamente luego de solo tres días (según lo que escribió después, sé perfectamente bien que no lo fue), pero pudo ser lleno del Espíritu ahora para ponerlo todo en marcha. Ananías sabía que Saulo creía en Jesús, y lo bautizó y ayudó a que fuera lleno del Espíritu, para que pudiera seguir con el trabajo que se le había encomendado.

En el capítulo 10 había en Cesarea un hombre que ni siquiera pertenecía al pueblo de Dios (los samaritanos, en cambio, tenían algo de sangre judía en ellos). Cornelio era un sargento mayor de un regimiento romano, un gentil. Allí estaba, en un campamento militar en Cesarea. Vino Pedro y predicó, y durante el sermón el Espíritu Santo es derramado sobre este soldado, un tipo de persona no demasiado mística o sentimental, la columna vertebral del ejército romano. Cornelio habría sido un hombre duro y valeroso, pero ahora estaba lleno del Espíritu Santo. ¡Qué cristiano poderoso sería!

En el capítulo 11 llegamos a Antioquía, extendiéndonos más lejos. Era el lugar donde iban todos si querían pecar. Ahí mismo, en ese lugar, creciendo como un racimo de copos de nieve puros sobre un basural inmundo, se reunía un pequeño grupo de cristianos. Y ahí llega Bernabé, lleno del Espíritu Santo, para ver lo que pasaba y para ayudarlos.

En ese lugar, Ágabo, lleno del Espíritu Santo, profetizó una hambruna años antes que ocurriera, para que pudieran hacer una colecta anticipada. ¿Qué le parece? Nosotros hacemos colectas para socorro de desastres después de enterarnos, pero en esos días el Espíritu Santo dijo que habría una hambruna y que les convenía empezar a ahorrar ahora. El Señor puede ver lo que viene. Las necesidades son anticipadas cuando el Espíritu Santo está a cargo. Cuando los hombres están a cargo, solo pueden ver la necesidad luego de que ha llegado.

En una iglesia donde fui pastor mucho tiempo atrás, había habido un hombre de Dios ministrando, y había sido lleno del Espíritu Santo. El edificio de la iglesia solo se llenaba hasta la mitad en ese tiempo; nunca se usaba la galería. Dijo: "Debemos comprar las cuatro casitas a un lado de la iglesia, las dos casitas, el negocio que vende pescado y papas fritas y el pub del otro lado, y las dos casitas atrás". Le dijeron que la iglesia no estaba llena, a lo cual contestó: "El Señor me dice que sería necesario". Los persuadió para que compraran cuando las casitas costaban unas quinientas libras cada una. Llegó el momento en que necesitamos esa tierra para expandirnos, para derribar esas casitas y construir más edificios para el Señor y ampliar la obra. La visión de ese hombre treinta o cuarenta años antes, cuando no había ninguna señal de que fuera necesario, significó que teníamos el terreno para realizarlo. El Espíritu Santo puede planificar con anticipación cuando las personas no pueden hacerlo.

En el capítulo 12, Pedro es apresado y, luego de una reunión de oración, es por el poder del Espíritu Santo que es liberado. En el capítulo 13, Pablo y Bernabé son apartados. El Espíritu Santo dice a la iglesia de Antioquía que envíe a misioneros. Hoy generalmente esperamos que alguien diga: "Me siento llamado". ¿Por qué debemos esperar esto? ¿Por qué no debería decir el Espíritu Santo: "Envíen a ése"?

La iglesia primitiva no tenía la mayoría de las cosas que pensamos que necesitamos. No tenían ministros capacitados en teología cristiana, si bien tenían a los que habían hecho el curso de tres años con Jesús, ¡y eso valía varias veces más que la teología que estudié yo! Por supuesto, conocían las escrituras (el Antiguo Testamento). No tenían ningún edificio (que no quiere decir que los edificios no sean útiles a veces). No tenían demasiado dinero. "No tengo plata ni oro", dijo Pedro al pordiosero. No tenían ninguna organización con una sede impresionante en alguna gran ciudad. ¿Qué tenían? Tenían el *dunamis* (poder), tenían la capacidad, tenían el Espíritu Santo. Dios puede honrar dones naturales dedicados. Puede usar un edificio dedicado a él. Puede usar energías y una organización. Pero solo en la iglesia donde los miembros están llenos del Espíritu Santo (no solo conocedores de la doctrina sobre él), hace Dios cosas como éstas.

Tengo la triste convicción de que la iglesia hoy se ha vuelto obsesionada con asuntos de autoridad y gobierno, y ha olvidado la cuestión esencial de la capacidad. Jesús primero dio autoridad a los discípulos, y luego capacidad. "Se me ha dado toda autoridad en el cielo y la tierra". La queremos para nosotros. Hay pastores que me han dicho: "Oh, si tuviera algo más de autoridad, si no tuviera que intentar persuadir a toda la asamblea de la iglesia para hacer algo y esperar que los diáconos estén de acuerdo. ¡Si tuviera más autoridad podría avanzar!". Jesús tiene la autoridad; somos nosotros quienes carecemos de la capacidad. Así que, ¿cómo obtenemos la capacidad? ¿Pentecostés fue una vez para siempre, o puede ser repetido? ¿Son estas cosas parte de lo que podría llamarse "la primera etapa", la primera parte del cohete que impulsó a la iglesia en órbita, que ahora ha caído y podemos olvidar? ¿O lo que hemos estado considerando aquí pertenece a la esencia continua de la iglesia?

Aquí debo ser personal. Fue criado como metodista, pero no recuerdo haber escuchado a nadie en esos días hablarme acerca de que el Espíritu Santo llenara a alguien, que fuera derramado o que cayera sobre alguien. Tengo amigos entre los Hermanos Libres, y pensé: "Seguramente ellos sabrán la respuesta a esta pregunta", pero me desconcertó lo que tenían para decir. La imagen que recibí de ellos fue que la historia de la iglesia era como un viaje al espacio donde había un tremendo estallido de poder al principio seguido por un viaje muy tranquilo y monótono. La sensación era que es improbable que veamos nada demasiado apasionante hasta que nos acerquemos a la segunda venida del Señor, junto con la idea de que, ahora que tenemos la Biblia, no necesitamos tanto este poder sobrenatural del Espíritu Santo. Ésa fue la impresión que tuve en esos días, y probablemente sea injusto.

El siguiente grupo de amigos con los que hablé fueron los anglicanos. Me dijeron: "Oh, sí, puedes ser bautizado en el Espíritu hoy, pero fuiste bautizado cuando te convertiste, y es todo lo que recibirás. Cuando naciste del Espíritu, es lo mismo que Pentecostés". Pero cuando nací del Espíritu no me ocurrió nada como Pentecostés, y si tuvo que ver con el Espíritu Santo ocurrió inconscientemente, porque nunca pensé en él en ese tiempo. Me dijeron que podía ser llenado con el Espíritu si vaciaba mi vida de todo lo que estaba mal, que me temo era muy desalentador: sostener esta zanahoria ante mí, que al final del camino, cuando fuera perfecto, podría ser llenado, y que no podría ser llenado hasta tanto no sacara todo lo demás. Esto puso esta experiencia tan lejos en el futuro que simplemente me di por vencido y dejé de pensar en ella. Si es una recompensa al final del camino para una larga vida de ir mejorando, la mayoría de nosotros podemos olvidarnos de ella por el momento.

Entonces hablé con algunos amigos entre los bautistas y encontré que estaban tan preocupados por el bautismo en agua que nunca habían discutido el bautismo en el Espíritu Santo. No había una sola declaración en la historia bautista que dijera algo al respecto.

Así que solo me quedó una alternativa. Era preguntar a Dios lo que él decía sobre el tema. Dediqué muchos meses a recorrer la Biblia diciendo: "Dios, ¿cuál es tu respuesta a esta pregunta? Estoy desconcertado por todas estas personas de diferentes trasfondos que me dicen esto, aquello y lo otro, y no siento que ninguno me haya dicho lo que he notado en el Nuevo Testamento. ¿Quisieras hablarme? ¿Es Pentecostés algo que es una vez para siempre, que ha terminado, la primera etapa del cohete, y debo leerlo como historia y olvidarme del tema en lo que a mí respecta? ¿Fui bautizado en el Espíritu al convertirme, aun cuando no me diera cuenta al momento, o hay algo más que tienes para mí y para todo cristiano hoy, que explica por qué la iglesia no es tan dinámica y poderosa como lo fue en Hechos?

Lo que sigue es el fruto de lo que encontré de la Palabra de Dios exclusivamente, no de otras personas. Primero le daré la conclusión a la que llegué, y luego describiré los pasos que me llevaron a ella. La conclusión fue que Pentecostés es una experiencia concreta, disponible para todo creyente que la pida hasta recibirla, que la busque hasta encontrarla, que golpee hasta que le sea abierto; que es una experiencia bastante distinta de nacer de nuevo, y que es una bendición que Dios quiso que todos tuviésemos, porque "la promesa es para ustedes, para sus hijos y para todos los extranjeros, es decir, para todos aquellos a quienes el Señor nuestro Dios quiera llamar". Considero que esto me incluye a mí y a todo verdadero hijo de Dios. ¿Cómo llegué a esta posición? Principalmente por la lectura de Hechos, pero en parte por considerar uno o dos pasajes más. Volví a Lucas capítulo 11:

"Si ustedes, aun siendo malos, saben dar cosas buenas a sus hijos, ¡cuánto más el Padre celestial dará el Espíritu Santo a quienes se lo pidan!".

Lucas 11:13

Fue para mí un descubrimiento nuevo que el don del Espíritu Santo no es automático, sino que deber ser solicitado. Ahora, si esto es así, entonces es muy claro que no es la conversión, por dos razones. Primero, es bastante obvio que un incrédulo no puede pedir el Espíritu Santo. De todos modos, no podría recibirlo, y es improbable que se molestaría en pedir o que estuviera siquiera. Y, si el creyente ya ha recibido el don automáticamente en la conversión, no necesita pedirlo. Entonces, ¿para quién es este versículo, si en mi conversión, de manera automática, recibí este don del cual habla Jesús, de modo que no necesito pedirlo? Según esa interpretación, este versículo no tendría sentido.

Llegué a la conclusión de que Jesús estaba dando lecciones en la oración a sus creyentes, sus discípulos. Acababa de darles el Padrenuestro, que creo que es para que los cristianos usen. Ahora les ha dicho que pidan el don del Espíritu Santo. Así que debe haber, pensé, algún don que yo debería estar pidiendo, que aún no tengo como creyente. Alguna bendición, algún derramamiento que el Padre celestial anhela darme, pero que no me da porque no estoy pidiendo, no estoy queriendo. Ése fue el primer paso en una búsqueda que tuvo un largo recorrido.

Cuando volví a Juan 7:39, me llevó un paso más adelante. Descubrí que hay una diferencia entre *creer* en el Señor Jesús y *recibir* el Espíritu Santo, y que puede haber un intervalo considerable entre ambos sucesos. Porque Jesús ha estado diciendo: "¡Si alguno tiene sed, que venga a mí y beba! De aquel que cree en mí, como dice la Escritura, brotarán ríos de agua viva. Con esto se refería al Espíritu que habrían de recibir más tarde los que creyeran en él" o, en una traducción muy literal del griego: "que habrían de recibir lo que habían creído en él". En otras palabras, creyeron sin recibir este don. Ya habían creído en Jesús. Aún no conocían este río de agua viva que fluiría de su interior. Muchos cristianos se encuentran hoy en la misma posición.

Luego fui a Hechos 2. La pregunta que ahora me preocupaba era: ¿*cuándo* se convirtieron estas 120 personas? Descubrí que todos los cristianos que conocía y todo comentarista que pude leer estaban de acuerdo en que las 120 personas que fueron bautizadas en el Espíritu Santo en el día de Pentecostés se habían convertido, todas, antes del suceso. Había diferentes opiniones acerca de cuándo se convirtieron. Algunos dijeron que fue antes de morir Jesús; algunos, después de su muerte. Pero todos están muy seguros de que en el día de Pentecostés las 120 personas eran creyentes convertidos que oraban pidiendo el don y la promesa del poder del Espíritu Santo. De modo que, para mí, había aquí una prueba absoluta de que estas dos cosas son diferentes y distintas entre sí. Había algo más esperándome en la providencia de Dios que no había disfrutado en mi conversión, algo más que podría pedir, algo más por lo que yo, un creyente como los 120, podría orar y que podría buscar hasta hallarlo.

Luego comencé a recorrer a toda velocidad el resto del libro de Hechos, porque leí que, en el día de Pentecostés, Pedro dijo a sus oyentes que podrían tener lo que los discípulos acababan de recibir. La promesa que había sido cumplida en ellos, el don dado, era para los demás también. No hay ningún límite en el tiempo y el espacio en esto; es para todo al que el Señor nuestro Dios llama. Comencé a preguntar si había alguna prueba en la Biblia de que Pentecostés era más que un suceso que ocurrió una única vez, algo para celebrar anualmente.

Cuando volví al capítulo 8, recordé esos sucesos que mencionamos antes, en Samaria. Recordamos que había una persecución en Jerusalén. El lugar más seguro para que los cristianos huyeran era Samaria, porque los judíos no irían allí. Fueron guiados en su huida por un diácono lleno del Espíritu llamado Felipe. Esos cristianos no se ocultaron en las callejuelas, sino que salieron a las calles principales, y predicaron por donde iban (ver Hechos 8:4). El resultado fue que estalló un avivamiento. No fue planeado, pero hubo milagros; hombres y mujeres fueron sanados de sus enfermedades. Las personas creyeron en el Señor Jesús. Había mucha alegría en esa ciudad, y Felipe los bautizó en el nombre del Señor Jesús. Ahora, hay muchas personas que habrían estado muy contentas con todo eso, y podrían decir sobre estos sucesos: "Es maravilloso. Multitudes creyendo en Jesús, arrepintiéndose de sus pecados y siendo bautizados en agua". Pero Dios no estaba contento con eso, y aun cuando la ciudad estaba llena de creyentes cristianos alegres y bautizados, dijo: "pero". (Su "pero" está en los versículos 14 a 16.)

"Cuando los apóstoles que estaban en Jerusalén se enteraron de que los samaritanos habían aceptado la palabra de Dios, les enviaron a Pedro y a Juan. Éstos, al llegar, oraron por ellos para que recibieran el Espíritu Santo, porque el Espíritu aún no había descendido sobre ninguno de ellos; solamente habían sido bautizados en el nombre del Señor Jesús".

¿Cómo supieron que no habían recibido aún el Espíritu Santo? Aquí hay un pensamiento adicional que me llamó la atención. Tiene que haber sido que, hasta entonces, todos los demás cristianos habían tenido su propio Pentecostés porque, de no ser así, no hubieran notado que había algo que faltaba en esos samaritanos. Si nada espectacular había pasado desde el día de Pentecostés hasta este momento, habrían aceptado su fe como suficiente. Pero aquí, por primera vez, había un grupo de cristianos que creían en Jesús, que se habían arrepentido de sus pecados, que estaban llenos de alegría, que habían sido bautizados en agua en el nombre de Jesús, pero a los que nada les había ocurrido. No había habido ninguna manifestación de poder sobrenatural llenando sus vidas. De nuevo, está claro, a partir de este pasaje, que uno puede arrepentirse, creer, ser bautizado en agua y estar lleno de alegría sin haber recibido este don. Está bastante claro que algo falta, si uno está en esta condición. Pedro y Juan, esos hombres sabios de Dios, bajaron de Jerusalén a orar, para ayudar a esos creyentes en su búsqueda. Querían compartir todo lo que tenían. La oración dice: "Y, a medida que imponían sus manos [literalmente] sobre cada uno, el Espíritu caía sobre esa persona". Al orar por el siguiente, el Espíritu cayó sobre el siguiente, y siguió a lo largo de toda la fila de esos creyentes de esa forma. Ahora bien, no sé qué fue lo que ocurrió cuando el Espíritu cayó sobre ellos. Algo ocurrió tan claramente que un hombre parado cerca, uno que estaba involucrado en la magia negra y ahora había profesado tener fe en Cristo y había sido bautizado (un hombre llamado Simón), se asombró cuando vio lo que ocurrió a cada persona. Fue a Pedro y le ofreció dinero para poder tener el poder, para poder dárselo a otros. Las personas pensarían que Simón era un milagrero aún mayor que antes. Pedro dijo: "Te puedes ir al infierno con tu dinero. ¿Piensas que puedes comprar cosas de Dios? Es un regalo. No es algo que puedes comprar o pagar. Es un regalo para ser recibido. A menos que te arrepientas, tu dinero perecerá contigo". (La palabra "perecer" es la misma que la palabra que usa para "infierno" en otras partes.)

Lo que quiero decir es lo siguiente. Estos samaritanos no eran solo creyentes alegres, felices y bautizados en el Señor sin un don, sino que, cuando lo recibieron, fue tan obvio que aun alguien parado cerca sabía que lo habían recibido. Debemos reconocer que Simón vio algo más concreto allí que lo que vería en muchos de nosotros.

Alguien una vez me dijo: "Necesito estar lleno del Espíritu para librarme del pecado en mi vida. No sirve decirme que, si lo hago, entonces puedo tener el Espíritu. Quiero empezar por él para poder ser así". Eso me parece más bíblico. Pentecostés ocurrió en Hechos 2, no en Hechos 28. No ocurrió al final de su peregrinaje, sino al principio, para ponerlos en marcha.

En Hechos 10 tenemos otro relato asombroso acerca de dos hombres que, de no haber sido por Jesús, jamás se hubieran encontrado. Los judíos y los gentiles por lo general no tenían demasiado trato. Pedro tuvo un sueño en el que el Señor le dejó en claro que él, que había despreciado las cosas, los animales y las personas inmundas, ahora debía sacar todo eso de su mente porque, como vimos antes, debía ir al gentil Cornelio, y hablarle de Jesús. Al mismo tiempo, el gentil estaba teniendo un sueño donde Dios le decía que Pedro venía a verlo. Así que Pedro fue a ver a este gentil. Compartieron una comida, la primera vez que el judío Pedro había comido con un gentil jamás. Comenzaron a hablar, y Pedro predicó a este hombre y a su hogar. Los esclavos del centurión entraron y llenaron la sala, y Pedro les habló de Jesús. Estos gentiles ya se habían arrepentido de su pecado, tomaban su religión en serio y temían a Dios. Ahora creían en Jesús. Mientras Pedro estaba predicando, Pentecostés volvió a ocurrir. El Espíritu Santo cayó sobre el grupo. Pedro no había bautizado a un gentil en el nombre de Jesús hasta ese momento, pero ahora, ¿cómo podría rehusarse? Si Dios los bautiza en el Espíritu Santo, ¿cómo podría Pedro rehusarse a bautizarlos en agua? Fue lo que hizo.

De nuevo, vemos que estas cosas son necesarias para la plena experiencia cristiana: arrepentimiento del pecado, creer en Jesús, bautismo en agua y recibir el Espíritu Santo. Cuatro cosas concretas que Dios quiere que tenga toda persona. Algo que notamos aquí es que el orden fue un poco diferente de otras partes. Normalmente era: arrepentirse, creer, ser bautizado y ser lleno del Espíritu Santo. Aquí, los dos últimos se invierten. ¿Por qué? Simplemente porque nunca habrían recibido el bautismo en agua de Pedro a menos que Dios hubiera mostrado al apóstol que debía reconocer lo que había ocurrido. Dios, en su misericordia, invirtió la secuencia, convenciendo a Pedro de que estas personas eran ciertamente suyas, y que podría seguir adelante y bautizarlas. Es el único caso registrado en el Nuevo Testamento en que esos dos últimos sucesos se invierten. En todas las demás ocasiones el orden es: uno, arrepentirse; dos, creer; tres: ser bautizado en agua; y, cuatro: ser lleno del Espíritu Santo y recibir la promesa. De nuevo, vemos que todos sabían que el Espíritu Santo había sido derramado sobre estas personas. ¿Cómo? Porque hicieron exactamente lo mismo que en el día de Pentecostés: abrieron su boca y alabaron a Dios en otros idiomas.

Pedro, cuando volvió a Jerusalén, se metió en serios problemas con los cristianos judíos, porque se habían enterado de que había estado bautizando gentiles. La respuesta de Pedro fue que ellos también habían sido bautizados en el Espíritu Santo. ¿Cómo podía rehusarse? Alabaron a Dios porque Dios había dado vida a los gentiles. Note que la *vida* estaba vinculada con el don del Espíritu Santo. Una cosa es tener la promesa de vida eterna, y otra tener vida abundante, y es la vida abundante lo que habían recibido ahora.

El pasaje más claro de todos, y el que me ayudó a ver de manera más clara lo que Dios había dicho sobre el tema, está en Hechos capítulo 19.

Mientras Apolos estaba en Corinto, Pablo recorrió las regiones del interior y llegó a Éfeso. Allí encontró a algunos discípulos.

—¿Recibieron ustedes el Espíritu Santo cuando creyeron? —les preguntó.

—No, ni siquiera hemos oído hablar del Espíritu Santo —respondieron.

—Entonces, ¿qué bautismo recibieron?

—El bautismo de Juan.

Pablo les explicó:

—El bautismo de Juan no era más que un bautismo de arrepentimiento. Él le decía al pueblo que creyera en el que venía después de él, es decir, en Jesús.

Al oír esto, fueron bautizados en el nombre del Señor Jesús. Cuando Pablo les impuso las manos, el Espíritu Santo vino sobre ellos, y empezaron a hablar en lenguas y a profetizar. Eran en total unos doce hombres.

Hechos 19:1–7

Pablo había encontrado algunos discípulos que sabían que Jesús es el Cristo y habían tenido las escrituras en sus manos. Habían sido enseñados por un hombre llamado Apolos, que era versado en las escrituras y también creía que Jesús era el Mesías judío, pero hasta ahí llegaba. Pablo sabía lo que faltaba. Tomó a los doce hombres y les hizo esta pregunta: "Cuando creyeron en Jesús, ¿recibieron el Espíritu Santo?". No estaba haciendo una pregunta teológica, sino una simple pregunta acerca de su experiencia. Ellos no sabían qué decir. Habían oído de Jesús, pero nunca habían oído del Espíritu Santo. Nadie les había enseñado. He aquí la razón básica por la que tantos cristianos están funcionando con tres cilindros en vez de cuatro: porque nunca se les ha enseñado acerca del Espíritu Santo. Nunca han leído acerca de él, nunca han estudiado. Han supuesto que, si creían en Jesús, era todo lo necesario.

Es vital hablar a una persona que comienza la vida cristiana acerca del Espíritu Santo, y que el bautismo en agua no es toda la historia. Esos creyentes habían tenido el bautismo de Juan. Se habían arrepentido de sus pecados —porque el bautismo de Juan era un bautismo de arrepentimiento— y decían que Jesús es el Cristo, pero ¿habían creído en él? Era obvio que no habían sido bautizados correctamente. No es de extrañar que no recibieron el Espíritu Santo. De las cuatro cosas que claramente forman parte de los inicios cristianos, solo habían recibido una. Pablo les enseñó acerca de Jesús y ahora creyeron en Jesús correctamente. Se habían arrepentido y creído, así que los hizo bautizar en el nombre de Jesús en agua. Ahora tenían tres cosas, pero había una cosa más que aún no tenían. De nuevo, tenemos un cuadro en el Nuevo Testamento de cristianos que se han arrepentido, han creído y han sido bautizados, pero todavía carecen de algo. Es sumamente claro. Todo lector cristiano del Nuevo Testamento ha estado de acuerdo en que, cuando llegamos al versículo 5, eran personas convertidas. Pablo no las habría bautizado a menos que creyeran en Jesús y se hubieran convertido. Así que oró por ellas, les impuso las manos y recibieron también. De nuevo, hubo manifestaciones sobrenaturales. Hablaron en lenguas y profetizaron. Hablar en lenguas es alabar a Dios en un idioma que uno no ha aprendido, y profetizar es dar un mensaje de Dios en su propio idioma. Son dos cosas que uno no puede hacer por naturaleza. Todos sabían que estos doce hombres ahora estaban llenos del Espíritu Santo y habían sido ungidos, sellados y confirmados.

Es muy extraño que la imposición de manos y la oración por el Espíritu Santo se haya vuelto algo cristalizado y luego fosilizado en un rito llamado "confirmación". Muchas personas pasan por el rito y su forma exterior, pero nunca reciben la realidad interior; nunca han tenido una manifestación sobrenatural y nunca han demostrado el poder. La parte exterior de algo es peor que inútil si no está balanceado por el interior. Sin embargo, oí acerca de un obispo que confirmó a alguien y pronunció las palabras de rigor, orando para que el Espíritu Santo viniera sobre la persona que estaba siendo confirmada, ¡y lo hizo! Fue derramado sobre este candidato para la confirmación. El obispo casi se sale de la mitra, ya que nunca había visto algo semejante, pero esta vez había funcionado. Creo que necesitamos más de la "confirmación" que da Dios.

La conversión es algo humano. La persona se convierte. Dios no la convierte, según lo que dice la Biblia. Jesús dijo:

"A menos que se conviertan, nunca entrarán en el reino de los cielos". También dice que uno puede convertir a un hermano y cubrir una multitud de pecados. La conversión es el lado humano, y consiste en arrepentirse, creer y ser bautizado. El acto de Dios es cuando derrama el Espíritu Santo y dice: "Éste es un hijo mío. Aquí está mi sello sobre este hombre, esta mujer. Derramo mi Espíritu sobre este hijo como una garantía de que es mío. Lo lleno con mi Espíritu y le doy mi poder. Cumplo mi promesa". Eso es la confirmación divina, y ésta parece ser la lección del libro de Hechos, y lo que dice acerca del Espíritu Santo. Aun cuando usted se haya arrepentido, aun cuando haya creído en Jesús, aun cuando haya sido bautizado en agua, pida a Dios que lo confirme derramando su Espíritu Santo sobre usted.

Éste fue el punto al que llegué en mis propios estudios bíblicos, y entonces descubrí dos cosas. Ante todo, encontré un prejuicio (y lo llamo deliberadamente así) generalizado contra un don de Dios. La gente comenzaba a decir: "Tú, en el movimiento de lenguas..." ¡Qué frase espantosa! Comenzaron a decir: "Oh, no me digas que te gustan esa clase de cosas". ¿Por qué la gente desprecia un don de Dios? Encuentro que en la mayoría de los casos en el libro de Hechos era precisamente ésta la forma en que Dios escogía confirmar a un hombre o a una mujer. Encuentro que éste fue precisamente el don que usó vez tras vez para mostrar que él estaba al control de una persona de manera sobrenatural, de modo que pudiera hablar en idiomas y pronunciar alabanzas en lenguas que no había oído o aprendido. Eso lo prueba, pero encontré este prejuicio, con personas que hacían advertencias y decían toda clase de cosas extrañas. Dije: "Dios, no me importa. Quiero lo que tienes para mí. Quiero ser confirmado, quiero ser llenado, quiero ser bautizado, pase lo que pase. Solo te quiero a ti y voy a pedir hasta recibir, y voy a buscar hasta encontrar".

Había solo una pregunta más que era un bloqueo en mi mente y tenía que responder primero. Era ésta: si todo esto ocurrió allá atrás, en los días apostólicos, en los primeros días, ¿tienen razón las personas que dicen que estas cosas no ocurren hoy, sino que eran solo para ese período, y ahora han desparecido? Llegué a la conclusión de que la única persona que aceptaría que dijera esto y de quien creería que es verdad sería Dios mismo. Así que dije: "Dios, voy a recorrer el Nuevo Testamento para ver si alguna vez dijiste algo en alguna parte en el sentido de que éstas eran cosas del pasado y pasarían". Encontré un pasaje en el que Dios dijo que estas cosas pasarían, donde dijo que las lenguas pasarían, donde dijo que la profecía pasaría. Estaba en 1 Corintios 13. Ansiosamente, busqué el pasaje y dije: "¿Cuándo, Dios, cuándo pasarán todas estas cosas?". Leí: cuando lo perfecto haya llegado, cuando conozca a Dios tan bien como él me conoce a mí, cuando ya no vea a través de un vidrio oscuramente. Pensé: Señor, eso no ha llegado aún. Así que esas cosas no han pasado. Todo lo que dice el Nuevo Testamento con relación al Espíritu Santo es para nosotros hoy. Estos son los últimos días, en los que vivimos. Encontré que, a lo largo del Nuevo Testamento, no había una sola palabra de Dios que sugiriera de alguna forma que estas cosas no eran para hoy.

Una de las cosas que la llegada del Espíritu Santo hizo posible de una forma gloriosa fue el don de profecía para cualquier creyente. En la primera mitad del libro de Hechos es el don de lenguas el que parece ser identificado más que cualquier otro, tal vez vinculándolo con el don de la osadía. Pero cuando llegamos a Hechos 11, el don de profecía comienza a ser ejercido, y esto sigue a lo largo del resto del libro. Hay nueve referencias a este don en el libro de Hechos, que quiero que recorramos y comentemos brevemente. Ya hemos señalado la profecía sobre la hambruna de Ágabo en

Hechos 11:27. Él no era un predicador, no era un maestro: su tarea no era levantarse y dar sermones. Ágabo era un hombre lleno del Espíritu Santo, y podía profetizar. Notamos que Pablo y Bernabé eran los tesoreros del fondo de socorro y fueron enviados con el dinero a Jerusalén. Estas dos figuras vuelven a aparecer en Hechos 13.

En la iglesia de Antioquía eran profetas y maestros Bernabé; Simeón, apodado el Negro; Lucio de Cirene; Manaén, que se había criado con Herodes el tetrarca; y Saulo. Mientras ayunaban y participaban en el culto al Señor, el Espíritu Santo dijo: "Apártenme ahora a Bernabé y a Saulo para el trabajo al que los he llamado".

Así que después de ayunar, orar e imponerles las manos, los despidieron.

Bernabé y Saulo, enviados por el Espíritu Santo, bajaron a Seleucia, y de allí navegaron a Chipre.

Hechos 13:1–4

Bernabé y Saulo habían sido llamados por Dios al campo misionero. Ellos lo sabían y los demás lo sabían, pero aún no habían partido. ¿Por qué? Porque estaban esperando que el Espíritu Santo les dijera cuándo ir y adónde ir. Una vez que usted ha oído un llamado para ser un misionero, el cuándo y el dónde pasan a ser las principales preguntas. Ellos no tenían la respuesta. Ahora note que fue mientras un grupo de cinco profetas y maestros estaban adorando que el Espíritu Santo habló, a través de una profecía. Solía pensar, en mi ingenuidad, antes que entendiera lo que era la profecía, que habrían tenido una especie de impulso, hicieron una votación, o alguien tuvo una especie de pensamiento al respecto, y que ésta era la forma en que el Espíritu Santo acostumbraba a hablar. Ahora sé bastante más.

Estos eran profetas, y se nos dice que eran profetas, así

que, cuando adoraban, esperaban que el Espíritu Santo tomara la boca de alguien y pusiera palabras en esa boca. El Espíritu Santo dijo: "Sepárenme a estos dos; yo los he llamado, ahora envíenlos ustedes". Debían ser separados de sus hogares, de su iglesia local, de su trabajo diario, de todo lo que los ocupaba ahora, para hacer este trabajo. "¡Envíenlos!". No enviados por la SMIP (Sociedad Misionera de la Iglesia Primitiva), si existiera tal cosa, ¡pero que no creo que haya existido jamás! Ni tampoco enviados por la iglesia de Antioquía, con su bendición, sino enviados por el Espíritu Santo. No tenían duda alguna acerca de quién los había enviado; había habido una palabra de profecía.

La tercera referencia está en el mismo capítulo. Cuando llegaron a Chipre, tuvieron una entrevista con el gobernador. Realmente estaban logrando algo con él. Estaba interesado, y si el gobernador se convertía en cristiano, sería maravilloso. Luego todo se echó a perder porque un hombre que se había involucrado en la magia, un hechicero de la corte, un mago, apareció, y estaba furioso. Vio que su trabajo peligraba y comenzó a tratar de persuadir al gobernador para que no escuchara.

Pero Elimas el hechicero (que es lo que significa su nombre) se les oponía y procuraba apartar de la fe al gobernador. Entonces Saulo, o sea Pablo, lleno del Espíritu Santo, clavó los ojos en Elimas y le dijo: "¡Hijo del diablo y enemigo de toda justicia, lleno de todo tipo de engaño y de fraude! ¿Nunca dejarás de torcer los caminos rectos del Señor? Ahora la mano del Señor está contra ti; vas a quedarte ciego y por algún tiempo no podrás ver la luz del sol".

13:8–11

Aquí hay una predicción, y bastante horrible. Pablo estaba

lleno del Espíritu Santo y sabía, desde su propia experiencia, que Dios podía cegar a una persona. Sabía que éste era un castigo adecuado para los que se enfrentan deliberadamente a Dios. Si alguna vez existió una descripción de la cosa más terrible que podríamos hacer, se encuentra acá: torcer los caminos rectos del Señor. Aquí hay un camino recto desde Dios al corazón de una persona. Dios está queriendo bajar directamente por ese camino a esa vida. Usted toma el camino y lo tuerce, lo dobla, pone montes escarpados para que Dios tenga dificultad para llegar a esa persona; esto es algo terrible. Dios tenía un camino recto al corazón de un hombre y este mago lo estaba haciendo torcido. Tristemente, he conocido a muchas personas que han hecho eso. Alguien se estaba interesando en el evangelio, se estaba acercando, y otra persona de la familia hace torcido el camino recto de Dios y la disuade de avanzar un centímetro más, hace que cada vez sea más difícil que la persona considere aceptar a Cristo. Lo que quiero decir es que Pablo, lleno del Espíritu Santo, predijo el futuro del hombre. A veces una profecía tiene que hablar de castigo. Era lo que hacían muchas profecías del Antiguo Testamento.

La siguiente referencia es en 15:32. ¿Se da cuenta de cuántas referencias hay a la profecía en Hechos? Hay más acerca de la profecía que del bautismo en agua, pero prestamos más atención al bautismo. Hagamos lo mismo con la profecía.

> Judas y Silas, que también eran profetas, hablaron extensamente para animarlos y fortalecerlos.

Estos dos hombres solo aparecen en las páginas de las escrituras una vez. No sabemos nada más acerca de ellos. Pero sabemos que un profeta puede fortalecer a sus hermanos. Puede hacer fuerte a una iglesia. Puede confortar a una iglesia en el sentido más profundo, y el don de profecía es dado para fortalecer al Cuerpo de Cristo.

Ahora, vayamos a 16:6, cuando el plan de Pablo salió mal.

Atravesaron la región de Frigia y Galacia, ya que el Espíritu Santo les había impedido que predicaran la palabra en la provincia de Asia. Cuando llegaron cerca de Misia, intentaron pasar a Bitinia, pero el Espíritu de Jesús no se lo permitió. Entonces, pasando de largo por Misia, bajaron a Troas.

16:6–8

¿Cómo los detuvo el Espíritu Santo? La palabra "no se lo permitió" significa "no vayan". No significa poner un impulso en su corazón, una especie de sensación de que no debían ir. La expresión que se traduce "no se lo permitió" está diciendo: "No lo hagan". Está bastante claro nuevamente que Pablo, de quien se nos dice que tenía el don de profecía además del don de lenguas, había estado esperando en el Señor y el Espíritu Santo habló, dando una orientación muy clara. ¿Por qué dijo "no" el Espíritu Santo? La respuesta es que, al cerrar esta puerta, los estaba impulsando hacia adelante. Cada vez que Dios cierra una puerta en su rostro, no mire la puerta cerrada porque podrá perder la que está abriendo.

A veces la guía del Espíritu Santo viene de una forma muy negativa. Puerta tras puerta se cerrará así. Dios está diciendo que no consideremos ninguno de estos desvíos laterales; hay una puerta adelante que quiere que usted use. La puerta frente a ellos, en esta etapa, era la puerta a Europa, y el evangelio llegó a Europa como resultado de esta profecía negativa.

Pasemos a los capítulos 20 y 21. Pablo está acercándose al final de sus viajes misioneros, y hay tres pasajes para comentar.

"Y ahora tengan en cuenta que voy a Jerusalén obligado por el Espíritu, sin saber lo que allí me espera. Lo único que sé es que en todas las ciudades el Espíritu Santo me asegura que me esperan prisiones y sufrimientos".

20:22-23

Más tarde, han desembarcado en Tiro:

Allí encontramos a los discípulos y nos quedamos con ellos siete días. Ellos, por medio del Espíritu, exhortaron a Pablo a que no subiera a Jerusalén.

21:4

Cuando habían pasado a Cesarea:

Llevábamos allí varios días, cuando bajó de Judea un profeta llamado Ágabo. Éste vino a vernos y, tomando el cinturón de Pablo, se ató con él de pies y manos, y dijo:
—Así dice el Espíritu Santo: "De esta manera atarán los judíos de Jerusalén al dueño de este cinturón, y lo entregarán en manos de los gentiles".

21:10-11

En tres diferentes pasajes encontramos a hombres y mujeres comunes y corrientes que predijeron, antes que ocurriera, que si Pablo iba a Jerusalén sería atado, encarcelado y sufriría aflicción. Pablo igual fue. Dijo: "Voy a Jerusalén atado por el Espíritu. Debo ir". De esta forma el amoroso Padre celestial preparó a este hombre para todo lo que había por delante, de modo que, cuando ocurriera, no lo encontrara sin estar preparado. Así como nuestro Señor afirmó su rostro para ir decididamente a Jerusalén, sabiendo que sería muerto allí, también su seguidor y siervo Pablo afirmó su rostro para ir a Jerusalén, sabiendo perfectamente lo que ocurriría. Nunca habría sabido si el don de la profecía no hubiera sido dado. De vez en cuando Dios quiere preparar a sus siervos para algo que está por delante, para que no los encuentre sin estar preparados o incapaces de enfrentar la crisis cuando ocurre.

Al día siguiente salimos y llegamos a Cesarea, y nos hospedamos en casa de Felipe el evangelista, que era uno de los siete; éste tenía cuatro hijas solteras que profetizaban.

21:8–9

Felipe era uno de los siete, y Pablo se quedó con ellos. Tenía cuatro hijas solteras, que eran profetisas (o que profetizaban). Estas hijas tenían el don del que hemos estado hablando, que es tan útil para la iglesia de Jesucristo. Me veo tentado a preguntarme si se quedaron solteras porque profetizaban, porque podría ser una situación embarazosa para sus esposos estar casadas con una mujer que podía hacer revelaciones, y personales para colmo. Pero eso es mera especulación; no sé si fue la verdadera razón. Fiel a la promesa de Hechos 2, el don de profecía fue derramado sobre mujeres. No creo en predicadoras mujeres o maestras mujeres, porque creo que no es bíblico. La misma escritura que nos dice que no tengamos predicadoras mujeres es perfectamente clara en cuanto a que las mujeres profetizarán en la iglesia. Pablo lo permite y, por cierto, lo alienta (ver 1 Corintios 11). Encuentro que, en círculos cristianos, la gente va a extremos en este tema del liderazgo público de las mujeres. Hay quienes dicen que las mujeres deben guardar silencio por completo y no hacer nada, y quienes dicen que pueden hacer cualquier cosa. El equilibrio de las escrituras es muy claro: no predicar o enseñar, sino orar y profetizar. Cuando observamos esto, tenemos un ministerio y una comunidad maravillosamente equilibrados. Está completamente claro en el Nuevo Testamento. Si el Espíritu Santo da a una mujer profecía, no viene de la mente de ella, así que no está ejerciendo autoridad sobre nadie más (lo estaría haciendo si predicara o enseñara). Es, simplemente, un portavoz de Dios. Había profetisas en el Antiguo Testamento también.

La referencia final es en el último capítulo de Hechos. Pablo es ahora un prisionero, en cadenas en Roma. A esa prisión llega un grupo de judíos que han oído que hay un judío encarcelado, y quieren saber por qué. Han venido a visitar a su compañero judío. Pablo les habla acerca del reino de Dios y de Jesús, y no les gusta.

Unos se convencieron por lo que él decía, pero otros se negaron a creer. No pudieron ponerse de acuerdo entre sí, y comenzaron a irse cuando Pablo añadió esta última declaración: "Con razón el Espíritu Santo les habló a sus antepasados por medio del profeta Isaías diciendo:

'Ve a este pueblo y dile:
'Por mucho que oigan, no entenderán;
por mucho que vean, no percibirán'.
Porque el corazón de este pueblo se ha vuelto
insensible;
se les han embotado los oídos,
y se les han cerrado los ojos.
De lo contrario, verían con los ojos,
oirían con los oídos,
entenderían con el corazón
y se convertirían, y yo los sanaría.'
Por tanto, quiero que sepan que esta salvación de Dios
se ha enviado a los gentiles, y ellos sí escucharán".

28:24–28

Aquí Pablo cita una predicción hecha por Isaías siglos antes. Cuando la verdad llegara a los judíos dirían: "No estamos interesados. No queremos entender, no queremos oír, no queremos convertirnos y ser sanados". Luego agrega una predicción propia, en el Espíritu Santo: "Yo predigo que el evangelio que ustedes han rechazado será aceptado por los gentiles". Esa predicción se cumplió.

Hemos visto que el don de profecía se ocupa principalmente del futuro. Predice cosas de las que solo el Dios que anuncia el fin desde el principio tiene conocimiento, y revela esas cosas al pueblo de Dios en la medida que necesita conocer el futuro para estar preparado.

Ahora llegamos a la pregunta crucial. Podemos ver que este don recorre todo el Nuevo Testamento. Cuando estudiamos 1 Corintios 12 al 14, tiene que ver con el don de profecía. Cuando estudiamos las cartas a Timoteo, Pablo dice: "Timoteo, recuerda el don que recibiste mediante profecía, cuando los ancianos te impusieron las manos". Cuando llegamos al último libro de la Biblia, el gran libro que devela el futuro, el escritor describe a su propio libro como "esta profecía". Pero, ¿aún existe esta profecía? ¿Hay alguna razón por la que no debería existir? Sé que la profecía pasará. Las lenguas pasarán. El conocimiento pasará. ¿Cuándo pasarán estas cosas? Cuando ya no necesitemos más comunicación, cuando estemos en el cielo y veamos a Dios cara a cara, cuando conozcamos tal como hemos sido conocidos. No necesitaremos el conocimiento entonces, ya que lo tendremos todo. No necesitaremos profecía o lenguas entonces, porque estaremos con él en gloria.

Capítulo nueve

EL ESPÍRITU SANTO EN ROMANOS

En consecuencia, ya que hemos sido justificados mediante la fe, tenemos paz con Dios por medio de nuestro Señor Jesucristo. También por medio de él, y mediante la fe, tenemos acceso a esta gracia en la cual nos mantenemos firmes. Así que nos regocijamos en la esperanza de alcanzar la gloria de Dios. Y no sólo en esto, sino también en nuestros sufrimientos, porque sabemos que el sufrimiento produce perseverancia; la perseverancia, entereza de carácter; la entereza de carácter, esperanza. Y esta esperanza no nos defrauda, porque Dios ha derramado su amor en nuestro corazón por el Espíritu Santo que nos ha dado.

Romanos 5:1–5

Hay un problema que solo tienen los cristianos. Lo tuvo cada uno de los discípulos de Jesús, y lo tuvieron todos juntos en la misma ocasión. Jesús les pidió a todos que se aseguraran de que él tuviera un poco de privacidad en la última noche de su vida, pero ellos no fueron capaces de hacerlo. Los dejó en la puerta del jardín de Getsemaní y les pidió que vigilaran. Él estaría orando, y quería que ellos vigilaran para asegurarse que no fuera perturbado, pero cuando volvió luego de un breve intervalo los encontró a todos dormidos. Jesús dijo una cosa que pone el dedo en el problema que tiene todo cristiano, que puede resumirse en las palabras que les dijo a ellos: "El espíritu está dispuesto, pero el cuerpo es débil".

Esta tensión, esta guerra civil, esta miserable frustración, es la tensión entre lo que deberíamos ser y lo que somos en realidad. Un cristiano ha aceptado normas más elevadas que nadie más en el mundo. Un cristiano ha aceptado el ideal de Dios y sus leyes como la guía para su vida. Está muy determinado a vivir de esa forma y, tarde o temprano, descubre que no vive así, que las normas de Dios están muy por encima de él.

Es un punto crítico en la vida cristiana cuando experimenta esto. Tristemente, muchos cristianos acomodan las tensiones aceptando mucho menos que lo mejor de Dios. Los cristianos de edad mediana, en particular, a menudo eluden este problema reduciendo sus estándares y diciendo: "Bueno, nadie es perfecto. Si tan solo hago lo mejor que puedo, seguramente será suficiente para Dios". Pero el verdadero cristiano sabe perfectamente bien que lo mejor mío no es lo mejor de Dios, y que existe una enorme brecha entre ambas cosas. Los capítulos 5, 7 y 8 de Romanos tratan este problema.

El espíritu quiere hacer ciertas cosas, pero no puede obligar al cuerpo a hacerlas. En palabras de Pablo, con mi mente sirvo la ley de Dios, pero mis miembros parecen servir otra ley por completo. Quiero ser lo mejor de Dios, pero no puedo serlo. Quiero amar a Dios con todo mi corazón, alma, mente y fuerza, pero me encuentro amando toda clase de otras cosas. Quiero vivir una vida recta, derecha, honesta, pero simplemente no puedo lograrlo. Este grito desesperado de Romanos 7, "¡Soy un pobre miserable!", es el clamor de todo verdadero cristiano, tarde o temprano. Si nunca ha conocido esta agonía, entonces pregúntese: "¿Soy realmente un cristiano? ¿Realmente he aceptado las normas de Dios o estoy simplemente intentando hacer mi mejor esfuerzo en vez de su mejor esfuerzo?".

Romanos 5:1-5 trata con este problema en el aspecto del amor. El verdadero problema es éste: por un lado, mi cabeza dice que un cristiano debe amar a todos, pero por otro lado mi corazón no lo hace. Ésta es la tensión. Con mi cabeza acepto que debería amar a mi prójimo como a mí mismo. Me parece que es imposible amar a todos en el mundo. Mi corazón dice que es imposible, y hasta iré más lejos y diré que mi corazón por sí mismo ni siquiera puede amar a todos dentro de mi propia iglesia, y mucho menos mi propia comunidad o mi propio país. El mundo que Dios ha hecho está completamente más allá de mi corazón. Mi cabeza dice: "Debo amar a todos", pero mi corazón dice: "No me gusta él y no me gusta ella..." ¿No es esto parte de la tensión de la vida cristiana?

Un hombre preguntó a Jesús: "¿Quién es mi prójimo?". Tal vez estaba esperando que Jesús dijera: "Bueno, el hombre que vive al lado de tu casa y la casa siguiente, y el que vive enfrente". Pero no lo dijo. En cambio, Jesús dio el ejemplo de alguien a quien el hombre ni siquiera hubiera dirigido la palabra: un samaritano. Su vecino podría ser un judío, si usted es un samaritano. La inferencia es que su vecino es cualquier persona en el mundo que necesita su amor *agape*. Con toda franqueza, mi corazón simplemente no lo puede hacer.

Podemos darnos cuenta de la diferencia entre una iglesia en la que los miembros viven en Romanos 7 y una iglesia en la que los miembros viven en Romanos 5 y 8 por lo siguiente. En una iglesia donde vive el corazón humano con su propio amor, la iglesia se dividirá en grupos, camarillas, pequeñas facciones de personas que se gustan entre sí. Las que tienen suficientes cosas en común, las que viven en el mismo tipo de casa, las que han tenido el mismo tipo de educación, las que les gusta el mismo tipo de música, las que tienen el mismo interés cultural. Estos grupos se reunirán a menudo en sus casas, pero solo con los de la misma clase. Por naturaleza, nuestros corazones pueden hacer esto. Somos capaces de amar a las personas que nos gustan, y a nadie más. Tenemos un límite de personas que nos gustan.

¿Cuál es la respuesta a esta terrible tensión? "Sé que debería amar a esa persona, pero no me gusta. Mi corazón se cierra cuando me encuentro con ella. Es tan irritante. Tan difícil. No puedo amarla". ¿Debemos continuar en este diminuto círculo de las personas que nos gustan toda la vida? La respuesta está en el Espíritu Santo. En este hermoso y pequeño pasaje tenemos un vistazo de la respuesta a esta tensión. Se nos muestra la fe, la esperanza y el amor; Hijo, Padre y Espíritu. Y se nos muestra el presente, el futuro y el pasado.

Nuestro pasado es tratado a través de la fe en el Hijo, Jesucristo. Nuestro futuro es tratado a través de nuestra esperanza en Dios. Pero nuestro presente es tratado a través del amor, en el Espíritu.

Pablo muestra aquí que los que realmente saben lo que significa el Espíritu Santo descubrirán que él hará algo en este asunto de amar y gustar, que él derramará el amor de Dios en su corazón a través del Espíritu Santo que le fue dado. La palabra misma "derramar" significa una superabundancia, un balde lleno de amor. No solo racionar un poquito de amor para alguien, sino que él derramará el amor de Dios en su corazón. Ésta es la respuesta. Ningún ser humano tiene suficiente amor para más que unas pocas personas, y unas pocas personas específicas de un tipo específico.

Cuando somos jóvenes, miramos a nuestro alrededor en busca de alguien que podríamos amar, alguien con quien podríamos vivir el resto de su vida. El círculo es bastante limitado. No creo que esté limitado a una única persona, pero está limitado a nuestra capacidad como seres humanos para amar a otra persona, y a la capacidad de esa persona de amarnos a nosotros. Tal vez usted se enamore profundamente de alguien que no puede corresponder ese amor. El amor no correspondido es un gran problema. O la otra persona podrá enamorarse de usted y usted simplemente no ve nada en ella. Eso es el amor humano.

Muchos dicen: "Sin duda Dios nos aceptará si hacemos nuestro mejor esfuerzo". Inmediatamente han reducido los estándares de Dios a los propios. La verdadera respuesta es ésta: "Mi amor no es lo suficientemente grande pero, Señor, *tu* amor es suficientemente grande. ¿Podrías darme algo de *tu* amor?". El amor de Dios es tan grande que no solo le da un pequeño vaso lleno para usted y un dedal lleno para otra persona. *El amor de Dios es derramado en nuestros corazones a través del Espíritu Santo que nos ha sido dado.* En otras palabras, aun como cristiano encontrará que su corazón tiene un amor demasiado limitado como para amar a todos en su iglesia. Es ahí donde necesita amar a las personas primero. La caridad comienza en casa para el cristiano. Las primeras personas que debe amar son los hermanos.

Romanos 7:6 dice:

Pero ahora, al morir a lo que nos tenía subyugados, hemos quedado libres de la ley, a fin de servir a Dios con el nuevo poder que nos da el Espíritu, y no por medio del antiguo mandamiento escrito.

Luego, *7:14-8:13:*
Sabemos, en efecto, que la ley es espiritual. Pero yo soy meramente humano, y estoy vendido como esclavo al pecado. No entiendo lo que me pasa, pues no hago lo que quiero, sino lo que aborrezco. Ahora bien, si hago lo que no quiero, estoy de acuerdo en que la ley es buena; pero,

en ese caso, ya no soy yo quien lo lleva a cabo sino el pecado que habita en mí. Yo sé que en mí, es decir, en mi naturaleza pecaminosa, nada bueno habita. Aunque deseo hacer lo bueno, no soy capaz de hacerlo. De hecho, no hago el bien que quiero, sino el mal que no quiero. Y si hago lo que no quiero, ya no soy yo quien lo hace sino el pecado que habita en mí.

Así que descubro esta ley: que cuando quiero hacer el bien, me acompaña el mal. Porque en lo íntimo de mi ser me deleito en la ley de Dios; pero me doy cuenta de que en los miembros de mi cuerpo hay otra ley, que es la ley del pecado. Esta ley lucha contra la ley de mi mente, y me tiene cautivo. ¡Soy un pobre miserable! ¿Quién me librará de este cuerpo mortal? ¡Gracias a Dios por medio de Jesucristo nuestro Señor!

En conclusión, con la mente yo mismo me someto a la ley de Dios, pero mi naturaleza pecaminosa está sujeta a la ley del pecado.

Por lo tanto, ya no hay ninguna condenación para los que están unidos a Cristo Jesús, pues por medio de él la ley del Espíritu de vida me ha liberado de la ley del pecado y de la muerte. En efecto, la ley no pudo liberarnos porque la naturaleza pecaminosa anuló su poder; por eso Dios envió a su propio Hijo en condición semejante a nuestra condición de pecadores, para que se ofreciera en sacrificio por el pecado. Así condenó Dios al pecado en la naturaleza humana, a fin de que las justas demandas de la ley se cumplieran en nosotros, que no vivimos según la naturaleza pecaminosa sino según el Espíritu.

Los que viven conforme a la naturaleza pecaminosa fijan la mente en los deseos de tal naturaleza; en cambio, los que viven conforme al Espíritu fijan la mente en los deseos del Espíritu. La mentalidad pecaminosa es muerte, mientras que la mentalidad que proviene del Espíritu es vida y paz. La mentalidad pecaminosa es enemiga de Dios, pues no se somete a la ley de Dios, ni es capaz de hacerlo. Los que viven según la naturaleza pecaminosa no pueden agradar a Dios.

Sin embargo, ustedes no viven según la naturaleza pecaminosa sino según el Espíritu, si es que el Espíritu de Dios vive en ustedes. Y si alguno no tiene el Espíritu de Cristo, no es de Cristo. Pero si Cristo está en ustedes, el cuerpo está muerto a causa del pecado, pero el Espíritu que está en ustedes es vida a causa de la justicia. Y si el Espíritu de aquel que levantó a Jesús de entre los muertos vive en ustedes, el mismo que levantó a Cristo de entre los muertos también dará vida a sus cuerpos mortales por medio de su Espíritu, que vive en ustedes.

Por tanto, hermanos, tenemos una obligación, pero no es la de vivir conforme a la naturaleza pecaminosa. Porque si ustedes viven conforme a ella, morirán; pero si por medio del Espíritu dan muerte a los malos hábitos del cuerpo, vivirán.

En una visita a la playa de Omaha, una de esas playas de Normandía donde las tropas aliadas desembarcaron en la Segunda Guerra Mundial, vi un lugar muy bien defendido donde murieron muchos jóvenes conscriptos. En un momento habían muerto tantos hombres y habían logrado avanzar tan poco por la playa que el comandante podría haber detenido el ataque. Pero entonces se abrió un camino, las tropas llegaron a la cima y pudieron avanzar. Tomando ese ejemplo, podemos pensar en Romanos 7 como la playa y Romanos 8 como el acantilado arriba de la playa. Hay combate en ambos lugares. Pero, mientras que en Romanos 7 es una batalla perdida, en Romanos 8 es una batalla ganada. En Romanos 7 hay una atmósfera de muerte (vemos la palabra "morir", "muerte" y "muerto" en todo momento). Significa muerte estar en esta playa solo para avanzar tan poco en la vida cristiana; uno piensa que es mejor no haber venido. Pero, cuando llega a Romanos 8, arriba del acantilado, sigue habiendo una batalla, pero ahora el lenguaje es: "En todas estas cosas somos más que vencedores". Tal vez pueda decirse que la mayoría de los cristianos están todavía en la playa de la vida cristiana, aún viven en Romanos 7, y no han llegado arriba, a Romanos 8.

¿Cuál es el problema en Romanos 7? Es que la batalla es demasiado grande. Es una guerra civil, que es terrible, pero hay una cosa aún peor que una guerra civil: un hombre en guerra contra sí mismo. Ésa es la batalla en Romanos 7. Es una especie de "personalidad dividida", que solo tiene el cristiano. La persona que no es cristiana no tiene esta lucha. Tiene momentos en que le gustaría ser mejor, pero pronto se acomoda con ellos y por lo general reduce el estándar lo suficiente como para alcanzarlo. Entonces alcanza un estado de equilibrio psicológico. Así que el hombre que vive al lado de usted y que nunca va a la iglesia probablemente sea más feliz que usted como cristiano. Probablemente tenga mucha menos tensión y frustración, si usted está viviendo en Romanos 7.

Ésta es una condición mucho más miserable que nada que haya conocido antes de conocer a Cristo. Mi mente sirve la ley de Dios. He aceptado ese estándar. Es la única forma correcta de vivir —*su* mejor forma, no la mía—, pero mis miembros simplemente no pueden lograrlo. Sé lo que debo hacer, pero me encuentro haciendo lo contrario. "Realmente quiero hacer el bien, pero me encuentro haciendo lo que no quiero hacer". Ésta es la agonía del alma dividida. El hombre que no es un cristiano no acepta la ley de Dios. Dice: "Es un estándar demasiado elevado".

Podemos agradecer a Dios que el capítulo 7 no es la última palabra sobre el tema. Si lo fuera, entonces los cristianos serían las personas más miserables de la tierra. Seríamos más desdichados que nadie, porque el cristiano en la playa, que solo ha avanzado hasta cierto punto (aceptando los estándares de Dios, pero sin descubrir cómo guardarlos) es el cristiano que no disfrutará del pecado ni de la salvación. ¿Puede imaginar algo más miserable que eso? Porque éstas son las únicas dos cosas que puede disfrutar en la vida, en última instancia. Uno puede disfrutar los placeres del pecado durante un tiempo. No permita que nadie le diga que es miserable pecar. Durante un tiempo, puede ser muy divertido, y ésa es probablemente la dificultad que tiene. El hombre que está en Romanos 7 no puede disfrutar del pecado porque sabe que está mal, y no puede disfrutar de la salvación porque no parece significarle demasiado. Está atascado en el medio. Si quiere saber por qué tantos cristianos tienen caras largas, tal vez lo ha descubierto aquí, porque son más miserables que antes de ser convertidos. Están en la playa, luchando por su vida, y a veces la tensión de quedarse ahí es tan grande que algo se rompe. En el medio del Día D, en la playa de Omaha, se vio a un soldado sentado en medio de la playa, llorando y cantándose a sí mismo suavemente, mientras arrojaba piedras al mar. La tensión de la lucha lo había quebrado. Era demasiado.

En Romanos 8 es como si las nubes de tormenta se abren y sale el sol. Parece que uno ha subido al acantilado y el enemigo está huyendo. Aún está combatiendo, todavía en una lucha desesperada, pero ahora es más que vencedor. Es como si hubiésemos salido del cementerio a un jardín donde las cosas están brotando, vivas. En vez de las palabras "muerto", "muerte" y "muriendo", tenemos las palabras "vivo", "vida" y "viviendo". ¿Notó el cambio? La diferencia es ésta: en el capítulo 7, en la discusión o descripción de la lucha, el Espíritu Santo no es mencionado. Pero, en el capítulo 8, aparece 19 veces: "Espíritu, Espíritu, Espíritu".

En otras palabras, nuevamente la respuesta a esta tensión es el Espíritu Santo. Nunca podrá resolverlo usted solo. "En conclusión", dice Pablo, resumiendo la lucha, al final de Romanos 7, "con la mente yo mismo me someto a la ley de Dios, pero mi naturaleza pecaminosa está sujeta a la ley del pecado". No hay ninguna esperanza de hacer nada más que esto, hasta que entendamos lo que puede hacer el Espíritu por nosotros. ¿Qué puede hacer por nosotros? Un cristiano es la única persona que está en una posición de servir a dos amos. No puede servir a ambos a la vez. Puede servir a la carne o al Espíritu. Ahora bien, una persona que no es cristiana no tiene esa opción. Solo puede servir a la carne, y por eso no es libre. Pero un cristiano es libre de elegir uno o el otro. Tristemente, muchos abusan su libertad y escogen la carne, pero pueden escoger al Espíritu. Si escoge vivir en el Espíritu, entonces descubrirá que esta tensión desaparece.

Mírelo con mayor detalle. Dios ha hecho lo que nosotros no podíamos hacer; ése es el mensaje sencillo de Romanos 8. Nosotros éramos débiles en la carne. A través de su Hijo, ha tratado con la *pena* de nuestro pecado. Pero, a través de su Espíritu, trata con el *poder* del pecado. El objeto de esto es que la ley de Dios pueda cumplirse en nosotros. En otras palabras, que podamos cumplir con los estándares de Dios. Usted nunca podrá levantarse por sí mismo hasta alcanzarlos, pero él, por el Espíritu, puede permitir que las órdenes de Dios sean cumplidas en usted. Usted nunca podrá cumplir siquiera los Diez Mandamientos por su cuenta. No tiene sentido intentarlo. Podría lograr seis de diez. Conozco un hombre llamado Pablo que cumplió nueve de diez, pero me temo que, cuando llegó al décimo, perdió el combate. Nunca podrá cumplir los diez mandamientos —que es la nota para aprobar de Dios— excepto con la ayuda del Espíritu Santo.

¿Ocurre automáticamente? No. Romanos 8 nos dice que hay tres cosas que debemos hacer si queremos conocer esta victoria. Hay algo que debemos hacer con los pies, algo que debemos hacer con la cabeza y algo que debemos hacer con todo lo que está en el medio. Con los pies, caminar en el Espíritu; con la cabeza, poner la mente en las cosas del Espíritu; y con todo lo que está en el medio, hacer morir las acciones del cuerpo para poder vivir.

Así que no hay ninguna breve experiencia única que lo llevará repentinamente arriba del acantilado, manteniéndolo ahí, del lado victorioso. No quiero ser desalentador, sino realista. Muchos cristianos con los que me encuentro están esperando que una única experiencia los ayude a tener la victoria. Podría ayudar, pero no les dará la victoria de manera permanente. Asisten a conferencia tras conferencia, van a este lugar, ese lugar, siempre buscando algo que de pronto arreglará todo, para que nunca más tengan problemas. No conozco ninguna experiencia que de una sola vez y por sí sola les dé lo que buscan.

Tome la primera palabra, "caminar". Si uno camina de acuerdo con el Espíritu, encontrará que está en la victoria, en Romanos 8. Pero caminar no es algo que uno hace una vez, en un instante, en una única experiencia. Caminar es avanzar, paso tras paso, en la dirección correcta. Significa sencillamente que, momento tras momento de su vida diaria, llegará a una encrucijada, donde la carne dirá: "Ven por mi camino" y el Espíritu dirá: "Ven por mi camino". Si quiere conocer Romanos 8 cada vez, llega a la decisión de que debe caminar de acuerdo con el Espíritu. Cada vez que lo guía él, tendrá que seguirlo para conocer la victoria. El cristiano puede hacer esto, pero la persona que no es cristiana no tiene forma de hacerlo, porque el Espíritu no caminará delante de ellas para mostrarles adónde ir. El cristiano que quiere vivir en Romanos 8 cada día de su vida deberá marchar detrás del Espíritu.

Podría ser muy literalmente dónde va con sus pies. Podrá

estar en una situación en la que la carne quiere llevarlo por una calle de un pueblo o una ciudad, y el Espíritu quiere llevarlo en la dirección opuesta. Tal vez tenga que caminar detrás del Espíritu. Habrá conocido el poder de la carne. Pero la palabra "caminar" es, también, una metáfora, y significa que, cada vez que llega a una encrucijada de decisión y el Espíritu dice: "Por aquí" y la carne dice: "Por aquí", deberá dar el paso correcto en ese punto si quiere permanecer en Romanos 8. Si da un paso erróneo, volverá a estar en Romanos 7. Se sentirá desdichado e infeliz, y dirá: "¿Por qué tengo que estar así?". Pero cada vez que da un paso en la dirección correcta detrás del Espíritu, conocerá Romanos 8 y será más que vencedor. Esto es lo uno hace con los pies.

La segunda cosa que se nos dice acá que debemos hacer para vivir en Romanos 8 tiene que ver con la mente. Vez tras vez la Biblia deja muy en claro que el verdadero lugar donde se luchan y ganan las batallas de la vida de usted y la mía es en nuestra vida de pensamiento. Los cuadros que cuelgan en las paredes de la galería de nuestra memoria serán cruciales en la batalla. Antes que los ejércitos aliados invadieran Normandía, habían visto fotografías tomadas por mini submarinos. Se les había dicho lo que enfrentarían y lo habían memorizado todo. Así que las personas que nunca habían pisado Francia sabían todo acerca de las playas de Normandía. Habían luchado la batalla mentalmente y habían invadido el terreno mucho antes de llegar, y estaban listos cuando llegaron.

Por lo tanto, debemos darnos cuenta, cuando estemos en el lugar de tentación, el lugar donde la batalla es más feroz, que dependerá de lo que hemos hecho con nuestra mente antes que comience la batalla si la ganamos o la perdemos. Si uno pone su mente en las cosas de la carne, seguirá a la carne. Jesús lo dijo vez tras vez, pero solo estaba repitiendo el libro de Proverbios: "cual es su pensamiento en su corazón, tal es él". La verdadera persona no es la persona que la gente ve, sino la persona que piensa, la persona que medita. Para ser muy prácticos, esto cubre nuestra lectura, nuestro entretenimiento, los periódicos, las revistas que miramos; todo lo que entra y se convierte en un pensamiento. Si alguien va a poner su mente en las cosas de la carne, entonces no espere vivir en Romanos 8. Pero si pone su mente en las cosas del Espíritu, cuando llegue la hora de la verdad vivirá en Romanos 8. Pablo dice, en Filipenses: "Consideren bien todo lo verdadero, todo lo respetable, todo lo justo, todo lo puro, todo lo amable, todo lo digno de admiración, en fin, todo lo que sea excelente o merezca elogio... y el Dios de paz estará con ustedes".

Pablo también escribe que poner la mente en la carne por un lado es muerte, y mata su vida espiritual. Uno puede ir a la iglesia el domingo, pero sentirá que no está viva. Le parecerá muerta. Su vida de oración parecerá muerta. La Biblia parecerá muerta. ¿Por qué? No hay nada de malo en la iglesia. No hay nada de malo en la Biblia o en sus oraciones. Lo que está mal es que su mente se ha fijado en otra cosa durante tanto tiempo que ha matado su mente. Pero fijar la mente en las cosas del Espíritu es vida y paz.

Poner en la mente en las cosas de la carne significa guerra, porque la carne es hostil a Dios; está en rebeldía ante Dios. La carne ha declarado su independencia de Dios, y no puede aceptarlo. Jesús enseñó que, si uno desea que alguien muera, es un asesino. Ha puesto la mente en las cosas de la carne. Tal vez nunca cometió adulterio, y le horroriza la idea. Pero, ¿alguna vez miró a alguien de mal modo? Si el mal pensamiento ha estado en su corazón, entonces es un adúltero. Es aquí donde la batalla se pierde o se gana.

Entonces, si quiere vivir en Romanos 8, la primera cosa es caminar detrás del Espíritu. Cada vez que llega a una opción, tome el camino del Espíritu y no el camino de la carne.

Segundo, aun antes de llegar a una crisis tal, asegúrese de que su mente esté fijada en la clase correcta de pensamientos. Si no, cuando llegue la tentación, su vida de pensamiento ya estará tan metida en esa tentación que no podrá resistirla.

La tercera cosa que debe hacer es con todo lo que está entre la cabeza y los pies. Tiene que hacer morir las acciones del cuerpo. Todo cristiano es llamado a ser un asesino, no de otras personas sino de sí mismo. Hay quienes han creído que esto debía cumplirse literalmente. Martín Lutero se flagelaba con un látigo hasta que caía inconsciente en su celda del monasterio. Otros han hecho lo mismo. Pero debemos tomar esto en un sentido más profundo. Debemos ser tan serios como Martín Lutero en extraer —matar— absolutamente todo lo que se opone al Espíritu. Jesús dijo que, si tu ojo está mirando algo que no debería mirar, debías extraerlo. No significaba volverte ciego, sino extraer lo que estás mirando. Hacer morir las acciones de tu cuerpo.

A veces las células del cuerpo de una persona se ponen mal y se vuelve vital que un cirujano o un tratamiento de radioterapia las mate antes que diseminen el daño. Uno debe matar esa vida antes que arruine a todo el cuerpo. Así como un cirujano estará desesperado por matar a esa cosa desagradable y malvada que está creciendo en el cuerpo, se nos dice en Romanos 8 que, por el poder del Espíritu, tan pronto haya algo malo creciendo en nuestro cuerpo, que lo hagamos morir, le demos muerte, nos deshagamos de él antes que se extienda. Por el Espíritu, usted podrá seguir viviendo, antes que su vida espiritual muera en usted.

Hay un párrafo (vv. 9-11) que pienso que debemos considerar. Tiene dos palabras clave, —palabras pequeñas, pero, como se trata de la Palabra de Dios, cada palabra importa—: "en" y "si". Podemos pasar por alto esas palabras, pero son importantes: "Ustedes no están en la carne. Ustedes están en el Espíritu si el Espíritu realmente mora en ustedes";

en, si. Se hacen dos afirmaciones aquí. La primera es que si uno no es un cristiano no hay forma que pueda conocer Romanos 8, porque si alguien no tiene el Espíritu de Cristo no es uno de los suyos. Si invertimos esa afirmación, es imposible que reclamemos el poder del Espíritu si no pertenecemos a Cristo. El Espíritu no está en usted porque Cristo no está en usted. Hasta tanto Cristo no esté en usted, hasta tanto su Espíritu no haya entrado en su corazón, hasta que no lo haya invitado, es imposible que conozca Romanos 8. Pero hay algo más que eso, porque no todo cristiano está viviendo en el Espíritu. Puede estar viviendo en la carne o, como lo describe Pablo en 1 Corintios, uno puede ser un cristiano carnal o un cristiano espiritual. Sigue habiendo esas dos clases de cristiano, y un cristiano carnal sigue estando en la carne aun cuando pertenezca a Cristo. Un cristiano espiritual pertenece al Espíritu.

"Ahora, ustedes no están en la carne si el Espíritu realmente mora en ustedes". Algunas personas podrán objetar mis palabras aquí, pero no creo que puedan objetar el sentir. Creo que el Espíritu no mora en todo cristiano, no en el sentido correcto de la palabra "morar". Si el Espíritu realmente "mora" en usted, significa que está ahí todo el tiempo, y en cada parte. Si alguien mora en su casa entonces está ahí, puede usar cada habitación y puede sentirse en casa. Está en la cocina además de la sala de estar; no es solo una visita de honor. Mora ahí y, por lo tanto, es bienvenido en toda la casa. Comparte toda la vida; está ahí todo el tiempo.

Pero para muchos cristianos el Espíritu es una especie de visita. De vez en cuando sienten su toque, de vez en cuando viene a ellos, de vez en cuando sienten: "Oh, el Espíritu está realmente cerca de mí ahora". Pero es solo un visitante, porque lo tienen en la sala de estar. Tal vez lo tienen el domingo, pero el lunes dicen: "Bueno, esa habitación no es lo suficiente buena para que more, así que esperamos que el próximo domingo tengamos un toque del Espíritu nuevamente". Si el Espíritu realmente mora en usted, el lunes además del domingo, cada día de su vida, cada parte de su vida, si él realmente mora ahí, entonces él da vida. El espíritu de usted está vivo debido a la *justicia*. Sé que esa frase está en terminología bíblica, pero permítame ponerlo en términos sencillos. La única persona que está realmente viva es el hombre o la mujer justos, que está viviendo correctamente.

He oído a muchas personas decirme que tienen la impresión de que, si uno realmente quiere saborear la vida, entonces tiene que cometer toda clase de pecado. Piensan que si uno realmente quiere estar vivo tiene que hacer lo que Dios dice que está mal. ¡No lo crea! Ese camino es muerte y guerra. Los que piensan que para vivir realmente uno tiene que hacer lo malo no entienden la Biblia. Dios dice que el Espíritu nos hace vivos debido a la justicia. Hasta su cuerpo mortal recibe el efecto. Aun cuando su cuerpo esté muerto por el pecado, el Espíritu que resucitó a Jesús, si realmente mora en usted, dará vida a su cuerpo mortal. Este cuerpo tendrá un nuevo vigor en esta vida, y en la próxima vida tendrá un cuerpo completamente nuevo. Incluso en esta vida el Espíritu vivifica su cuerpo mortal para que usted sea vigoroso y saludable. No estoy diciendo que todos los cristianos disfrutarán de perfecta salud, pero le diré lo siguiente: los que viven en el Espíritu tendrán más energía física que los que no lo hacen, porque el Espíritu vivifica su cuerpo mortal además de su espíritu.

Pablo finalmente enseña: ¿por qué vivir de acuerdo con la carne? ¿Qué le debemos a la carne? Los hermanos no son deudores de la carne. ¿Qué hizo la carne alguna vez por usted aparte de llevarlo a la desdicha, la muerte y la desesperación? Somos deudores del Espíritu. Debemos al Espíritu nuestra vida aquí y más allá. Entonces, vivamos de acuerdo con el Espíritu, porque debemos al Espíritu todo lo que tenemos que valga la pena tener. Debemos a la carne todo lo que tenemos que no vale la pena tener. Así que, ¿por qué vivir de acuerdo con la carne?

He aquí, entonces, el problema. Queremos hacer el bien, pero no podemos. Queremos amar a todos, pero no podemos. Queremos vivir, pero no podemos, y encontramos que la vida espiritual se muere. ¿Cuál es la respuesta? Es caminar tras el Espíritu, fijar la mente en las cosas del Espíritu y, mediante el Espíritu, hacer morir las obras de la carne. Entonces viviremos, y seremos más que vencedores por medio de aquel que nos amó.

Se nos dice vez tras vez que no nos conformemos al mundo afuera, pero lo hacemos. Por lo tanto, los cristianos han dejado de cantar y hablar del cielo. El mundo ha dicho a la iglesia: no estamos interesados en el futuro, estamos interesados en el aquí y el ahora. Pero los cristianos son las únicas personas que pueden ofrecer al mundo esperanza cuando hablan del futuro.

En la Biblia, la esperanza es un ingrediente vital de la vida verdadera. La fe es la virtud que le da seguridad acerca del pasado, y la esperanza aparece en Romanos 5: "...nos regocijamos en la esperanza de alcanzar la gloria de Dios. Y no sólo en esto, sino también en nuestros sufrimientos, porque sabemos que el sufrimiento produce perseverancia; la perseverancia, entereza de carácter; la entereza de carácter, esperanza. Y esta esperanza no nos defrauda, porque Dios ha derramado su amor en nuestro corazón por el Espíritu Santo que nos ha dado". Ésa es la primera mención de la esperanza, y la primera mención del Espíritu Santo en la epístola a los Romanos. No es una coincidencia. Usted nunca tendrá esperanza si no es por el Espíritu Santo. Hay otro vínculo entre palabras en ese pasaje que quiero señalar, porque surge después. La esperanza está relacionada con el sufrimiento, y la esperanza es la única cosa que le permite sufrir y enfrentar los problemas. Su esperanza para el futuro es vital si quiere enfrentar el sufrimiento del presente. Es el ancla en la tormenta de los problemas.

La esperanza aparece nuevamente en Romanos 8, y también aparece el Espíritu Santo. Así que la esperanza y el Espíritu Santo van juntos, pero la otra cosa que aparece en el capítulo 8 es el sufrimiento. La Biblia es completamente sincera y no anda con vueltas al respecto: si usted quiere vivir en el Espíritu va a sufrir. Si quiere tener la victoria en la que hemos estado pensando, sufrirá por ello, y necesita urgentemente esperanza si quiere enfrentar el sufrimiento. Recuerde este pasaje:

> Porque todos los que son guiados por el Espíritu de Dios son hijos de Dios. Y ustedes no recibieron un espíritu que de nuevo los esclavice al miedo, sino el Espíritu que los adopta como hijos y les permite clamar: "¡Abba! ¡Padre!". El Espíritu mismo le asegura a nuestro espíritu que somos hijos de Dios. Y si somos hijos, somos herederos; herederos de Dios y coherederos con Cristo, pues si ahora sufrimos con él, también tendremos parte con él en su gloria.

> De hecho, considero que en nada se comparan los sufrimientos actuales con la gloria que habrá de revelarse en nosotros. La creación aguarda con ansiedad la revelación de los hijos de Dios, porque fue sometida a la frustración. Esto no sucedió por su propia voluntad, sino por la del que así lo dispuso. Pero queda la firme esperanza de que la creación misma ha de ser liberada de la corrupción que la esclaviza, para así alcanzar la gloriosa libertad de los hijos de Dios.

> Sabemos que toda la creación todavía gime a una, como si tuviera dolores de parto. Y no sólo ella, sino también nosotros mismos, que tenemos las primicias del

Espíritu, gemimos interiormente, mientras aguardamos nuestra adopción como hijos, es decir, la redención de nuestro cuerpo. Porque en esa esperanza fuimos salvados. Pero la esperanza que se ve, ya no es esperanza. ¿Quién espera lo que ya tiene? Pero si esperamos lo que todavía no tenemos, en la espera mostramos nuestra constancia.

Así mismo, en nuestra debilidad el Espíritu acude a ayudarnos. No sabemos qué pedir, pero el Espíritu mismo intercede por nosotros con gemidos que no pueden expresarse con palabras. Y Dios, que examina los corazones, sabe cuál es la intención del Espíritu, porque el Espíritu intercede por los creyentes conforme a la voluntad de Dios.

Romanos 8:14–27

Aquí está la vida en el Espíritu. Hay una tensión en esta vida, entre el presente y el futuro, entre el sufrimiento que tenemos que atravesar ahora y la gloria que nos está esperando. Esto produce en el cristiano una tensión que nadie más tiene. Solo los que hemos recibido las primicias del Espíritu gemimos internamente, anhelando el futuro. Un cristiano está tironeado entre dos deseos: quiere quedarse acá y quiere ir allá.

Si quiere saber cómo es la vida en el Espíritu, hará tres cosas: *clamará, gemirá* y *suspirará*. Me impresiona vez tras vez el hecho de que, cuando el Espíritu Santo realmente se apodera de una persona, por lo general es desde la boca de esa persona que empiezan a pasar cosas. Ciertamente fue lo que ocurrió en el día de Pentecostés, y casi cada vez después uno encuentra que, cuando las personas son llenadas con el Espíritu, algo tiende a salir de la boca. En otras palabras, uno emite *sonidos*.

¿Por qué estos sonidos, y qué significan? Tome el *clamor*. Cuando estamos en el Espíritu, y el Espíritu está guiando nuestra vida de lunes a sábado, además del domingo, cuando estamos caminando tras el Espíritu, cuando somos guiados por él, *sabemos* que somos hijos de Dios. Dios no es el Padre de todas las personas; la Biblia nunca dice eso. Todos los hombres no son hermanos, porque no todos son sus hijos. Ésa es la tragedia. Si todos los hombres se convirtieran en sus hijos, entonces podrían convertirse en hermanos. Pero hablar de la hermandad de la humanidad es un sueño ridículo, porque es obvio que no estamos en esa relación. Lea cualquier periódico y lo verá. ¿Por qué seguimos creyendo que somos hermanos? Hasta tanto nos convirtamos en hijos de Dios, no podemos ser hermanos. Y el primer paso es, a través del Espíritu Santo, convertirnos en *hijos de Dios*.

Podemos llevar la idea un poco más lejos. En una familia romana un niño no se convertía en hijo hasta que tuviera entre catorce y diecisiete años. No sé si conoce la costumbre romana con relación a la condición de hijos, pero Pablo está escribiendo a los romanos, así que sabemos que se refiere a esto. Un hombre podría tener muchos hijos, todos suyos. Algunos hijos podrían ser de su esposa, y tal vez algunos eran de su esclava, pero eran todos sus hijos. Llegaba un día en que el padre miraba a los varones y decía: "Adoptaré a éste". Era su propio hijo, pero lo "adoptaría". Entonces hacía pasar a su hijo por una ceremonia legal con testigos, y ese niño se convertía en su hijo y heredero. La propiedad familiar y el nombre familiar irían a este muchacho. Era ahora el hijo, porque había sido adoptado.

Hasta entonces, el niño era controlado no por su padre sino por un esclavo, al que temía, que lo hacía hacer lo correcto, y lo castigaba cuando hacía lo incorrecto. Pero el día que era adoptado el muchacho recibía virtualmente la llave de la casa y se le decía: "Ya no estás bajo este esclavo para hacer que te comportes bien. De ahora en adelante debes comportarte bien por tu cuenta. Eres una persona auto disciplinada ahora".

Además, desde este momento y por primera vez en su vida, al hijo se le permitía llamar a este hombre "padre". Esto era la adopción. Era el heredero de toda la propiedad de su padre, y estaba libre del control externo. Ahora estaba controlado por la restricción del amor y el respeto por su padre. No había ningún esclavo que le dijera lo que debía hacer. Pablo está diciendo: ¿no se dan cuenta de que cuando viven en el Espíritu están viviendo la vida de un hijo adoptado de Dios? No han recibido el espíritu de temor, como el que tiene un niñito. Han recibido el espíritu de la condición de hijos y de la adopción, y ahora, por primera vez, pueden clamar: "Abba, Padre". Como demostración de que Pablo estaba pensando en la ceremonia de adopción romana, dice que uno necesitará testigos para demostrar que es ahora un hijo, y el Espíritu Santo da testimonio con el espíritu de usted de que realmente ha sido adoptado por Dios. Usted es ahora su hijo, y está caminando en la vida en la condición de hijo.

Yo enfatizaría que la palabra "clamar" aquí significa dar un grito involuntariamente. Es lo que hace la mayoría de las personas cuando tienen miedo. La palabra que Pablo usa aquí es la que los griegos habrían usado para un grito, con el significado de dar un grito de manera instintiva, sin la intención de hacerlo. Se usa para los discípulos, cuando estaban en el mar de Galilea en un barco. Vieron a Jesús caminando sobre el agua y tuvieron miedo, porque pensaron que era un fantasma. Dice que gritaron atemorizados. Si alguna vez ha dado un alarido de temor, ésa es la palabra aquí. Pero hay dos cosas que pueden hacerlo clamar espontáneamente: temor o amor. Cuando nuestros hijos eran jóvenes y me veían, sin planearlo, sin quererlo, simplemente gritaban: "¡Papi!". Es eso lo que significa: alguien que levanta su mirada a Dios y se encuentra de pronto gritando: "¡Papi! ¡Papá!". Hay muchas personas que creen en Dios. Pero su relación no es ésta. No gritan instintivamente:

"¡Padre!". Hasta tanto uno no conozca la adopción como hijo es muy probable que tenga miedo de Dios, si realmente cree en él, porque siempre tendrá miedo por no saber si realmente ha alcanzado sus estándares. Cuando ha sido adoptado por él, como solo los hijos de Dios han sido adoptados, es el Espíritu quien nos da esta relación.

El Espíritu está dando testimonio con el espíritu de usted de que es un hijo de Dios. Es un doble testimonio, y ambos gritan juntos: "Abba, Padre". Éste testimonio doble demuestra que usted es un hijo de Dios, un hermano de Jesús. El Espíritu de Jesús está hablando a su Padre a través de los labios de usted. "Abba, Padre" es justamente lo que Jesús acostumbraba decir. Es una cosa que hace el Espíritu. Cuando el Espíritu lo hace, entonces usted está seguro de que es un hijo de Dios. Jesús, el Hijo de Dios, hablaba espontáneamente con el Padre de esta forma, y de pronto usted se encuentra hablando de la misma forma. Éste es el testimonio del Espíritu.

Dios el Padre dará a Jesús todos los reinos del mundo; por cierto, el universo entero. Todas las cosas se resumirán en Cristo. ¿Se da cuenta de que usted es un hijo de Dios, que es el hijo de un multimillonario, que usted es la persona más rica de la tierra? Todos los demás tendrán que dejar atrás, cuando mueran, cada pedacito del universo que poseen, y los abogados meterán sus escrituras fiduciarias en algún pequeño armario. Pero usted será un coheredero con Cristo. Usted puede compartir todo el futuro con Cristo, si comparte el presente. Si comparte esta vida de sufrimiento, puede compartir esa vida de gloria, si toma su cruz cada día y lo sigue.

¿Sabe qué diferencia hace esto al sufrimiento? Significa, como lo expresa literalmente Romanos 5, y tal vez no lo notó aquí, que nos regocijamos aun en nuestro sufrimiento. Otras personas lo toleran y lo soportan maravillosamente, pero los cristianos se regocijan durante el sufrimiento. Los cristianos dicen que "los sufrimientos ligeros y efímeros que ahora padecemos producen una gloria eterna que vale muchísimo más que todo sufrimiento; los sufrimientos del tiempo presente no son comparables con la gloria que vendrá". ¿Cómo puede ser esto? "El sufrimiento produce perseverancia; la perseverancia, entereza de carácter; la entereza de carácter, esperanza. Y esta esperanza no nos defrauda, porque Dios ha derramado su amor en nuestro corazón por el Espíritu Santo que nos ha dado". ¿Qué significa eso? Muy simplemente: solo un carácter maduro que sabe cómo sufrir puede tener esperanza. La esperanza no se produce de la noche a la mañana. La esperanza se produce a través del sufrimiento, si el Espíritu Santo está en ese sufrimiento. La esperanza no nos defrauda; nuestra esperanza es compartir la gloria de Dios. ¿Cómo sabemos que la tendremos? La respuesta es: porque compartimos el amor de Dios ahora. Hemos recibido el primer adelanto, el depósito, la primera cuota. Todos estos términos son conocidos para nosotros. Pablo dice que tenemos las primicias del Espíritu. Hemos comenzado a compartir el amor de Dios, y es por esa razón que nuestra esperanza de compartir su gloria no nos defrauda. Estamos tan seguros de su gloria como lo estamos de su amor, así que estamos seguros del futuro.

El sufrimiento es algo que compartimos con todo el universo. Cuando disfrutamos la belleza de la creación, tal vez nos resulte difícil, en un sentido, creer lo que Romanos 8 dice acerca de la naturaleza, pero lo que Pablo escribió es perfectamente cierto. La naturaleza misma está mal; aun el mundo hermoso que nos rodea está mal. La naturaleza está esperando que ocurra algo. Está gimiendo como una mujer de parto. Los gemidos y los dolores de todo el universo están esperando que ocurra algo tremendo. Pablo dice que la naturaleza está sujeta a la *frustración*, que significa dar vueltas en círculos. La tierra da vueltas en un círculo, la luna también, y el sol, la galaxia. Todo ocurre en ciclos, llegando rápidamente a ningún lado. Aun la naturaleza está en un ciclo: las flores que brotan hoy estarán muertas mañana. Las cosas nacen y mueren. Ésta es la frustración a la que está sujeto todo el universo. Está sujeto al deterioro; todo se está deteriorando a nuestro alrededor. Usted está luchando constantemente con el deterioro en casi todo lo que posee, y todo está sujeto al dolor. Hay muchísimo dolor en este mundo natural.

Una parte de mí que comparto con la naturaleza es mi cuerpo. Está sujeto a la misma frustración: nace y muere. Está sujeto a la misma descomposición. Mi cabello se está raleando. Tengo que visitar al dentista con mayor frecuencia. Está sujeto al dolor, y yo sé lo que es el dolor, igual que usted. La esperanza asombrosa para el futuro es que un día recibiré un cuerpo nuevo que estará libre de la muerte, libre del dolor y libre del deterioro. Cuando reciba ese cuerpo, todo el universo también recibirá un nuevo cuerpo. Habrá un nuevo cielo y un nuevo universo, una nueva tierra sin deterioro, sin dolor, sin frustración.

Toda la creación está gimiendo. Cuando yo gimo, gime la naturaleza, y cuando gime la naturaleza, yo gimo. Cuando la naturaleza muestra lo mal que está, yo gimo y digo lo mal que estoy. Todos gemimos juntos. Un cristiano que sabe que habrá un nuevo universo gemirá, porque anhela que ocurra. Es muy frustrante, porque no vemos ningún signo de esto. Hay cuerpos muriendo alrededor de nosotros, el universo se está deteriorando alrededor de nosotros y no vemos que esté llegando.

Puede ser frustrante, pero fuimos salvados en esta esperanza: la esperanza de un nuevo cuerpo en un nuevo universo. Si pudiésemos verlo ahora, no tendríamos necesidad de tener esperanza, y si esperamos lo que no vemos, lo esperamos con paciencia. Es absolutamente cierto que vendrá. Fuimos salvados en la esperanza de recibir un nuevo cuerpo, además de un interior nuevo. Ya tengo un interior nuevo: Dios ha puesto dentro de mí su Espíritu. Me ha hecho una persona nueva en Cristo Jesús, pero seguí afeitando la misma barbilla luego de convertirme que antes de convertirme. Aún tengo el mismo cuerpo que tuve cuando era un pecador. Tengo todavía el mismo cuerpo que tenía cuando no amaba a Dios. Solo soy medio salvo. Lo que Dios ha comenzado, lo continuará hasta que sea completado, y un día salvará mi cuerpo.

Toda la salvación está gimiendo; ¿por qué cosa? Está esperando lo mismo que esperamos nosotros: la redención de nuestro cuerpo. Dios salvará el universo físico un día; ésa es nuestra esperanza cierta. Nadie más que los cristianos saben que esto es lo que ocurrirá. Ningún científico puede decirnos lo que ocurrirá con la naturaleza en el futuro, pero el cristiano tiene esta esperanza cierta: va a recibir un nuevo cuerpo para vivir en un nuevo universo. Y gime.

Esto genera un problema para la oración, cuando sentimos el peso de este cuerpo. Nos pasa de tanto en tanto, cuando estamos enfermos, cuando estamos cansados, cuando algo no funciona médicamente. Entonces tal vez diga: "Oh, es solo parte de este universo moribundo. Aquí estoy, envejeciendo. Nací fuera de tiempo. No puedo subir las escaleras corriendo. No puedo moverme como solía". Cuando se siente así, se pregunta acerca de qué debería orar. A veces se siente con ganas de decir: "Señor, devuélveme mi salud y mi fuerza". O a veces siente que debe orar: "Señor, sácame de esto".

He conocido a personas mayores que me dicen muy sinceramente: "Estoy orando para que el Señor me lleve". La simple verdad es que, cuando estamos gimiendo así, no sabemos qué pedir. La tensión de estar en un cuerpo que aún es parte de un universo moribundo aumenta con los años, y la ancianidad puede ser aterrador desde este punto de vista, porque uno es cada vez más consciente de que su cuerpo forma parte de este universo que gime.

No sabemos bien cómo orar: "Señor, dame unos años más de fuerza" o "Señor, llévame a estar contigo". Es en ese punto que el bendito Santo Espíritu viene para ayudarnos en nuestra debilidad. No sabemos cómo debemos orar, pero él toma los suspiros que son demasiado profundos para las palabras e intercede por los santos de acuerdo con la voluntad de Dios. No sabemos cuál es la voluntad de Dios, así que todo lo que podemos hacer es suspirar.

No se preocupe, porque podemos suspirar oraciones además de decirlas, y una oración suspirada es una verdadera oración. Un cristiano que siente la carga de este cuerpo atado a este mundo moribundo debe simplemente suspirar y decir: "Espíritu Santo, no sé cómo debo orar, así que solo toma este suspiro y conviértelo en una oración".

Si usted se da cuenta de que un día tendrá un nuevo cuerpo en un nuevo universo, suspirará muy profundamente. Habrá momentos en los que gemirá, y momentos en que dirá: "Señor, tú me prometiste un nuevo cuerpo; me prometiste que estaría libre del cansancio, de la enfermedad y el dolor un día. ¿Por qué no puedo tenerlo ahora?". Dios tiene una muy buena razón para no dárselo hoy. Entonces usted le dice: "Señor, dame esperanza. No te estoy pidiendo verlo. No necesitaría tener esperanza si lo viera, así que voy a esperar con paciencia tener esta esperanza".

Hay tres otras cosas en la carta a los Romanos que usted puede verificar por sí mismo, que tienen que ver ahora no con nuestra relación con Dios sino con nuestra relación con los demás y nuestra responsabilidad humana, y tienen que ver con la esperanza. En 9:1, "Digo la verdad en Cristo; no miento. Mi conciencia me lo confirma en el Espíritu Santo". Su conciencia está moldeada por la sociedad y por usted mismo. Por lo tanto, no es infalible. Su conciencia dependerá de su educación y muchas otras cosas, pero una vez que está en el Espíritu él hace que su conciencia sea certera. Una de las cosas que no podrá hacer a otras personas es mentirles; el Espíritu Santo no se lo permite. ""Digo la verdad en Cristo; no miento. Mi conciencia me lo confirma en el Espíritu Santo..." Pablo está hablando acá de su esperanza por el futuro de Israel.

En 12:11–12 dice: "Nunca dejen de ser diligentes; antes bien, sirvan al Señor con el fervor que da el Espíritu. Alégrense en la esperanza, muestren paciencia en el sufrimiento, perseveren en la oración.". Note que, como en una gran sinfonía musical, el tema aparece una y otra vez en la epístola a los Romanos: esperanza, sufrimiento. La forma de enfrentar los problemas es fijar esta ancla de la esperanza. ¿Se sostendrá su ancla en las tormentas de la vida? Sí, lo hará, si es esperanza cristiana.

La mención final del Espíritu Santo en Romanos es en 15:13: "Que el Dios de la esperanza los llene de toda alegría y paz a ustedes que creen en él, para que rebosen de esperanza por el poder del Espíritu Santo". Antes, en este capítulo, el versículo 4 dice que, alentados por las Escrituras, perseveremos en mantener nuestra esperanza.

Si usted quiere ser un hombre o una mujer de esperanza, entonces debe estar bien versado en la Biblia, porque le dice lo que ocurrirá en el futuro. Pero eso por sí mismo no es suficiente para que rebose de esperanza, porque ¿cómo podrá creerlo? ¿Quién lo convencerá de que lo que la Biblia predice ocurrirá? La respuesta es: el Espíritu lo convencerá y, por el poder del Espíritu Santo, usted podrá rebosar de esperanza.

Así que, cuando la gente le diga: "No sé adónde irá a parar todo", simplemente dígale, con toda tranquilidad: "Yo sé". Cuando la gente pregunte adónde va a parar el mundo, dígale: "Yo sé adónde va el mundo". Las personas podrán decir: "No sé si el mundo finalizará con una guerra nuclear o de otra forma". Usted puede decir: "Yo sé cómo terminará". Las personas dicen: "No sé adónde vamos cuando morimos". Usted dice: "Yo sé". Las personas dirán: "No sé si existe Dios". Usted dice: "Yo sé que existe". Las personas dirán: "No sé si Dios puede controlar este mundo". Usted dice: "Yo sé que puede". El mundo está clamando por personas que rebosen de esperanza. ¿Amor sin fe y esperanza? Simplemente no alcanza para vivir.

Capítulo diez

EL ESPÍRITU SANTO EN 1 CORINTIOS

El mensaje de la cruz es una locura para los que se pierden; en cambio, para los que se salvan, es decir, para nosotros, este mensaje es el poder de Dios. Pues está escrito:
"Destruiré la sabiduría de los sabios;
    frustraré la inteligencia de los inteligentes".
¿Dónde está el sabio? ¿Dónde el erudito? ¿Dónde el filósofo de esta época? ¿No ha convertido Dios en locura la sabiduría de este mundo? Ya que Dios, en su sabio designio, dispuso que el mundo no lo conociera mediante la sabiduría humana, tuvo a bien salvar, mediante la locura de la predicación, a los que creen. Los judíos piden señales milagrosas y los gentiles buscan sabiduría, mientras que nosotros predicamos a Cristo crucificado. Este mensaje es motivo de tropiezo para los judíos, y es locura para los gentiles, pero para los que Dios ha llamado, lo mismo judíos que gentiles, Cristo es el poder de Dios y la sabiduría de Dios. Pues la locura de Dios es más sabia que la sabiduría humana, y la debilidad de Dios es más fuerte que la fuerza humana.

Hermanos, consideren su propio llamamiento: No muchos de ustedes son sabios, según criterios meramente humanos; ni son muchos los poderosos ni muchos los de noble cuna. Pero Dios escogió lo insensato del mundo para avergonzar a los sabios, y escogió lo débil del mundo para avergonzar a los poderosos. También escogió Dios lo más bajo y despreciado, y lo que no es nada, para anular lo que es, a fin de que en su presencia nadie pueda jactarse. Pero gracias a él ustedes están unidos a Cristo Jesús, a quien Dios ha hecho nuestra sabiduría —es decir, nuestra justificación, santificación y redención— para que, como está escrito: "Si alguien ha de gloriarse, que se gloríe en el Señor".

Yo mismo, hermanos, cuando fui a anunciarles el testimonio de Dios, no lo hice con gran elocuencia y sabiduría. Me propuse más bien, estando entre ustedes, no saber de cosa alguna, excepto de Jesucristo, y de éste crucificado. Es más, me presenté ante ustedes con tanta debilidad que temblaba de miedo. No les hablé ni les prediqué con palabras sabias y elocuentes sino con demostración del poder del Espíritu, para que la fe de ustedes no dependiera de la sabiduría humana sino del poder de Dios.

En cambio, hablamos con sabiduría entre los que han alcanzado madurez, pero no con la sabiduría de este mundo ni con la de sus gobernantes, los cuales terminarán en nada. Más bien, exponemos el misterio de la sabiduría de Dios, una sabiduría que ha estado escondida y que Dios había destinado para nuestra gloria desde la eternidad. Ninguno de los gobernantes de este mundo la entendió, porque de haberla entendido no habrían crucificado al Señor de la gloria. Sin embargo, como está escrito:
"Ningún ojo ha visto,
ningún oído ha escuchado,
ninguna mente humana ha concebido
lo que Dios ha preparado para quienes lo aman".
Ahora bien, Dios nos ha revelado esto por medio de su Espíritu, pues el Espíritu lo examina todo, hasta las profundidades de Dios.

En efecto, ¿quién conoce los pensamientos del ser humano sino su propio espíritu que está en él? Así mismo, nadie conoce los pensamientos de Dios sino el Espíritu de Dios. Nosotros no hemos recibido el espíritu del mundo sino el Espíritu que procede de Dios, para que entendamos lo que por su gracia él nos ha concedido. Esto es precisamente de lo que hablamos, no con las palabras que enseña la sabiduría humana sino con las que enseña el Espíritu, de modo que expresamos verdades espirituales en términos espirituales. El que no tiene el Espíritu no acepta lo que procede del Espíritu de Dios, pues para él es locura. No puede entenderlo, porque hay que discernirlo espiritualmente. En cambio, el que es espiritual lo juzga todo, aunque él mismo no está sujeto al juicio de nadie, porque

"¿quién ha conocido la mente del Señor
para que pueda instruirlo?".
Nosotros, por nuestra parte,
tenemos la mente de Cristo.

Yo, hermanos, no pude dirigirme a ustedes como a espirituales sino como a inmaduros, apenas niños en Cristo. Les di leche porque no podían asimilar alimento sólido, ni pueden todavía, pues aún son inmaduros. Mientras haya entre ustedes celos y contiendas, ¿no serán inmaduros? ¿Acaso no se están comportando según criterios meramente humanos? Cuando uno afirma: "Yo sigo a Pablo", y otro: "Yo sigo a Apolos", ¿no es porque están actuando con criterios humanos?

Después de todo, ¿qué es Apolos? ¿Y qué es Pablo? Nada más que servidores por medio de los cuales ustedes llegaron a creer, según lo que el Señor le asignó a cada uno. Yo sembré, Apolos regó, pero Dios ha dado el crecimiento.

1:18–3:6

Hay una gran diferencia entre ser inteligente y ser sabio. Algunas de las personas más inteligentes del mundo han sido necias, y algunas de las personas más sencillas del mundo han sido muy sabias. El mundo ha alcanzado brillo sin sabiduría, poder sin conciencia. Contamos con más educación y conocimiento que nunca antes. El conocimiento está creciendo tan rápidamente que no podemos ahora mantenernos al corriente. Tenemos que dejar que las computadoras lo procesen y lo recuerden por nosotros. Nuestros jóvenes tienen oportunidades educativas que nuestros abuelos nunca hubieran soñado. La raza humana es inteligente, pero a menudo es necia.

1 Corintios nos dice que hay dos clases de sabiduría. Está la sabiduría de Dios y la sabiduría del hombre. Ambas son incompatibles, y cada una parece necia a la otra. Para Dios, la inteligencia del hombre parece necedad; para el hombre, la sabiduría de Dios es necedad.

Esta carta de Pablo fue escrita a una localidad que era la más próspera materialmente de Grecia, y tal vez del imperio romano. Sin embargo, era un lugar que en lo moral estaba tan degradado que toda persona entregada a la disipación era llamada "corintia". Aun tan lejos de ellos como el período de la Regencia en Inglaterra, si un hombre tenía una conducta disipada, salía de parranda y quebrantaba todas las reglas morales, era llamado un corintio (Corinthian). Ha dejado de usarse hoy, pero ése era su significado.

En lo material, tenían todo. Su arquitectura sigue siendo una influencia en nuestros propios edificios. Si camina por Londres verá columnas corintias sosteniendo muchos edificios. Su arte y escultura aún inspira, llenando nuestras galerías de arte. La filosofía griega sigue estando en el corazón de la educación de este país, y la mayoría de las personas aún piensa en términos de ideas griegas.

Pero si ha leído la historia de Corinto, encontrará que

estaba lleno de vicio. Había mil prostitutas profesionales pagadas por el concejo de la ciudad para trabajar en las calles. Había idolatría en toda la ciudad. La homosexualidad era más frecuente que las relaciones normales entre hombres y mujeres. En ese lugar, donde las personas brillaban por su inteligencia, había un puerto libre donde pasaba todo el comercio. Fue en este próspero centro comercial que la sabiduría de Dios se hizo manifiesta. Dios hizo ciertas cosas que fueron tan sabias que la gente pensó que eran necias.

En el medio de esa ciudad en la que las personas vivían exclusivamente para hacer dinero y disfrutar lo que el dinero podía comprar, Dios plantó una pequeña iglesia. Después de dieciocho meses de trabajo de un misionero, nació una iglesia, a la que escribe esta carta. En esa iglesia había personas que habían sido (y estoy citando ahora de 1 Corintios 6:9-10): "homosexuales, fornicarios, idólatras, ladrones". Pablo dice: "y eso eran algunos de ustedes". La pequeña iglesia estaba llena de estas personas, que habían sido cambiadas y se habían convertido en hombres y mujeres nuevos.

Voy a llevarlos adentro de esa pequeña iglesia en su imaginación. Tal vez se reunía en un depósito o la casa de alguien cerca del puerto. Vamos a mirar tres cosas que parecen completamente ridículas y, sin embargo, eran la sabiduría de Dios. Primero, vamos a escuchar el sermón. En Grecia, famosa por sus oradores, las personas venían de a centenares para escuchar al último orador, el polemista que era astuto en sus argumentos, que podía torcer las palabras de sus oponentes y contestarles. Les encantaba asistir a debates, interrumpiendo con preguntas y escuchando a un orador brillante dar su argumento con una lógica brillante. Pero si uno entraba en la pequeña iglesia de Corinto escucharía un sermón acerca de un hombre que era Dios, un hombre que había sido ejecutado a los treinta y tres años de edad, clavado a un bloque de madera como si hubiera sido un criminal, un hombre que resucitó de los muertos. Un insulto para la inteligencia de cualquiera. Podemos imaginar a esos griegos, a los que les encantaba escuchar lógica, argumentos y filosofía diciendo: "¡Completamente ridículo! ¡Locura total! ¿Esperan que crea que un hombre que caminó por la tierra era el Dios que hizo la tierra? ¿Esperan que crea que un hombre que murió en una cruz salvó al mundo? ¿Esperan que crea que resucitó de los muertos tres días después y demostró que era el Hijo de Dios?".

Este predicador no está tratando de convencer el intelecto. Solo está predicando lo que parecía para algunos un mensaje muy tonto, pero la sabiduría de Dios es más sabia que los hombres. Es a través de este mensaje que las vidas de las personas fueron cambiadas. Fue la palabra de la cruz que, para los que creyeron, se convirtió en el poder de Dios. Para otros, les pareció tonto. Una de nuestras tentaciones en esta época sofisticada e instruida es recortar el cristianismo para que se acomode al intelecto moderno. Recortar de la predicación las cosas que ofenden la inteligencia de las personas instruidas, recortar los milagros, decir que esto no ocurrió y que aquello no ocurrió.

Si lo hacemos, solo crearemos clubes de admiradores de predicadores. No vemos personas salvadas porque Dios, en su sabiduría infinita, ha escogido salvarlas a través de la palabra de la cruz. Cuando las personas han predicado acerca de la cruz, otras han sido salvas. Ahora, ¿por qué es algo sabio esto? ¿Por qué Dios no hizo que la palabra que salvaría a las personas fuera una palabra inteligente e intelectual que podría convencer a alguien mediante un argumento? Simplemente agradezco a Dios porque no lo hizo, por la sencilla razón que ver no es creer. Conozco personas que dicen: "Ver es creer", pero no es para nada así. Si uno ve algo, tiene que aceptarlo. No hay ninguna necesidad de fe, absolutamente ninguna necesidad de creer. Si he visto algo, lo acepto.

Hay dos formas en que podemos ver cosas: a través de nuestros ojos o con nuestra mente. Los judíos quieren señales, y los griegos quieren sabiduría. Dios dice: "No ves. Crees". ¡Qué sabio! ¿Por qué? Porque hace que el cielo sea diferente a una escuela. No convierte a los exámenes en la prueba de si uno llegará a la gloria. Porque significa que cualquier persona, aun la más sencilla del mundo, puede venir y creer.

Tal vez ése es el motivo por el que a veces les cuesta más a los inteligentes confiar en Cristo. Los sabios tuvieron un viaje mucho más largo que los simples pastores hasta el bebé de Belén. "A menos que ustedes se vuelvan como niños..." Cuando uno no puede ver, necesita poner su mano en la mano de Dios y creer. Dios dice que el Hijo de Dios murió por usted y, si confía en él, puede ser salvo. Por ridículo que parezca, confíe y será así. No necesita ser listo. No necesita haber leído teología y filosofía. Es lo suficientemente sencillo como para un niño.

Mire los rostros de la congregación de Corinto. ¿Qué nota? En su mayoría, son personas comunes y corrientes. Hay muy pocas de cuna noble, muy pocos intelectuales listos. Hay algunos, porque el reino de los cielos está abierto a ellos también, pero no muchos. ¿Quién era responsable de escoger los miembros de esa iglesia? La respuesta: Dios. Él los llamó; él los escogió. ¿Por qué habría de elegir Dios un grupo tan heterogéneo?

Un hombre sabio del mundo me dijo una vez: "Toma mi consejo: no te preocupes por la gente común. Ve a los importantes, las personas clave de la industria, el comercio y la universidad. Entonces conseguirás al resto". Ésa es sabiduría del mundo, que suena tan razonable. Pero Dios, en su sabiduría, escogió a un montón de esclavos, estibadores, marineros, además de hombres y mujeres de las calles. Los puso en la iglesia y los usó para cambiar el mundo. Dios elige deliberadamente a los que no son nadie para mostrar a los que son alguien que él es alguien. ¡Qué sabio! De esta forma, es obvio que lo que somos y lo que tenemos es de Cristo. Cristo es nuestra sabiduría, nuestra santificación, nuestra redención. Cristo es todo lo que tenemos. Debe quedar claro para las demás personas que todo lo que tenemos es Cristo. La iglesia es tan lastimosamente débil. Hay muy pocas personas nobles, muy pocas personas ricas, muy pocas personas de influencia en una iglesia promedio. ¡Gracias a Dios! Dios quiere personas que no son nadie para hacerlas alguien. Toma una criada y la convierte en Gladys Aylward[1]. Toma un zapatero y lo convierte en William Carey[2]. Dios toma hombres y mujeres ordinarias y las hace extraordinarias.

Fíjese en el predicador en Corinto esta mañana. A los griegos les gustaban los oradores altos y apuestos con un hermoso acento y maneras agradables y gentiles. Lamentablemente, lo mismo ocurre con algunas iglesias hoy. Pero cuando uno mira el púlpito corintio, ¿qué encuentra? Según la tradición, un judío pequeño y calvo, con piernas combadas, que tiene una peculiaridad en los ojos tal que las personas no encuentran que su presencia las impresione. Lo reconoce en una de sus cartas. Dice: "Sé que no tengo demasiada presencia cuando estoy con ustedes cara a cara". Él lo sabía. Era un hombre al que no hubieran dado una segunda mirada. Dijo: "Vine en temor y temblor. Cuando fui a ustedes, solo fui con un simple mensaje. No traté de persuadirlos con la oratoria. No intenté ser brillante. Solo fui a decirles el mensaje sencillo. Pero, cuando hablé, algo ocurrió". Esto era lo que hacía la diferencia entre

---
[1] Gladys Aylward (1902-1970) fue una misionera inglesa en China.
[2] William Carey (1761-1834) fue un misionero inglés en India.

este pequeño judío y todos los oradores griegos. Cuando ellos hablaban, todos decían: "Qué interesante", y volvían a casa exactamente igual. Pero, cuando Pablo hablaba, se demostraba el poder del Espíritu y la gente era cambiada. ¿Por qué escoge Dios personas así para predicar? ¿Por qué escoge Dios toda clase de personas para hablar acerca del evangelio? Para que la fe de las personas sea en Dios y no en el hombre. Por eso. ¡Qué sabio!

Uno de los mejores libros que he leído jamás sobre el bautismo es de un profesor de Alemania. Había estudiado teología y filosofía, y no conocía a Jesucristo. Un día, una mujer del Ejército de Salvación que lavaba la entrada de su casa lo guio al Señor Jesús. ¡Qué insensato que Dios usara una persona así para él! Es evidente que hay que poner a un profesor para conseguir a otro profesor. Oh, no, Dios es sabio, porque la confianza de ese profesor estará en Jesús, no en un ser humano. El peligro es que las personas ponen su confianza en un orador, un hombre. Pablo dice: "Solo vine a ustedes con un mensaje sencillo". El intelectual dirá: "No hay mucho en eso" y se irá sin pensar nada más. Pero Dios es sabio.

Yo creo que Dios todavía quiere que se predique un mensaje muy insensato. Él no quiere conferencistas. Recuerdo a un hombre que dijo, cuando obtuve un grado teológico: "Estamos vaciando la iglesia por grados", y puedo entender lo que quería decir. Dios quiere hombres y mujeres que quieran predicar un mensaje aparentemente insensato: Cristo, y él crucificado. Quiere una congregación de "nadies", para que él pueda mostrar su poder. No quiere predicadores que sean grandes. Quiere predicadores que confíen en el Espíritu Santo para que él haga algo, en vez de pensar que ellos pueden hacer algo.

Usted podría sacar la impresión de todo esto que soy un anti intelectual, o que Pablo lo es, y que él está diciendo que no hay ningún lugar para la instrucción, ningún lugar para la educación y para enseñar a las personas. No podría estar más alejado de la verdad, si llega a esa conclusión. Hay una sabiduría para ser impartida, dada y enseñada. Por eso la iglesia siempre debe hacer énfasis en la enseñanza y la instrucción. Pero es una sabiduría que es diferente de la de la escuela y la universidad. Los métodos de enseñanza en una iglesia serán diferentes. Tanto en la escuela como en la universidad, el método de la conferencia, a falta de un término mejor, está desapareciendo. Ahora uno no dice cosas *a* las personas, sino deja que las averigüen. Es un gran cambio que ha llegado en los últimos años. Podrá ser muy bueno en la educación secular, pero Dios todavía ha escogido la necedad de la predicación, y siempre lo hará. El pedagogo moderno podrá decir: "Descarten los sermones. Dejen que las personas averigüen de otra forma. La predicación ya no va", pero no es así. La instrucción sigue siendo necesaria, si bien dependerá de qué clase de persona es usted.

Todo el que tenga un poco de paciencia y un buen maestro puede recibir sabiduría del mundo hasta cierto grado, pero la sabiduría de Dios solo es recibida por uno de tres grupos de personas. Aquí están los tres grupos mencionados en 1 Corintios 2: las personas espirituales, las personas naturales y las personas carnales. Solo uno de esos tres grupos puede ser instruido en la sabiduría de Dios. Las personas espirituales son las que se mencionan primero.

Hay dos formas en que todas las demás personas llegan al conocimiento: por sus sentidos, en especial la puerta de los ojos y la puerta de los oídos, o a través de la imaginación, a través de su mente deductiva que saca conclusiones. Todo conocimiento llega de una manera o de la otra. Todo el conocimiento científico llega a través de nuestros sentidos o nuestra imaginación, mediante conceptos. Pero permítame decir esto: "Ningún ojo ha visto, ningún oído ha escuchado, ninguna mente humana ha concebido lo que Dios ha preparado para quienes lo aman".

Hay cosas que sabemos que ningún científico descubrirá jamás. Dios nos ha enseñado, porque el Espíritu Santo conoce los pensamientos de Dios. Nadie más los conoce. Yo no sé lo que usted está pensando en este momento. Podría sorprenderme. No sé cómo está reaccionando a lo que está leyendo. Usted podría estar disfrutándolo o podría estar rechazándolo. Yo no lo sé, pero su espíritu sabe lo que está pensando. Su espíritu conoce su interior. Yo no sé lo que Dios está pensando esta mañana. Es imposible que lo sepa, pero su Espíritu sabe. Ahora, supongamos que puedo tener su Espíritu; significa que podría saberlo. Entendería cosas que nadie más entiende. Cuando todos los demás preguntan: "¿Por qué ocurrió esto? ¿Por qué Dios permitió esto?", mi espíritu podría sentir: "Sé que él sabe", y estoy contento porque él entiende. Ésa es una sabiduría que no es dada a todos, porque muchos son incapaces de recibirla. A menos que alguien tenga el Espíritu de Dios, yo no puedo, como predicador, domingo tras domingo, impartirle ninguna sabiduría. Tal vez inteligencia, pero eso no le servirá. La sabiduría es muy diferente, y una persona nunca llegará a ser sabia hasta tanto tenga el Espíritu de Dios en ella. Uno puede ser muy instruido, muy inteligente, y la inteligencia dirá: "Puedo sacar una gran ganancia de este trato". Pero la sabiduría dice: "¿De qué sirve ganar el mundo entero si se pierde la vida?".

La inteligencia puede aprender a ganarse la vida; la sabiduría aprende cómo vivir. La inteligencia puede manejar esta vida —la mayor parte de ella—, pero la sabiduría lo preparará para la próxima. Me asombra vez tras vez que, luego de haber intentado predicar la Palabra de Dios, alguien vendrá y me dirá: "Oh, saqué tanto esta mañana; entiendo mucho más hoy que nunca antes", y otra persona saldrá del mismo culto y dirá: "Bueno, no saqué nada en absoluto. ¿De qué estaba hablando?". La respuesta es que uno puede impartir sabiduría e interpretar verdades espirituales a los que están llenos del Espíritu.

Por lo tanto, nunca arrastre a una persona a la iglesia en base a lo que usted sacó de un predicador. Le garantizaré lo que ocurrirá si lo hace, porque yo lo he hecho. He escuchado a un predicador que ha ministrado a mi alma, que me transmitió mucho. Dije a alguien: "Debes venir", y la arrastré a escucharlo. Se sentó sin inmutarse y dijo luego: "Bueno, no sé por qué estás tan entusiasmado; no hay nada ahí". El problema es que hablamos del predicador en vez de Cristo. ¡Qué error! Eso es sabiduría del hombre. Es la "locura de Dios" decir que la sabiduría solo está disponible para las personas espirituales.

El segundo grupo de personas que se menciona son las personas "naturales", que a veces se traduce como "no espirituales". La palabra griega que se traduce como "natural" es *phusikos* o *psuchikos*, con el significado de una persona que puede llegar al límite de la perspectiva y el conocimiento humano. El hombre natural *no puede* entender las cosas de Dios. No es que está siendo obstinado o deliberadamente necio. Tengo que recordar esto constantemente, al igual que usted. Estaba teniendo una discusión larga y apasionada con un joven intelectual que parecía muy ciego y obtuso con relación a cosas que son muy claras y obvias: que éste es el mundo en el que vivimos y alguien tiene que haberlo puesto aquí. Tuve que decir dentro de mi corazón, una y otra vez: "No puede ver; es un hombre natural. No tiene nada más que su razón, y la razón no puede llevarlo hasta el final del camino". Por lo tanto, los juicios del hombre natural en las cosas espirituales no tienen ningún valor. Sus juicios sobre las personas espirituales no tienen ningún valor. Dirá toda clase de cosas acerca de personas de Dios, pero no confíe en sus juicios. No puede entender. Se nos dice que el hombre espiritual no es juzgado por nadie. El hombre natural no puede entender al cristiano. Parece demasiado sencillo: personas espirituales o naturales. Hay un tercer grupo: las personas carnales. Estas son personas que se han convertido en cristianas, que han nacido de nuevo del Espíritu, que pertenecen a Jesucristo, pero que no pueden recibir sabiduría. No pueden recibir carne; tienen que tomar leche. La razón es que siguen siendo bebés en Cristo, y a los bebés espirituales no se les puede dar sabiduría. ¡Uno no envía a un bebé a la escuela de entrada! No pueden aprender la sabiduría de Dios. La evidencia de esta clase de persona es que es alguien que aún permite que los viejos hábitos mentales gobiernen su pensamiento.

Le daré un ejemplo notable de esto, porque ocurría en Corinto. Pablo no pudo impartir sabiduría a algunos cristianos porque aún pensaban como lo hacían antes de convertirse en cristianos. Decían: "Yo soy de Pablo", "yo soy de Apolos", "yo soy de Cefas". Permítame traducirlo al inglés-español moderno. Uno no pone su fe en un hombre. Los pastores van y vienen. Somos solo siervos para la causa del Señor. La fe de usted es en el Señor Jesús. Eso es crecer. Cuando uno se aleja de este ángulo humano de pensar y piensa en cambio en el Señor, y pone su fe en él, obtiene sabiduría. Le será impartida. Obtendrá sabiduría en una medida cada vez mayor al escuchar la Palabra de Dios. Pablo dice: "Tuve que alimentarlos con leche". Tengo la sensación, poniéndolo en inglés-español moderno, que estaba diciendo: "Con ustedes tendré que dar charlas para niños, y no sermones". A los bebés espirituales les encanta los mensajes para niños, pero no los sermones. Impartimos sabiduría a los que tienen el Espíritu: alimento, carne. Tratamos de agregarle un poco de salsa ahora, pero lo que necesitamos para ser fuertes es la carne, dejar la comida para bebés y comenzar a crecer.

Cuando no podemos ver, podemos creer. Cuando no podemos entender en el nivel humano, podemos confiar. Cuando parece como si el otro mundo es tan irreal y este mundo es tan real, podemos pedir la seguridad de lo que ningún ojo ha visto y ningún oído ha escuchado, y ninguna mente humana ha concebido. La gloria que será revelada en el futuro es algo de lo que podemos estar seguros mediante el Espíritu Santo.

La sabiduría de Dios es locura para el hombre, pero para los que están siendo salvados, para los que creen la palabra de la cruz, es el poder de Dios para cambiar vidas. Vamos ahora a 1 Corintios capítulo 12.

En cuanto a los dones espirituales, hermanos, quiero que entiendan bien este asunto. Ustedes saben que cuando eran paganos se dejaban arrastrar hacia los ídolos mudos. Por eso les advierto que nadie que esté hablando por el Espíritu de Dios puede maldecir a Jesús; ni nadie puede decir: "Jesús es el Señor" sino por el Espíritu Santo.

Ahora bien, hay diversos dones, pero un mismo Espíritu. Hay diversas maneras de servir, pero un mismo Señor. Hay diversas funciones, pero es un mismo Dios el que hace todas las cosas en todos.

A cada uno se le da una manifestación especial del Espíritu para el bien de los demás. A unos Dios les da por el Espíritu palabra de sabiduría; a otros, por el mismo Espíritu, palabra de conocimiento; a otros, fe por medio del mismo Espíritu; a otros, y por ese mismo Espíritu, dones para sanar enfermos; a otros, poderes milagrosos; a otros, profecía; a otros, el discernir espíritus; a otros, el hablar en diversas lenguas; y a otros, el interpretar lenguas. Todo esto lo hace un mismo y único Espíritu, quien reparte a cada uno según él lo determina.

De hecho, aunque el cuerpo es uno solo, tiene muchos miembros, y todos los miembros, no obstante ser muchos, forman un solo cuerpo. Así sucede con Cristo. Todos fuimos bautizados por un solo Espíritu para constituir un solo cuerpo —ya seamos judíos o gentiles, esclavos o libres—, y a todos se nos dio a beber de un mismo Espíritu.

Ahora bien, el cuerpo no consta de un solo miembro sino de muchos. Si el pie dijera: "Como no soy mano, no soy del cuerpo", no por eso dejaría de ser parte del cuerpo. Y si la oreja dijera: "Como no soy ojo, no soy del cuerpo", no por eso dejaría de ser parte del cuerpo. Si todo el cuerpo fuera ojo, ¿qué sería del oído? Si todo el cuerpo fuera oído, ¿qué sería del olfato? En realidad, Dios colocó cada miembro del cuerpo como mejor le pareció. Si todos ellos fueran un solo miembro, ¿qué sería del cuerpo? Lo cierto es que hay muchos miembros, pero el cuerpo es uno solo.

El ojo no puede decirle a la mano: "No te necesito". Ni puede la cabeza decirles a los pies: "No los necesito". Al contrario, los miembros del cuerpo que parecen más débiles son indispensables, y a los que nos parecen menos honrosos los tratamos con honra especial. Y se les trata con especial modestia a los miembros que nos parecen menos presentables, mientras que los más presentables no requieren trato especial. Así Dios ha dispuesto los miembros de nuestro cuerpo, dando mayor honra a los que menos tenían, a fin de que no haya división en el cuerpo, sino que sus miembros se preocupen por igual unos por otros. Si uno de los miembros sufre, los demás comparten su sufrimiento; y si uno de ellos recibe honor, los demás se alegran con él.

Ahora bien, ustedes son el cuerpo de Cristo, y cada uno es miembro de ese cuerpo. En la iglesia Dios ha puesto, en primer lugar, apóstoles; en segundo lugar, profetas;

en tercer lugar, maestros; luego los que hacen milagros; después los que tienen dones para sanar enfermos, los que ayudan a otros, los que administran y los que hablan en diversas lenguas. ¿Son todos apóstoles? ¿Son todos profetas? ¿Son todos maestros? ¿Hacen todos milagros? ¿Tienen todos dones para sanar enfermos? ¿Hablan todos en lenguas? ¿Acaso interpretan todos? Ustedes, por su parte, ambicionen los mejores dones.

1 Corintios 12

Las personas tienen dos clases de dones, dones naturales y dones espirituales, y Dios necesita ambos en su servicio. Los dones naturales son los que poseemos antes de ser cristianos. Hay dones que podemos entonces dedicar y usar para el servicio de Dios cuando somos salvos. Es hermoso cuando una persona con dones naturales los usa para Dios. Supongo que la ilustración más obvia es el don de la música. Ése es un don que uno tiene o no tiene. La mayoría de mi familia no tiene oído musical. Hay quienes tienen ese don natural, y pueden cultivarlo, entrenarlo y ponerlo a la disposición de Dios. Algunos tienen también un don natural asombroso para la improvisación y los arreglos.

Algunas personas tienen dones para las finanzas. No puedo entender de dónde lo obtienen, pero algunas son simplemente asombrosas con los números. Algunas personas tienen el don de la organización, algunas pueden clavar un clavo derecho, algunas tienen dones para las artesanías. Me apasiona cuando todos estos dones son usados para Dios y son dedicados para su servicio. Pero son todos dones naturales. Algunas personas pueden incluir el don de la facilidad para hablar en esa lista. Piense lo que quiere sobre eso, pero hay muchos dones.

No es la voluntad de Dios que la iglesia esté limitada a

los dones naturales. Si lo estuviera, significaría que habría personas que sentirían que no tienen nada para contribuir, o muy poco. Porque es muy obvio que los dones naturales son bastante aislados. Cuando uno escucha a un gran cantante piensa: "¡Qué don maravilloso y raro!". Es la intención de Dios repartir dones espirituales entre otras personas que tal vez tengan pocos dones naturales, o ninguno. Creo que todos tienen por lo menos un don espiritual. Si una iglesia está limitada a los dones naturales, estará severamente limitada en su desarrollo. Dependerá de tener muchas personas con dones naturales en la congregación, y una congregación promedio no tiene muchas de estas personas, como vimos al principio de 1 Corintios 1.

Entonces, ¿cuál es la respuesta? Es que Dios ha tenido una idea maravillosa, para decirlo así, que es dar dones sobrenaturales a la iglesia. Como Dios no tiene favoritos y no es parcial, puede dar dones espirituales a todo el que quiera recibirlos. ¡Esto es lo glorioso de esto! Usted puede decir: "Bueno, yo no tengo dones". Ésa es su culpa y solo su culpa. Si usted piensa que es una aseveración dura, déjeme señalar estos dones espirituales. Con los dones naturales, no es su culpa si no tiene dones, pero los dones espirituales son para todos.

Por esta razón, 1 Corintios 12 dice, vez tras vez, "a todos". Es la voluntad de Dios dar dones sobrenaturales, pero la mayor diferencia es la siguiente. Estos dones espirituales o sobrenaturales nunca se encuentran entre los incrédulos; solo se dan a cristianos. No encontrará estos dones en la persona con mayores dones del mundo que no es creyente. Son dones especiales para el pueblo de Dios. Pablo comienza diciendo: "En cuanto a los dones espirituales, hermanos, quiero que entiendan bien este asunto", pero me encuentro con muchos cristianos que no quieren entender sobre los dones, y piensan que es lo último en lo que quieren pensar. "No me hables de esas cosas. No me interesa", o "No quiero saber". Pablo quería que los creyentes entendieran, que supieran acerca de estos dones, para que pudieran quererlos y tenerlos.

Hay un solo tipo de codicia que le está permitido a un cristiano. No se le permite codiciar el coche, la casa o el trabajo de otra persona; ni siquiera sus dones naturales. "No codiciarás". Sin embargo, hay en el Nuevo Testamento un claro mandamiento: "Ambicionen (codicien) los mejores dones". Si usted ve a otra persona con un don espiritual, entonces tiene permiso para codiciarlo, por la autoridad de la Palabra de Dios.

Muchos cristianos no entienden y no están informados sobre los dones espirituales. Hay dos razones para esto. Muchos no entienden porque no tienen ninguna experiencia de los dones espirituales. Nunca los han oído o visto en operación. Tal vez han estado en una iglesia donde solo han oído y visto dones naturales dedicados. Por lo tanto, la falta de experiencia conduce a la ignorancia. 1 Corintios 12 a 14 pierde sentido si usted no tiene ninguna experiencia de estos dones. Es como leer el código de tránsito antes de tener un coche: muy interesante, pero sin ningún uso práctico para usted. Muchas personas no estudian estos tres capítulos precisamente por esta razón. Hasta perdemos el sentido de ese maravilloso capítulo de 1 Corintios 13 si no tenemos ninguna experiencia de los dones espirituales, porque tiene que ver con ellos: "Si hablo en lenguas humanas y angelicales…". Aquí se menciona el primer don espiritual, "… pero no tengo amor". "Si tengo el don de profecía…". Aquí está el segundo. "Y entiendo todos los misterios y poseo todo conocimiento…". Aquí está el tercero. "Y si tengo una fe que logra trasladar montañas…". Son dones espirituales. Más adelante en el capítulo dice que la profecía pasará, las lenguas cesarán, el conocimiento pasará. Todo el capítulo trata de los dones espirituales, así que aun este pasaje, que muchos cristianos aman, pierde su significado si uno ignora los dones espirituales.

Un segundo tipo de ignorancia es como la de Corinto, que es bastante diferente. Es la ignorancia de quienes tienen todos los dones espirituales en su iglesia, pero no saben cómo usarlos. Esto puede causar dificultades, problemas, división, infelicidad, y es un tipo de ignorancia aún peor, porque los dones de Dios son usados entonces para destruir la comunión en vez de construirla. Pablo dice que no quiere que estén desinformados, porque están recibiendo los dones espirituales, pero no saben cómo usarlos correctamente.

En particular, ignoraban dos cosas: *cómo* se dan los dones espirituales y *por qué* se dan los dones espirituales. Habla, en la primera mitad del capítulo, de la inspiración de estos dones: cómo llegan. En la segunda mitad del capítulo habla de la integración de estos dones para la edificación del cuerpo: por qué son dados.

Consideraremos la primera mitad, la inspiración de los dones. ¿Cómo vienen? ¿Cómo llegan a ser parte de la vida de una iglesia? Hay una diferencia muy grande entre el don natural y el don sobrenatural, y es ésta: el don natural puede ser ejercido cuando la persona lo desea. Si usted tiene el don de cantar, aun cuando no tenga muchas ganas de abrir la boca y cantar, puede hacerlo. Sea cual fuere su don natural, puede usarlo de acuerdo con su voluntad. Puede controlarlo, puede cultivarlo, puede desarrollarlo, etc. Pero un don espiritual no puede ser ejercido a menos que el Espíritu Santo lo mueva a hacerlo. Se requiere una inspiración inmediata y directa para la operación de un don espiritual.

Algunos músicos y artistas dirán: "No puedo componer a menos que me sienta movido, inspirado". Es interesante que usen la misma palabra, "inspirado", como si tuviera que haber algún espíritu que los mueva a hacer algo. Hay un elemento de verdad en esto, pero la inspiración de la que estoy hablando es diferente. La inspiración de la música y el arte seculares viene del espíritu humano. Cuando el espíritu humano mueve a una persona, lo expresa en alguna maravillosa obra de arte o musical, pero cuando llega la inspiración de Dios, es el Espíritu Santo, no el espíritu humano el que mueve.

Pablo trata ahora con algo que debe decirse en toda iglesia donde se ejercen los dones espirituales. Dice a los creyentes que pueden ser movidos por el espíritu incorrecto. Es muy importante darse cuenta de que hay tres clases de espíritus que mueven a las personas a hacer cosas: el Espíritu Santo de Dios, el espíritu humano y el espíritu maligno de Satanás y sus seguidores. Una persona puede ser movida profundamente, pero puede ser movida en la dirección errónea si el espíritu que la mueve es su propio espíritu o el espíritu de Satanás.

Tan pronto las personas son movidas por espíritus a hacer cosas, llega el peligro de que el espíritu incorrecto las esté moviendo. Una de las cosas horribles que estaba ocurriendo en Corinto era que, cuando estaban todos diciendo cosas movidos por el Espíritu, y las personas en la congregación estaban alabando a Dios, algunos decían: "Aleluya, Jesús sea alabado, Jesús es Señor", y algunos estaban diciendo: "Jesús sea maldito, Jesús sea maldito". Nos destroza darnos cuenta de esto, y Pablo tiene que corregirlos.

Ahora, es muy importante, si usted ha sido conmovido profundamente, preguntar *qué* espíritu lo movió, porque la dirección en que se moverá después dependerá del espíritu. Pablo les recuerda que, cuando eran paganos, aun cuando adoraban a ídolos mudos, se conmovían profundamente. He visto con mis propios ojos algunos derviches. He visto a personas excitándose hasta el frenesí, movidos por malos espíritus, diciendo toda clase de basura y hablando en lenguas, gritando cosas espantosas, estimulándose, movidos ya sea por su propio espíritu psicológico o probablemente por espíritus demoníacos. Han sido tan conmovidos que han estado haciendo y diciendo cosas malas.

Uno tiene que estar atento a esto. Pablo enseña que uno siempre puede darse cuenta, por el contenido de lo que las personas dicen, qué espíritu las mueve. Si dice algo contra Jesús, no es el Espíritu Santo quien la mueve. Podría parecer extraño que alguien en la iglesia pueda maldecir a Jesús, pero había bastantes personas en esos días que lo hacían. Los judíos lo hacían. Decían: "Maldito todo el que es colgado de un madero", y ése era Jesús. Los paganos lo maldecían, porque donde las personas hablan acerca de él los que fabrican ídolos se quedan sin negocio. Muchas personas maldecían a Jesús, pero cuando alguien entraba en la iglesia y maldecía a Jesús, entonces los espíritus malignos la estaban moviendo. La verdadera prueba de un servicio de adoración no es si uno es conmovido por ese servicio, sino quién lo conmovió.

Por esta razón, uno tiene que cuidarse aun de espíritus humanos que intentan estimular a las personas. "Vamos, todos, aplaudan y saluden a la persona que está al lado. Pongamos la música a todo volumen y tengamos un gran tiempo aquí". Esos podrían ser simplemente espíritus psicológicos, y no lo moverían a usted en la dirección correcta. Tal vez lo hagan mover un poco en el asiento, pero no lo conmoverán. Uno puede darse cuenta cuándo el Espíritu Santo está moviendo a alguien porque Jesús es glorificado, Jesús es honrado, Jesús es Señor. El diablo nunca dirá: "Jesús es Señor", porque es su sentencia de muerte decirlo ahora. Nadie movido por un espíritu maligno dice jamás: "Jesús es Señor".

Una mujer, luego de su conversión, se hizo médium espiritista y fue a una iglesia espiritista. Su pastor la vio unos meses después y le preguntó: "¿Por qué hizo eso?".

Le contestó: "Está bien, es un movimiento cristiano".
Él le dijo: "¿Cómo lo sabe?".

"Bueno", dijo ella, "yo hablo con los espíritus y les digo: 'Jesús es mi amo', y ellos dicen: 'también es nuestro amo'".

El pastor, como conocía la Biblia, dijo: "La próxima vez que hable con los espíritus, dígales: 'Jesús es Señor'". Ella lo hizo, y perdió el poder para contactar a los espíritus. Volvió a la iglesia y ahora está diciendo: "Jesús es Señor".

Uno puede ver la diferencia. Debe estar seguro de que sea el Espíritu Santo moviéndolo si quiere ejercer sus dones espirituales. En caso contrario, lo que usted diga podrá venir de su propio espíritu o de espíritus malignos, y eso no sería de edificación o útil para la iglesia. Podría dividir la iglesia, y podría destruir lo que Dios está buscando edificar.

Pablo recuerda a los cristianos que no traigan su inspiración pagana a la iglesia. No deje que espíritus malignos controlen su boca. Hable en el Espíritu Santo. Entonces dirá: "Jesús es Señor", palabras que solo dice el Espíritu Santo. He notado que aun los que tienen respeto por Jesús, pero no son cristianos, nunca lo llaman "Señor". Tal vez hablen de Jesús, o del "pálido galileo", o aun del siervo doliente —toda clase de títulos—, pero fíjese cuántas veces una persona habla del Señor Jesús. Cuando escuche la palabra "Señor", sabrá que el Espíritu está ayudando a esa persona a hablar acerca de él.

Ahora Pablo pasa a otro tema. Enseña que algo que no podemos usar como una prueba para los dones espirituales es si siempre ocurre de la misma forma. Habrá variedad de dones, variedad de servicio y variedad de obras. No hay ningún patrón fijo para el obrar del Espíritu Santo. El patrón de trabajo del hombre es siempre igual. Por eso tendemos a meternos en el ritualismo o el "rutinismo", cuando son los hombres quienes manejan todo. Y es por esta razón que, cuando el Espíritu Santo toma el control, se dejan a un lado los patrones familiares; las cosas pasan de manera inesperada, y son nuevas y frescas. Hay variedad de dones, variedad de obras y variedad de servicio. Descubrí en el laboratorio de biología que no hay dos briznas de pasto iguales, ni dos copos de nieve iguales en todo el universo. Hay variedad en lo que Dios crea, y cuando Dios el Espíritu Santo se pone a trabajar algo ocurrirá que no encaja en nuestro patrón prefijado. Cuando Dios el Espíritu Santo mueve a las personas, las mueve en direcciones diversas. Aparece una maravillosa variedad, pero esta variedad es del mismo Dios. Mire una multitud de personas. ¿No son todos diferentes? Aun lo gemelos, cuando llega a conocerlos, son diferentes. Dios ha hecho una maravillosa variedad de personas, y acá estamos todos, una mezcla absurda de personas con diferentes problemas, diferentes esperanzas, diferentes sueños, diferentes hogares, diferentes hijos. Sin embargo, un grupo de creyentes tiene el mismo Espíritu, el mismo Señor, el mismo Dios. Y somos todos uno en Cristo. Es la voluntad de Dios hacer que todos encajen, de modo que en el cielo haya personas de toda tribu, lengua y nación. Por ahora, hay diferentes dones, usados de diferentes formas, para diferentes propósitos. Por lo tanto, espere variedad cuando el Espíritu Santo está en una iglesia. Espere la aburrida y mortal monotonía cuando el espíritu humano, aun con dones naturales dedicados, está exclusivamente a cargo.

¿Qué tipo de dones espirituales da Dios a la iglesia? Ésta no es una lista exhaustiva, pero se mencionan nueve dones diferentes aquí, todos hermosos. Los consideraremos uno por uno. Lo primero que me llama la atención es esto: de los nueve dones que aparecen aquí, cinco son dones del habla. Si hay un don que Dios usa para edificar la iglesia es el don de las palabras. El mundo está más interesado en hechos, y dice: "Si la iglesia dejara de hablar e hiciera algo, la respetaríamos más". Dios, en su sabiduría, que es locura para los hombres, usa la predicación y usa las palabras para edificar a las personas. Es parte del plan de Dios que la mayoría de los dones sobrenaturales que da sean dones del habla, porque una cosa que ninguna otra criatura en el mundo puede hacer es poner pensamientos en palabras. No somos solo animales.

"No solo de pan vive el hombre", así que las acciones por sí mismas no alcanzan. Dios quiere darle el don de pronunciar palabras que edificarán a otros y los ayudará. ¿No es éste acaso uno de los mayores problemas de la iglesia: hacer que las personas hablen? Si quiere conocer el gozo de la comunión, es importante que todos hablen con los demás, creyendo que, al hacerlo, se ayudan mutuamente. Al compartir sus bendiciones, cargas y perspectivas, se edifican unos a otros. Una iglesia formada por un hombre que puede hablar hasta por los codos y toda una congregación que nunca abre su boca no es la clase de iglesia que quiere Dios.

Los dos primeros dones son dones del habla. Ante todo, no es el don de la sabiduría que se indica aquí, sino palabra de sabiduría, y eso significa que uno no tiene que ser inteligente, no tiene que ser instruido; todo lo que tiene que hacer es dejar que Dios use su boca para hablar sabiduría. La sabiduría será de él; él dará la sabiduría. El don de la palabra de sabiduría es el siguiente: cuando la iglesia enfrenta un problema enorme, cuando hay una gran dificultad, cuando nadie parece saber qué hacer, entonces alguien puede pararse y, con el don de la palabra de sabiduría que ha recibido, decir: "Esto es lo que Dios quiere que hagamos". Tan pronto lo ha dicho, si ha sido una palabra de sabiduría, todos los creyentes presentes dirán: "¿Por qué no lo habíamos pensado? Es precisamente la respuesta correcta a este problema".

Salomón pidió este don y se vio enfrentado a lo que yo hubiera considerado una cuestión imposible: dos mujeres discutiendo por un bebé, la clase de situación de la que la mayoría de nosotros se alejaría corriendo mil kilómetros porque sentiríamos que las disgustaríamos a ambas, digamos lo que digamos. Él pidió el don de sabiduría y Dios puso en su boca una frase que lo solucionó todo. ¡Cómo necesitamos ese don!

El segundo don es el don de la palabra de conocimiento. Ahora bien, esto no significa que uno tiene el cerebro repleto de teología. Significa poder decir algo acerca de alguien o algo que solo Dios sabe. Elías tenía este don. Sabía exactamente lo que el rey de Siria decía en su alcoba. Es un don de conocimiento sobrenatural que uno no podría haber recibido de ningún otro lugar fuera de Dios. He estado presente cuando se ha ejercido este don, cuando alguien ha dicho a la iglesia algo que nadie sabía excepto Dios, y ha demostrado ser una pieza de conocimiento útil, algo que ha ayudado a la iglesia a enfrentar el futuro. Podría ser algún conocimiento acerca del futuro.

El tercer don es el don de la fe. Ahora bien, ésta no es la fe salvadora normal del cristiano. Éste es un don especial de fe, cuando la fe de un cristiano es exigida, simplemente no puede creer que algo ocurrirá, y alguien en la iglesia dice: "Creo que ocurrirá. Sé que ocurrirá. Estoy seguro de que ocurrirá". El don de fe de esa persona ayuda a todos los demás a creer que ocurrirá.

El cuarto don que se menciona es el don de sanidad. Significa sanar una enfermedad física sin medicina o cirugía. Estos dones son dados de tanto en tanto a alguien para otra persona. Es un don de salud que Dios quiere dar a otra persona a través de este cristiano. ¡Alabemos a Dios por esto! Yo no estaría hablando, enseñando y predicando —por cierto, no estaría en la tierra— sin ése no fuera un don verdadero.

Luego está el don de milagros. Este don es poder sobre las cosas: poder para cambiar la naturaleza, poder para cambiar el clima. Este poder aún es dado al pueblo de Dios.

El don de profecía es dar una palabra inmediatamente inspirada de Dios a su pueblo. El don de profecía puede ser ejercido por cualquier persona. Cualquiera puede tener una palabra directamente de Dios para dar a otros: una palabra de aliento, una palabra de predicción, una palabra que los desafiará, una palabra que los sacudirá y los hará pensar en Dios. Cualquier creyente lleno del Espíritu Santo podría dar una palabra de profecía.

El don de discernimiento es, muy sencillamente, el don de saber, cuando una persona es movida a decir o hacer algo, si fue Dios, el espíritu humano o un espíritu maligno el que lo hizo: Dios, la carne o el diablo. En un culto un hombre se puso de pie y habló en lenguas. El pastor se paró y dijo: "Hermano, el Espíritu me dice que lo está haciendo en la carne, no en el Espíritu, así que siéntese y permanezca callado. No es útil". Y el hombre se sentó de inmediato. Uno puede imaginarse, en esa situación, que no habrá ningún abuso de dones, cuando está el don de discernimiento de espíritu. Una persona realmente buscará la voluntad del Señor antes de ejercer un don. Ése pastor tiene ese don frecuentemente.

Luego está el don de lenguas, que no es hablar sin sentido de manera extática, sino usar un idioma desconocido por la persona para alabar a Dios. El objetivo de alabar a Dios en un idioma que nunca aprendió es que saca sus pensamientos y mente del camino. Esto limpia uno de los más grandes bloqueos a la oración libre, permitiéndole orar y alabar con una libertad que no tiene en su propio idioma. Es un don hermoso, pero puede ser falsificado por incoherencias de origen psicológico y lenguas demoníacas.

El último don es la interpretación de lenguas. Si alguien habla en una lengua en presencia de otros no les sirve para nada, porque no entienden una sola palabra. Así que se da otro don sobrenatural para traducirla para los demás presentes, de modo que conozcan qué pensamiento hermoso ha sido expresado, qué alabanza hermosa ha sido ofrecida.

Notamos que está dentro de la voluntad del Espíritu mismo quién recibe qué don. No es nuestra decisión. Yo no puedo decir: "Tendré este don", y no puede decir: "Tú tendrás ese don". Es el Espíritu Santo quien da estos dones a las personas según su voluntad, para el bien común. No lo hace para dañar, no lo hace para lastimar. Lo hace para edificar. Nadie más lo decidirá.

Ésta es la diferencia entre el ejercicio de dones y lo que un predicador hace en su estudio. Él decide qué parte tomará él y qué partes tomarán los demás. Puede haber un orden en el culto, pero yo creo que cada iglesia necesita oportunidades de comunión donde no haya un orden del culto fijado, donde el Espíritu Santo tiene espacio para decir: "Voy a dar a la Sra. Tal y al Sr. Tal un don hoy, para que puedan ejercerlo para el bien común".

Finalmente, llego al versículo 13. ¿Cómo empieza uno a ejercer los dones? Está claramente ahí, en ese versículo, pero voy a cambiar una palabra, porque me temo que los traductores de mi versión se han equivocado. Puede comprobar lo que digo buscando a alguien que sabe griego y preguntándole lo que dice el original. Pablo dice: "*En* un Espíritu fueron todos bautizados", no "por". El Espíritu no lo bautiza a usted; usted es bautizado en el Espíritu por el Señor Jesús. Lo interesante es que, nuevamente en el idioma griego, que Pablo usaba, el verbo "bautizados" y "beber" son ambos una forma peculiar del verbo, que significa algo que ocurrió una vez. Usted fue bautizado una vez, y se le dio de beber una vez de este único Espíritu. Se está refiriendo a una experiencia específica en la vida pasada suya y de los corintios. Está diciendo: "¿No se acuerdan? Así fue como empezó todo. Ustedes fueron bautizados en un Espíritu; se les dio de beber de un Espíritu".

Si uno es bautizado en agua, pero mantiene la boca abierta, tomará del agua, como ocurrió con una pobre mujer que bauticé. Ella abrió bien la boca y ocurrió lo que dice el texto de Salmos: "Abre bien la boca, y te la llenaré". Mientras era bautizada abrió su boca y el agua entró en ella además de estar fuera de ella. Pablo está recordando a los creyentes una experiencia comparable a ésa. Fueron vestidos con el Espíritu, sumergidos en el Espíritu. El Espíritu estaba alrededor de ustedes, y ustedes abrieron la boca y bebieron de ese mismo Espíritu.

¿Han tenido todos los cristianos esa experiencia? La respuesta, hasta donde puedo ver, es que, si lo hubieran tenido, estarían todos en condiciones de ejercer los dones espirituales. Fue ahí donde comenzó todo. El día en que usted fue bautizado en el Espíritu Santo y bebió de ese Espíritu, comenzó a ejercer dones espirituales. Solo puedo compartir con usted mi profunda convicción de que una de las razones por las que no vemos más dones espirituales es que hay muchos creyentes a los que nunca se les ha dado de beber de esa forma.

Cuando ocurre, empiezan a operar más dones espirituales. Cuando usted se convierte en cristiano, todos sus dones naturales están ahí. Los pone sobre el altar y dice: "Señor, ¿puedo cantar? Cantaré para ti". Pero cuando usted es bautizado en el Espíritu Santo y es dado de beber del Espíritu, encuentra que puede ejercer dones que nunca antes tuvo, y puede usarlos para el bien común y la edificación del único cuerpo de Jesucristo.

Capítulo once

EL ESPÍRITU SANTO EN GÁLATAS

Quiero que veamos la obra del Espíritu Santo en Gálatas y lo que Pablo dice al respecto ahí. Es una de las cartas fundamentales del Nuevo Testamento con relación a nuestro tema. Lo que es la Carta Magna para Inglaterra y la Declaración de la Independencia para los Estados Unidos, es la carta a los Gálatas para los cristianos. Es nuestra acta constitutiva de la libertad cristiana. Si quiere saber lo que es realmente la libertad, éste es el libro que tiene que leer.

La palabra "libertad" se usa ampliamente hoy. Hay luchadores de la libertad, la gente protesta, marcha por la libertad y quiere que todos tengan libertad. Pero, cuando hablo con las personas que hablan de la libertad y pregunto: "¿A qué se refiere?", obtengo toda clase de respuestas. El presidente Roosevelt dijo que la verdadera libertad consistiría en la libertad de expresión, la libertad de culto, la libertad del temor y la libertad de la necesidad. Ésa es una definición. Algunos dicen que debemos ser libres del capitalismo, libres del imperialismo, libres de todos los otros "ismos" que existen. Pero no es así como esta carta define la libertad. Pablo está luchando aquí por la libertad del cristiano. La verdadera libertad consiste en solo dos cosas: ser libre del legalismo, por un lado, y ser libre de libertinaje, por el otro. Como son palabras que no aparecen en la conversación normal, tendré que explicarlas.

En la primera mitad de esta pequeña carta trata con el *legalismo*, que significa el control de seres humanos mediante la ley, por normas y reglamentos fuera de ellos, diciéndoles qué hacer, obligándolos a hacer ciertas cosas, y castigándolos si no lo hacen. Toda sociedad ha encontrado necesario tener una profesión legal y escribir leyes que dicen a las personas que si hacen ciertas cosas serán castigadas por hacerlas. Hay leyes que debo respetar cuando salgo con mi coche. No soy libre de hacer lo que quiera. No soy libre para conducir del lado incorrecto de la calle solo porque tengo ganas y porque hay una mejor vista de ese lado. Una vez me detuve en un cruce en Londres y conté quince diferentes señales de tránsito que debería leer, diciéndome qué camino seguir, qué hacer y adónde ir antes de avanzar. Detrás de mí había un montón de conductores tocando la bocina que no entendían por qué estaba esperando. Ésta es una imagen del legalismo. No es libertad. Uno está limitado por normas y reglamentos.

Ahora bien, la religión puede llegar a ser así. Pablo había vivido en una religión que era legalista, llena de normas y reglamentos. Es un tipo de religión miserable y dura, que se vuelve cada vez más opresiva. Había sido un fariseo, un hebreo de hebreos, un judío religioso, y sabía lo que significaba. Los judíos del tiempo de Pablo tenían 1.281 reglas diferentes acerca de guardar el día de reposo. Uno no podía caminar más de mil pasos. No podía arrastrar un palo por el suelo, porque estaría arando. Había toda clase de normas y reglamentos insignificantes. Eso es legalismo. Debemos tener mucho cuidado de nunca dejar que el cristianismo se convierta en una religión legalista.

Pablo luchó esta batalla toda su vida. Había cristianos equivocados que querían poner a los nuevos conversos bajo una lista de normas y reglamentos, pero él estaba luchando por la libertad de ellos. Cuando nos convertimos en cristianos, la vida ya no se trata de reglamentos insignificantes, y tratar de cumplir con ellos. Para ayudarlos a ver que el cristianismo no es una cuestión de guardar reglas, escribe a sus conversos que están empezando a vivir según reglas:

> ¡Gálatas torpes! ¿Quién los ha hechizado a ustedes, ante quienes Jesucristo crucificado ha sido presentado tan claramente? Sólo quiero que me respondan a esto: ¿Recibieron el Espíritu por las obras que demanda la ley, o por la fe con que aceptaron el mensaje? ¿Tan torpes son? Después de haber comenzado con el Espíritu, ¿pretenden ahora perfeccionarse con esfuerzos humanos? ¿Tanto sufrir, para nada? ¡Si es que de veras fue para nada! Al darles Dios su Espíritu y hacer milagros entre ustedes, ¿lo hace por las obras que demanda la ley o por la fe con que han aceptado el mensaje?
>
> *Gálatas 3:1–5*

En otras palabras, ¿cómo comenzaron la vida cristiana? Le garantizaré esto: nadie llegó a ser cristiano jamás tratando de guardar los Diez Mandamientos o intentando hacer todas las cosas que se supone que debe hacer un cristiano. Nadie encontró jamás el poder de Dios intentando desesperadamente lograr cierto estándar de comportamiento. Pablo una vez había pensado que, si uno quiere llegar a Dios, debía guardar los mandamientos. A esto se refiere con "las obras de la ley". Pero llegó a un punto en que se dio cuenta de que ese camino es cada vez más frustrante. Uno se encuentra cada vez más confundido, porque hay tantos reglamentos. Lo único que descubre cuando trata de guardarlos, es la debilidad de la carne. Es imposible.

Es un verdadero problema, porque uno se siente cada vez más culpable. Es lo que logra el legalismo. Si usted piensa que el cristianismo es una cuestión de guardar las reglas, de tratar de vivir de acuerdo con las leyes, entonces se está condenando a descubrir que la carne o la naturaleza son simplemente demasiado débiles, y que no puede guardarlas. Hay demasiadas reglas, y no somos lo suficientemente disciplinados como para alcanzar el estándar.

Pablo está diciendo aquí: ¿cómo descubrieron el poder? ¿Cómo encontraron que su religión no es algo que ustedes deben llevar, sino algo que debe llevarlos a ustedes? ¿Lo descubrieron tratando de guardar la ley? ¿O lo descubrieron tan pronto dejaron de intentar y comenzaron a confiar, y escucharon con fe? Significa: ¿cómo llegaron a conocer el poder del Espíritu Santo? Cuando dejaron de intentar y comenzaron a confiar. Cuando dejaron de tratar de levantarse por su cuenta y dejaron que él asuma el control. Estos son los dos tipos de religiones que uno encuentra en el mundo. Llamaría a uno la religión del "bote de remos" y el otro, la religión del "barco de vela". La religión del "bote de remos" es terrible. Uno empuja con todas sus fuerzas, tratando de llegar al destino, y nunca ve a Dios. Porque cuando está remando, por lo general está mirando en el otro sentido. No puede ver adónde se dirige, y sigue tirando de los remos, sin saber dónde está yendo. Podría estar girando en círculos, pero no lo sabe.

Una religión de "navegación a vela" es cuando uno pone la vela de la fe y espera que sople el viento del Espíritu. Es el viento del Espíritu el que lo lleva, el poder del Espíritu. Si está en un bote de remos, descubre la debilidad de la carne bastante pronto. Si está en un barco de vela, descubrirá el poder del viento. Si *intenta*, descubrirá la debilidad de la carne. No puede lograrlo. Si *confía*, descubrirá que el soplo del poder del Espíritu lo impulsa, y lo lleva adonde necesita ir. Sus ojos están mirando adelante, y puede ver su destino.

Habiendo empezado de esta forma, estos gálatas "estúpidos" (no es mi frase, sino de Pablo, así que puedo usarla), habiendo comenzado la vida cristiana confiando, ahora estaban intentando. Corrían peligro de volver a las normas y reglamentos. La circuncisión era el tema específico que preocupaba a Pablo. Pero sabía que era el principio de algo que podía tener terribles consecuencias. Si uno empieza haciendo eso porque es una de las leyes, entonces tendrá que guardar el resto. Si alguna vez comienza a guardar los Diez Mandamientos, entonces deberá guardar todos los demás, y estará realmente perdido. Habiendo comenzado por confiar con el oír de la fe, ¿por qué están volviendo a las obras de la ley y complicándose la vida? Muchos cristianos hacen que el cristianismo les complique la vida cuando vuelven al legalismo. Necesitan que se les diga que ya no están bajo la ley. Ya no es cuestión de obedecer normas y reglamentos. Pablo era malinterpretado a menudo en este tema. Cada vez que he dicho esto, siguiendo a Pablo, también he sido malinterpretado. La gente salta a la conclusión de que lo que uno está diciendo es: "Ahora podemos hacer lo que queremos". Eso es libertinaje y no libertad.

Permítame darle unos ejemplos prácticos acerca de dos áreas de la vida cristiana en la que los cristianos han cometido el error de hacerse normas y reglamentos. Tome la cuestión de guardar el domingo. Ésta es un área de la conducta cristiana acerca de la cual nuestros antepasados muy a menudo hacían normas y reglamentos. El domingo se convirtió en un día legalista y, por lo tanto, un día infeliz. Era un día que estaba rodeado de restricciones, en el cual uno ponía llave a algunos armarios, guardaba ciertos juguetes, no hacía esto, no hacía aquello. Se convirtió en puro legalismo. Es muy interesante que los que tenían esa visión del domingo comenzaron a llamarlo el "día de reposo", que es una regulación judía y no cristiana. Tan pronto alguien dice: "No estás bajo normas y reglamentos legalistas para tu conducta del domingo", alguien saltará al libertinaje y dirá:

"Quiere decir que puedo hacer lo que quiero los domingos", y no significa nada del estilo. Eso es libertinaje para hacer lo que uno quiera.

Tome otra esfera. Yo soy un abstemio total, y escojo deliberadamente serlo, pero nunca me escuchará decir que todo cristiano debería firmar el compromiso. En la escuela dominical a la que yo iba éramos confrontados con un compromiso que debíamos firmar cada noviembre. Tenía la impresión (no sé si era la intención de ellos dármela) de que uno no podría ser un cristiano a menos que firmara ese compromiso. Pero no es una norma de la vida cristiana que todos tengan que ser abstemios totales. Tan pronto dije eso en una iglesia, algunos de los jóvenes pensaron que yo había dicho que estaba perfectamente bien que los cristianos hicieran una ronda de bares y que bebieran todo lo que quisieran, pero no había dicho tal cosa. Hay algunas personas que, si no pueden tener legalismo, con normas y reglamentos, piensan que la única alternativa es hacer lo que quieran.

En Gálatas 5 y 6, Pablo trata con este error opuesto. Hacer lo que uno quiere no es libertad. Es tan esclavo como el legalismo. En otras palabras, si uno rechaza las normas y reglamentos, y salta al extremo opuesto y hace lo que quiere, es pura esclavitud. Bajo el legalismo uno es esclavo de otras personas; bajo el libertinaje uno es un esclavo de uno mismo. Pero, de una forma u otra, uno no conoce la libertad. Si está viviendo una vida que tiene que ver con hacer lo que quiera, entonces, francamente, es aún más esclavo que alguien que está bajo la ley. Tarde o temprano, se encontrará puesto nuevamente bajo la ley, aunque más no sea para impedir que siga comportándose mal.

Todos los que saltan a la categoría de libertinaje tendrán problemas con la ley tarde o temprano, porque ese camino conduce a la anarquía. Tengo la sensación de que mucho de lo que se habla acerca de la libertad hoy trata, en realidad, del libertinaje, que no es libertad en absoluto. Es luchar por la libertad para hacer lo que me gusta, lo que quiero, y eso es esclavitud. Así que, al final de Gálatas, Pablo está hablando de la esclavitud que surge de sentirse libre para hacer lo que uno quiere. Se convierte en esclavitud a sus propias pasiones y deseos. Es la peor clase de esclavitud. ¿No es asombroso que los que se despojan de los grilletes del legalismo tan frecuentemente ponen sus manos en las esposas de libertinaje y se vuelven tan esclavos como antes?

Pienso en un par de borrachos arriba de un autobús, volviendo a su hogar en Newcastle-upon-Tyne. Estaban obviamente muy preocupados por la recepción que tendrían de sus respectivos cónyuges en casa. Finalmente, uno se volvió al otro y dijo: "Bueno, le diré a ella: 'Soy libre, ¿no? Soy libre'". Pero no lo estaba. Era un pobre esclavo intoxicado. No podía pasar un sábado a la noche sin meterse en esa condición. Estaba completamente atrapado. ¿Ve la diferencia? ¿Cuál es, entonces, la respuesta?

En la segunda mitad de Gálatas, Pablo trata con los que no saben usar su libertad adecuadamente, y enseña sobre caminar en el Espíritu. Éste es un pasaje crucial:

Cristo nos liberó para que vivamos en libertad. Por lo tanto, manténganse firmes y no se sometan nuevamente al yugo de esclavitud.

Escuchen bien: yo, Pablo, les digo que, si se hacen circuncidar, Cristo no les servirá de nada. De nuevo declaro que todo el que se hace circuncidar está obligado a practicar toda la ley. Aquellos de entre ustedes que tratan de ser justificados por la ley, han roto con Cristo; han caído de la gracia. Nosotros, en cambio, por obra del Espíritu y mediante la fe, aguardamos con ansias la justicia que es nuestra esperanza. En Cristo Jesús de nada vale estar o no estar circuncidados; lo que vale es la fe que actúa mediante el amor.

Ustedes estaban corriendo bien. ¿Quién los estorbó para que dejaran de obedecer a la verdad? Tal instigación no puede venir de Dios, que es quien los ha llamado.

"Un poco de levadura fermenta toda la masa". Yo por mi parte confío en el Señor que ustedes no pensarán de otra manera. El que los está perturbando será castigado, sea quien sea. Hermanos, si es verdad que yo todavía predico la circuncisión, ¿por qué se me sigue persiguiendo? Si tal fuera mi predicación, la cruz no ofendería tanto. ¡Ojalá que esos instigadores acabaran por mutilarse del todo!

Les hablo así, hermanos, porque ustedes han sido llamados a ser libres; pero no se valgan de esa libertad para dar rienda suelta a sus pasiones. Más bien sírvanse unos a otros con amor. En efecto, toda la ley se resume en un solo mandamiento: "Ama a tu prójimo como a ti mismo". Pero si siguen mordiéndose y devorándose, tengan cuidado, no sea que acaben por destruirse unos a otros.

Así que les digo: Vivan por el Espíritu, y no seguirán los deseos de la naturaleza pecaminosa. Porque ésta desea lo que es contrario al Espíritu, y el Espíritu desea lo que es contrario a ella. Los dos se oponen entre sí, de modo que ustedes no pueden hacer lo que quieren. Pero si los guía el Espíritu, no están bajo la ley.

Las obras de la naturaleza pecaminosa se conocen bien: inmoralidad sexual, impureza y libertinaje; idolatría y brujería; odio, discordia, celos, arrebatos de ira, rivalidades, disensiones, sectarismos y envidia; borracheras, orgías, y otras cosas parecidas. Les advierto ahora, como antes lo hice, que los que practican tales cosas no heredarán el reino de Dios.

En cambio, el fruto del Espíritu es amor, alegría, paz, paciencia, amabilidad, bondad, fidelidad, humildad y dominio propio. No hay ley que condene estas cosas. Los que son de Cristo Jesús han crucificado la naturaleza pecaminosa, con sus pasiones y deseos. Si el Espíritu nos da vida, andemos guiados por el Espíritu.

5:1–25

Porque he sido liberado de la ley, no soy libre para hacer lo que quiero. En otras palabras, por ejemplo, puedo ser un abstemio total porque escojo libremente serlo, porque quiero amar a mi prójimo. Creo que, en mis circunstancias, la mejor forma en que puedo ayudar a los que no pueden controlar la bebida es siendo un abstemio total yo mismo. Pero es una elección libre. No es una norma de la vida cristiana. No es algo que se me dice que haga. No es algo que debo hacer para ser un cristiano. Es un acto de libertad completa. Usted es libre para hacer esto si es lo que el Espíritu le guía a hacer. No es libre para hacer algo distinto si es solo la carne que le ha dicho que sea libre.

Este entendimiento de la libertad es lo que hace que una persona realmente conozca la libertad. Comenzamos por el hecho simple de que en todo cristiano hay conflicto, un conflicto que solo tiene el cristiano. Si uno se convierte en cristiano, entonces tendrá más conflictos que antes. Perderá la paz que tenía, porque este conflicto no estaba presente. ¿Cuál es el conflicto? Es el conflicto entre la carne y el Espíritu. Todo cristiano está tironeado entre dos caminos. Tenga bien en claro que, al decir "carne", no me estoy refiriendo al "cuerpo", y al decir "espíritu" no me refiero a la "mente". Es asombroso cuántas personas piensan de esta forma. La palabra "carne" en la Biblia no significa simplemente este cuerpo, sino todo lo que soy por nacimiento, todo lo que soy por naturaleza, sean mis hábitos y deseos físicos, mis hábitos y deseos mentales, mis afectos o mis ambiciones;

todo lo que sea de *mí*, con lo que nací, y todo lo que sería si Dios no hubiera tocado mi vida.

La palabra "espíritu" aquí se refiere a todo lo que soy al nacer de nuevo. Cuando me convertí en cristiano, el Espíritu Santo fijó su residencia en mi corazón, y todo lo que él ha creado dentro de mí es "espíritu". Ahora bien, el conflicto entre estos dos es realmente tremendo. En ocasiones, es una guerra. Una persona se convierte en una guerra civil. Su vieja naturaleza tira en una dirección y su nueva naturaleza tira en otra dirección. Uno se siente dividido en dos. Hay algo absolutamente cierto en el conflicto, y Pablo lo deja en claro: es imposible seguir a ambos.

Es acerca de esto que escribe Pablo en los versículos 16 a 18, que nos dicen muy sencillamente que, si uno deja que la carne lo tire, entonces el Espíritu no puede; si está dejando que el Espíritu lo tire, entonces la carne no puede. El cristiano es la única clase de persona en el mundo que tiene la opción de dejar que uno u otro asuma el liderazgo. Por eso Pablo dice: caminen tras el Espíritu, caminen por el Espíritu.

Lo que quiere decir es que todo cristiano, cada momento del día, se ve confrontado por dos caminos que se dirigen en sentidos opuestos. Su vieja naturaleza está caminando por un camino, pero su nueva naturaleza, llena del Espíritu, está caminando por otro camino. Cada momento del día, estamos siguiendo este camino o el otro. Pero no hay forma de mezclarlos. Si está caminando en el Espíritu hoy le será imposible caminar tras la carne. Si está caminando tras la carne, será imposible que responda al Espíritu Santo.

Pablo lo expresa de manera más fuerte en el idioma original: "Yo digo: caminen (vivan) por el Espíritu y no gratificarán los deseos de la carne. No tendrán que preocuparse por eso si están caminando por el Espíritu".

¿Cómo sabe uno en que camino se encuentra? ¿Cómo sabe si una acción específica es de la carne o del Espíritu? Es una de las preguntas más importantes que uno podría hacer jamás, porque es tremendamente difícil separar cuándo la carne lo está tirando y cuando lo está haciendo el Espíritu. Al principio de la vida cristiana uno puede cometer varios errores aquí. Por ejemplo, uno quiere un trabajo específico y quiere casarse con una persona concreta, así que dice: "¿Es de la carne o del Espíritu? ¿Es mi vieja naturaleza que quiere hacer esto, o es mi nueva naturaleza que lo quiere? ¿Es esto mi viejo yo reafirmándose o es el nuevo yo que quiere hacer algo que está bien?".

¿Cómo hacerlo? Una forma es ver adónde conducen los caminos. Pablo describe ahora las consecuencias de seguir un camino u otro: las obras de la carne o el fruto del Espíritu. Ver adónde nos conducen estos caminos. Primero, tome las obras de la carne. Creo que es muy interesante que usa la palabra "obras" y no la palabra "fruto". La palabra "obras" me habla de una fábrica, de productos hechos por el hombre, que no necesitan a Dios para nada. El hombre puede producir obras, así que veamos lo que produce la fábrica de la carne, entregando las mismas cosas con una regularidad monótona. Es una palabra plural porque uno no encontrará todas estas cosas en la misma persona. Podrá encontrar una cosa en una persona, y otra en otra persona. Pero tarde o temprano esta clase de cosa aparece, y no es una lista completa porque dice al final: "… y otras cosas parecidas".

Hay cuatro áreas de la vida en las que las cosas irán mal cuando uno camina tras la carne y sigue su vieja naturaleza: en el área del sexo, de la religión, de la sociedad y de la bebida. Pienso que en estos tiempos Pablo habría agregado la droga. Esto es lo que uno puede esperar que pase si está siguiendo su vieja naturaleza: éstas son las consecuencias. Primero, con relación al sexo, Pablo dice que, si uno sigue su vieja naturaleza, entonces tarde o temprano aparecerán la inmoralidad, la impureza y el libertinaje.

Le daré los significados exactos. La primera palabra significa "sexo fuera del matrimonio"; la segunda palabra, "tener una mente sucia"; la tercera palabra, "escandalizar la decencia pública". Inevitablemente, si uno va por el camino de su vieja naturaleza, aparecerán estas tres cosas en esta área de su vida, y tal vez más. Hará deliberadamente algo que sabe que está mal, lo mantendrá dentro de su mente o lo dejará salir y escandalizará deliberadamente la decencia pública. Esto es lo que ocurre cuando recorre ese camino.

La segunda cosa que menciona es la religión. ¿Qué ocurre en la religión cuando uno sigue su vieja naturaleza? Dos cosas: idolatría y brujería. Permítame explicarlos. Primero, su religión se convertirá en una cosa exterior en la que tiene que ver algo antes que pueda sentirse religioso. Por lo tanto, querrá imágenes o un lindo edificio gótico, o algo que lo ayude a ser religioso. Porque cuando uno está yendo por el camino de la carne, no tiene nada en su interior para hacerlo piadoso, así que necesita cada vez más ayuda exterior. Quiere imágenes, ídolos y cosas que lo hagan sentir religioso. Eso es lo que ocurre cuando uno está caminando por el camino de su vieja naturaleza.

La otra cosa es la brujería. ¿Qué significa esto? Significa superstición: tocar madera, persignarse, arrojar sal por encima del hombro, no caminar bajo escaleras (aunque puede haber una razón sensata para esto que no es supersticiosa). Significa juguetear con la magia, involucrarse en el espiritismo o interesarse en el ocultismo. Pablo enseña que éstas son las cosas que ocurren por ese camino, en la religión.

¿Qué ocurre con su vida social? Indica ocho cosas: odio, que se refiere al odio hacia personas, prejuicio contra ellas, que podría incluir su clase y raza. Luego discordia, violencia. Uno participa en intrigas y conspiraciones. Hay celos, esa actitud destructiva y consumidora hacia otras personas que las destruye. Arrebatos de ira, que significa literalmente "punto de ebullición", la palabra que usa Pablo: rebalsar por el mal genio. Están las rivalidades, que significa estar lleno de ambición personal. Disensiones, que significa amar la competencia y la rivalidad, las etiquetas y la lucha contra otros. Sectarismos, que significa preferir las facciones y las camarillas por encima de tener una actitud de amor hacia todos. Envidia significa un resentimiento amargo hacia otros que tienen más que uno. Esto es lo que ocurre cuando uno sigue el camino de la carne.

Pablo dice que la borrachera es el resultado inevitable de seguir su naturaleza inferior a su conclusión lógica. Lo llevará a parrandear, juergas, orgías, desenfreno, en los que uno se deshonra como Noé cuando salió del arca. Ésta es la lista, que Pablo dice que está lejos de ser completa, que puede aparecer en su vida, aun como cristiano, si sigue el camino de la carne. Así es como puede darse cuenta. ¿Se está volviendo más irascible? ¿Está volviéndose celoso de otros? ¿Tiene envidia de otros? Entonces, ésta es su vieja naturaleza, que lo lleva de la nariz por ese camino. Pablo dice que, tarde o temprano, si uno sigue por ese camino de hacer lo que quiere, se encontrará nuevamente bajo la ley, porque la ley está precisamente para impedir que las personas dañen a otras al caminar según la carne.

La ley del país está (o debería estar) diseñada para impedir que la carne dañe a otra persona. ¿Por qué hay leyes que restringen mi velocidad de conducción? Porque mi carne quiere conducir rápido, y mi carne lastimaría y lesionaría a otra persona si no hubiera una ley que me detuviera. Tarde o temprano, si uno va por el camino de la carne, aun cuando no se meta en problemas con las leyes humanas, sin duda chocará con la ley de Dios. Porque hay una ley de Dios que dice que los que hacen tales cosas no heredarán el reino. Es una imagen bastante terrible.

Miremos ahora el lado agradable. Suponga que el Espíritu

conduzca a alguien, y comienza a seguir al Espíritu. ¿Sabe qué aparecerá en su vida? Aparecerá fruto. A mí me gusta la palabra "fruto". Es una palabra muy importante, por esta razón: el hombre produce obras, pero Dios produce fruto. Ningún hombre ha podido fabricar fruto, ni nunca podrá hacerlo; solo Dios puede producirlo.

La palabra "fruto" también me dice que uno no puede tenerlo sin el árbol. Jesús dice que, a menos que uno permanezca en la vid, a menos que uno esté en contacto con él, no puede producir fruto. Me dice también que este fruto no crece de la noche a la mañana. Crece de manera gradual y constante. Pero lo más interesante de esta palabra "fruto" es que la palabra está en singular, mientras que las obras de la carne están en plural. El fruto aparece todo junto: un fruto con nueve sabores. Los nueve aparecen juntos en la vida de alguien que está caminando tras el Espíritu. Uno no tiene que intentar tener el fruto. Crece en el carácter del que está caminando por este camino. Tres de ellos nos ponen bien con Dios, tres nos ponen bien con otros y tres nos ponen bien con nosotros. Los tres hacia Dios son amor, gozo y paz. ¿Hace falta decir algo más? Cuando uno está caminando tras el Espíritu, ama a Dios, disfruta a Dios y tiene paz con Dios; es así de sencillo. ¿Y las personas que son tan difíciles e irritantes? Cuando está caminando tras el Espíritu, uno es paciente, amable y bueno hacia ellas. No tiene que intentar serlo. El fruto crecerá. Será paciente, será amable, será bueno. Hacia uno mismo, será fiel. Eso significa cumplir, ser confiable. Es tremendo ser una persona confiable. Será amable y manso. La amabilidad es lo que produce cortesía, y no tiene que ver con el trasfondo social. Algo que me llama la atención con relación al hombre moderno es que podemos controlar todo menos a nosotros mismos. Pero una persona que está caminando tras el Espíritu encontrará que tiene autocontrol.

Pablo enseña que, si uno camina por esta senda nunca tendrá problemas con las leyes del hombre ni con las leyes de Dios. ¿Por qué? Porque nunca ha habido una ley contra ninguna de estas cosas. Contra tales cosas no hay ninguna ley. Nunca ha habido una ley que dice: "No disfrutarás de Dios y de la vida". Nunca ha habido una ley contra la paz, ni contra la paciencia, ni contra la amabilidad, la bondad, la confiabilidad, la mansedumbre o el autocontrol. ¿Acaso no tiene sentido esto? Si uno es cristiano, ¿no es ésta su vida? La carne y el Espíritu están tironeándolo en diferentes direcciones, y usted sabe que no puede ir en ambas direcciones. Sabe perfectamente que, cuando cede a su vieja naturaleza y sigue esa senda, éstas son las clases de cosas que aparecerán en su vida: se pone irritable, tiene problemas con la gente, pierde los estribos y envidia lo que no tiene.

Espero que sepa que, cuando camina tras el Espíritu y permite que le dé vida, usted es completamente libre. Porque le diré esto: la mayor libertad del mundo es ser libre *de usted mismo*. ¿No es ésa la mayor libertad que existe? ¿No es ésa la libertad que nadie más tiene? ¿No es ésa la libertad que a nadie parece interesarle? Quiero ser libre para hacer lo que quiero. Quiero ser libre *para mí*, pero la Biblia dice que eso es esclavitud. Usted puede ser libre de usted mismo si es guiado por el Espíritu. Entonces estará libre de la ley también, porque la ley no podrá tocarlo. No hay ninguna ley contra ser libre de uno mismo. Ésa es la verdadera libertad. El legalismo y el libertinaje, las dos formas de esclavitud, quedan atrás. Uno no es ni un esclavo de otras personas ni un esclavo de uno mismo. Es libre. No es libre *de* Dios; es libre *para* Dios. No es libre de su prójimo, sino que ahora es libre para su prójimo. No está libre del amor, sino que está libre para el amor. Ésa es la verdadera libertad. Por esta razón una oración conocida en el Libro de Oración Común tiene esa frase hermosa: "cuyo servicio es la libertad perfecta". Uno nunca será libre hasta que no sea guiado por el Espíritu. Uno es libre para tener exactamente la actitud que el Espíritu Santo lo guíe a tener. En resumen, eso es libertad perfecta, porque finalmente uno es libre de uno mismo y libre para Dios.

¿Es una opción abierta para un cristiano decidir si va a caminar de acuerdo con la carne o con el Espíritu? ¿Soy libre, como cristiano, para decir: "¿Qué haré? ¿Caminaré de acuerdo con el Espíritu hoy"? A aquellos a quienes el Espíritu está tirando en una dirección y la carne en otra, les digo que, cuando se convirtieron en cristianos ya decidieron en qué dirección irían. No es una opción abierta salir y decidir si pasará un día en la carne o en el Espíritu, porque cuando acudió a Cristo y a la cruz, ¿qué hizo con la carne? La crucificó. Aprendemos de Pablo que todos los que pertenecen a Cristo tomaron una decisión, cuando acudieron a Cristo, de que su vieja naturaleza no los guiaría más. Pablo dice que, cuando se convirtieron, cuando llegaron a pertenecer a Cristo, cuando se hicieron cristianos, dijeron: "Yo crucifico mi carne con toda su atracción, sus pasiones y sus deseos". ¿Qué quiere decir? No quiere decir que esté muerto, porque la crucifixión no mata. Una persona puede estar en una cruz hasta seis o siete días. Jesús estuvo allí seis horas. La crucifixión pone a una persona en un lugar donde morirá si es dejada ahí. Eso es lo que significa la crucifixión. Cuando un hombre era crucificado, era clavado a una cruz, y era dejado ahí hasta que muriera. A veces, tal vez por un pedido al gobernador, era bajado y se le permitía vivir, pero si se lo dejaba donde se lo había colocado en el momento de la crucifixión, terminaría por morir.

Lo que usted hizo cuando se convirtió fue decir: "Señor, aquí está mi vieja naturaleza, mi carne. La pongo sobre la cruz, donde Cristo fue clavado por mí. Clavo mi vieja naturaleza a esa cruz, y la dejaré ahí hasta que muera.

Pero su vieja naturaleza, colgando ahí, crucificada, sigue rogando: "Sácame de la cruz un ratito. Solo sácame de aquí". Lamentablemente, cada vez que caminamos tras la carne estamos sacando la carne de la cruz y estamos diciendo: "Está bien, puedes tener un respiro. Puedes guiarme nuevamente", y esto es peligroso.

Quienes pertenecen a Cristo, cuando acudieron a Cristo dijeron: "No quiero ser un esclavo del yo". Usted dijo eso cuando se convirtió, ¿no es así? Dijo a Cristo: "He hecho un desastre de mi vida. No la puedo guiar yo mismo. Tú debes guiarme". Lo dijo en serio. Usted crucificó su carne, con sus pasiones y deseos. Entonces, se lo ruego, déjela ahí. Deje su carne sobre la cruz. Deje su vieja naturaleza ahí hasta que muera. No la vuelva a bajar y no juegue con ella porque, tarde o temprano lo volverá a poner bajo la ley de la que usted fue liberado por Jesucristo. ¿No es maravilloso que usted pueda ser libre, que pueda crucificar su vieja naturaleza y dejarla ahí, y ser guiado por el Espíritu y caminar tras el Espíritu? Sin el esfuerzo de *tratar* de ser paciente, *tratar* de ser amable, uno encuentra que el fruto crece porque está caminando en la dirección correcta. El árbol frutal produce el carácter de Jesucristo en usted. Amor, alegría, paz, paciencia, amabilidad, bondad, fidelidad, humildad y dominio propio. No puede haber ninguna duda de quién estaba sentado en el taller de artista de los pensamientos de Pablo cuando pintó ese cuadro del carácter perfecto. Es un retrato de Jesús. Lo que está diciendo es que, si uno es guiado por el Espíritu, el amor de Jesús llena su corazón y uno se vuelve como él.

Si el Espíritu nos da vida, andemos guiados por el Espíritu. No dejemos que la vanidad nos lleve a irritarnos y a envidiarnos unos a otros.

Hermanos, si alguien es sorprendido en pecado, ustedes que son espirituales deben restaurarlo con una actitud humilde. Pero cuídese cada uno, porque también puede ser tentado. Ayúdense unos a otros a llevar sus cargas, y así cumplirán la ley de Cristo. Si alguien cree ser algo, cuando en realidad no es nada, se engaña a sí mismo. Cada cual examine su propia conducta; y si tiene algo de qué presumir, que no se compare con nadie. Que cada uno cargue con su propia responsabilidad.

El que recibe instrucción en la palabra de Dios, comparta todo lo bueno con quien le enseña.

No se engañen: de Dios nadie se burla. Cada uno cosecha lo que siembra. El que siembra para agradar a su naturaleza pecaminosa, de esa misma naturaleza cosechará destrucción; el que siembra para agradar al Espíritu, del Espíritu cosechará vida eterna. No nos cansemos de hacer el bien, porque a su debido tiempo cosecharemos si no nos damos por vencidos. Por lo tanto, siempre que tengamos la oportunidad, hagamos bien a todos, y en especial a los de la familia de la fe.

5:25–6:10

Caminar es hoy una actividad anormal. No es algo que hagamos mucho. Un par de generaciones atrás, la mayoría de las personas iba caminando a la iglesia. Uno estaría agradablemente cansado y podía relajarse en los bancos y recuperarse para el viaje de vuelta a casa. Escuché a un hombre que caminaba de manera regular todos los domingos treinta kilómetros a la iglesia y treinta kilómetros de vuelta. Pero caminar está fuera de moda. La mayoría de las personas va en coche. Los jóvenes que están en buena forma física consideran el caminar como algo que se hace por dinero, algo tan extraordinario, un esfuerzo tal, que en realidad se les debería pagar para hacerlo para alguna obra caritativa. ¡Pagar por caminar, como si hubiera hecho algo maravilloso, algo grande, algo inusual!

Debido a esto, nos cuesta mucho entender el Nuevo Testamento. Siempre está hablando de la vida cristiana como un caminar: caminar en amor, caminar en la luz, caminar en el Espíritu, caminar tras Cristo. Si uno estudia la vida de Jesucristo, fue un gran caminador. Tiene que haber caminado cientos de kilómetros, siempre enseñando mientras caminaba, mientras estaba en el camino, caminando, caminando. Después de su resurrección, siguió caminando, en el camino a Emaús. Aun hoy, en el cielo, es el que camina entre los candelabros. La vida cristiana debe ser un caminar, pero es muy difícil verlo hoy. En nuestra sociedad de "viajeros", en la que todos esperamos viajar a todos los lugares que podamos, sea por autobús, coche, o lo que sea, es muy fácil pensar que buscamos una iglesia para viajar al cielo. Una religión para viajar, donde tenemos poco que hacer. Por supuesto, si está buscando una iglesia para viajar a la gloria, si ése el concepto de religión que tiene, su primera preocupación será la comodidad de los asientos.

En Gálatas 5 Pablo nos enseña que vivir la vida cristiana es caminar (andar) en el Espíritu. No es tan espectacular como correr. Pero, con mucha mayor frecuencia que ser exhortados a correr la carrera, se nos dice que caminemos. Mi experiencia me dice que uno llega mucho más lejos caminando que corriendo. Una de las tentaciones de la vida cristiana joven es querer correr antes de caminar, querer llegar rápidamente y de una forma espectacular. Los cristianos que llegan más lejos en la vida cristiana son aquellos que siguen adelante, caminan constantemente, dando un paso a la vez en la dirección correcta toda su vida. Cuarenta años de caminar con el Señor lo llevará mucho más lejos que cinco años corriendo. Por cierto, usted no podrá correr cuarenta años. Habrá momentos en que, después de haber hecho todo, deberá detenerse. Pero deberá volver a caminar cuanto antes.

En Gálatas 5 Pablo habla sobre cómo caminar en el Espíritu. En los versículos 16 a 24 el caminar que se describe es su caminar privado con Dios: cómo caminamos cuando estamos solos. Por cierto, caminar solo es algo que todo cristiano deberá hacer: caminar tras el Espíritu en vez de la carne, cuando está solo. Pero ahora, en el versículo 25, se nos dice nuevamente que "caminemos (andemos) guiados por el Espíritu". Lamentablemente, en inglés-español se traduce usando la misma palabra, así que nos lleva a muchos a pensar que Pablo solo se está repitiendo, pero no es algo que haga mucho. Tiene mucho que decir, y la segunda vez usa una palabra griega diferente para "caminar". La primera vez, en el versículo 16, es la palabra para una persona que está caminando sola, pero la segunda palabra que usa aquí es una palabra que significa marchar al paso, alineado con otros. Supongo que la mejor forma de traducirlo sería: "Marchemos guiados por el Espíritu". En otras palabras, hay dos clases de caminar que un cristiano necesita hacer: la clase de caminar que anda tras el Espíritu por su cuenta, y la clase de caminar que anda por el Espíritu alineado y siguiendo el paso de otros que también están caminando en el Espíritu.

Esto, por supuesto, se da de bruces con cualquier idea de que uno puede ser un cristiano solo. Cada vez que alguien me dice: "Puedo ser un cristiano sin ir a la iglesia", simplemente no sé qué decir. Quisiera decir: "¿Cómo podrías hacerlo? ¿Cómo puedes cumplir la enseñanza de Cristo sin caminar con otros?". Es una imposibilidad, ya que él nos dijo que hiciéramos esto. ¿Cómo puede usted decir: "Puedo ser un cristiano solo", cuando el único mandamiento nuevo que Jesús nos dio fue "Ámense unos a otros"? Es una imposibilidad absoluta caminar solo hacia el cielo. Debemos caminar tras el Espíritu, no solo como individuos sino como se mueve un ejército poderoso: la iglesia de Dios, alineados, siguiendo el paso.

Veremos ahora sobre caminar en el Espíritu juntos. Pablo nos da tres formas en que uno puede dejar de seguir el paso de otras personas, y tres formas en que uno puede dejar de seguir el paso con uno mismo. En cada caso, el cristiano debe vigilar su paso muy cuidadosamente para asegurarse de que esté alineado, para asegurarse de que esté con los demás, por puro amor por ellos. Pablo dice que nos amemos unos a otros, que no tengamos envidia unos de otros, que llevemos las cargas unos a otros. El cristianismo es la actitud que usted tiene hacia los demás cristianos.

¿Cómo puede uno salirse del paso con otros de manera negativa? Nunca fui bueno para marchar. Recuerdo cuando me uní a la Real Fuerza Aérea (RAF) como capellán. No había estado en las fuerzas armadas. Había estado en la agricultura, que era una ocupación reservada cuando la manteca era más importante que las armas. Cuando ingresé en la RAF de pronto aparecí como un oficial sin ninguna instrucción militar. No tenía entrenamiento, y la primera semana tenía que aparecer ante unas dos mil personas en un patio de armas y marchar frente a ellas mientras estaban paradas ahí. No podía distinguir mi pierna derecha de la izquierda. Fue un caos ese primer desfile. Nunca lo olvidaré; todavía tengo pesadillas. Recibí ayuda del capellán anglicano que llegó la semana siguiente. Se olvidó de saludar a alguien, hizo un giro sobre el pie incorrecto y cayó de bruces, y me sentí muy animado. Pero recuerdo que me tragué el orgullo, fui al sargento y le di cigarrillos para persuadirlo para que viniera a la oficina de capellanes al anochecer y me diera instrucción mientras daba vueltas por la oficina. Yo marchaba alrededor del escritorio mientras él gritaba las órdenes, porque quería aprender. Solo aprender a marchar al paso con otros exige un esfuerzo cuando uno solo ha estado acostumbrado a caminar con su propio estilo, a su propia velocidad, toda su vida. Uno tiene que aprender, y el cristiano joven necesita aprender a mantener el paso con otros cristianos de todas las edades y temperamentos.

¿Cómo se sale uno del paso? A veces encontré que perdía el paso y tenía tres pies, y no sabía cuál adelantar primero. ¿Cómo se sale uno del paso con otros cristianos? De tres maneras: teniendo vanidad, irritándolos y teniéndoles envidia. Tome el primero: vanidad. Un hombre que tiene un concepto demasiado elevado de sí mismo tratará de marchar por delante de los demás, y se saldrá de la fila. Si usted tiene un complejo de superioridad, no podrá mantenerse en línea con las demás personas de la iglesia. Si piensa que es mejor que ellas, irá dando grandes pasos adelante diciendo: "Mírenme, puedo dar pasos más grandes que ustedes". Por lo tanto, se saldrá de la línea y la línea se romperá. Solo recuerde que hay equivalentes espirituales a las cáscaras de banana, y al orgullo le sigue la destrucción, según la Biblia. Un hombre que avanza delante de los demás por vanidad es un hombre que caerá pronto.

La segunda forma es provocar a las personas, que significa, literalmente, "pincharlas". Uno se mantiene en línea, pero tiene agujas pegadas en ambos brazaletes. Simplemente hace que sea muy difícil que las personas se mantengan cerca de usted. Así que se alejan gradualmente hacia los costados, la línea se rompe, y el enemigo puede irrumpir porque la línea es débil. Usted las está irritando, o provocando. El significado es: "Desafiar a una competencia". Es considerarlas como rivales en vez de colegas. Tal vez tenga un toque de envidia en su corazón. "Él tiene más dones que yo. Tiene un mejor puesto en la iglesia que yo. A ella le dieron un trabajo que siempre he tenido hasta ahora". Si hay un toque de envidia, uno tiende a quedarse rezagado. Es como un complejo de inferioridad.

De modo que un cristiano no debe decir: "Soy mejor que tú y lo demostraré", ni debe decir: "Eres mejor que yo y estoy resentido". Un cristiano dice: "Somos colegas". No importa quién es mejor o peor que nadie, considero a los otros como mejores que yo, camino en línea con ellos y lo considero como un privilegio sagrado. Juntos, en línea, marchamos al paso, avanzando hacia el reino.

Si uno pierde el paso con los demás cristianos, no estará caminando en el Espíritu. Lo siguiente que menciona Pablo aquí son tres formas en que otra persona puede salirse de la línea y cómo uno puede volver a colocarla en línea. Éste es el otro lado de la cosa. No solo debemos cuidarnos de seguir el paso nosotros mismos, sino que debemos también cuidarnos de ayudar a que los demás sigan el paso. Pablo dice aquí que hay una forma correcta, además de una forma incorrecta, de hacer que las personas vuelvan a seguir el paso de los demás, cuando se salen de la línea. A propósito, fíjese que ahora dice "hermanos". Yo soy el guarda de mi hermano si soy un cristiano. Es asunto mío si mi hermano está fuera de línea y no sigue el paso de los demás. Uno no está apelando a un montón de personas que son solo miembros de un club. Está apelando a hermanos. En cualquier familia, si alguien se cae, el resto de la familia lo levanta. ¿No es natural? En una iglesia, si alguien cae, uno no se limita a chismorrear acerca de la persona y dice: "¿No es terrible?", y lo deja cocinarse en su propia salsa. Uno lo levanta. Hermanos, manténgase unos a otros en línea.

Si un hermano es "sorprendido en pecado", ¿qué significa? Uno de sus hermanos cristianos tropieza, se resbala, tiene un traspié, se cae. Esto puede ocurrirle a cualquier cristiano. La mayoría de nosotros probablemente ha tropezado o ha caído desde que nos convertimos en cristianos, y lo han sabido otros creyentes. ¿Qué ocurre, entonces? Si es una verdadera familia de hermanos y hermanas cristianas, entonces, cuando alguien ha resbalado, los otros que lo conocen pueden volver a levantar a la persona y hacer que vuelva a caminar. Ésa es la reacción instintiva. No pegarle cuando está caído hablando de ella, sino rodeándola con amor, levantándola y diciendo: "Vamos, vuelve a la línea rápido". Ha caído, ha tropezado, ha sido sorprendida y superada por la tentación. Recuerdo que esto pasó dentro de una universidad cristiana, cuando un estudiante cayó. Durante tres días ningún estudiante pudo concentrarse en su trabajo. Nunca lo olvidaré. Estaban tan preocupados que simplemente rodearon a este muchacho con su oración y su amor. Siguieron haciéndolo hasta que lo volvieron a poner de pie y estaba caminando adelante con ellos de nuevo. Fue un hermoso ejemplo de comunión cristiana. "Hermanos, si alguien es sorprendido en pecado, ustedes que son espirituales...". Esto significa no intentar levantarlo a menos que esté fuerte espiritualmente, a menos que esté lleno del Espíritu Santo. Pero levántelo, y luego ayúdelo a caminar con usted. Y hágalo en un espíritu de mansedumbre y amabilidad, porque usted podría haber sido la persona que cayó.

Solo una persona realmente espiritual puede hacerlo con una actitud humilde, porque es la única que sabe que ella también podría haber estado en el suelo como la persona que cayó. Un cristiano no espiritual dirá: "¿Cómo pudiste meterte en esa clase de problemas? Si tan solo me hubieras copiado a mí y hubieras vivido como yo, no te habrías metido en este lío". Pum, pum, pum, y el pobre hombre cae cada vez más bajo.

Una vez hablé con un hombre cuyo trabajo era arreglar las carrocerías de los coches. Me dijo que, si un coche tiene una abolladura en el costado o en el cuerpo, la peor cosa que uno puede hacer es tomar un martillo y golpear la abolladura en el medio desde atrás, que es lo que haría la mayoría de nosotros. Dijo: "Lo que tiene que hacer es darle pequeños golpecitos alrededor de la burbuja. Siga golpeando muy suavemente, acercándose hacia el centro. Poco a poco, lo enderezará. Pero un buen golpe en el medio lo partirá y se quedará con varios bollos desagradables".

Esto es lo que Pablo nos está enseñando aquí. Si alguien ha caído y un cristiano no espiritual trata de levantarlo y dice: "Vamos, ponte de pie. ¿Por qué hiciste eso?", partirá a ese cristiano. Pero una persona espiritual puede restaurarlo y arreglarlo con humildad. La palabra usada aquí es la que se usa para acomodar un hueso para que vuelva a crecer. Uno tiene que palparlo para colocarlo en su lugar suavemente. Así que la primera cosa es que, si alguien se sale de la línea porque cayó en pecado e hizo lo malo, entonces usted, que es espiritual, debe levantarlo con humildad.

El siguiente punto es que cualquiera que esté llevando una carga demasiado grande es probable que pierda el paso. La forma en que la comunidad puede sanar eso es llevar las cargas unos a otros. Nuevamente, el cuadro es sumamente sencillo, y no necesito explicarlo. Pero si un montón de soldados están marchando en línea y un pobre soldado está llevando una carga pesada en su espalda, entonces en algún momento se saldrá de la línea, y esto es lo que ocurre en una comunidad. A veces un cristiano está llevando una carga demasiado grande, algo que lo abruma, y no puede seguir el paso. En vez de decir simplemente: "Ah, tal y cual está quedándose atrás", Pablo dice: "Ayúdense unos a otros a llevar sus cargas". Si alguien está llevando demasiado, el resto debería decir: "Ven y dame un poco de esa carga. Debo quitarla de tus manos".

Podría ser una carga completamente práctica. Podría ser una mujer cuyo esposo está en el hospital y que necesita que los hijos sean cuidados durante un tiempo. Podría ser algo profundamente espiritual: alguien tiene demasiados trabajos en la iglesia y está bajo demasiada presión. Otras personas deberían acercarse y decir: "No deberías estar haciendo todo esto. Nosotros haremos el trabajo".

Pablo ahora agrega algo extraño, acerca del orgullo: "Si alguien cree ser algo, cuando en realidad no es nada, se engaña a sí mismo". ¿Por qué dice eso aquí? Le diré por qué, desde mi experiencia en el trabajo pastoral. Si hay una cosa que impide que las personas lleven las cargas de otras es el orgullo. O alguien es demasiado orgulloso para quitar la carga de otra persona, o esa otra persona es demasiado orgullosa como para permitir que le quiten la carga. De una forma u otra, alguien está pensando que es algo, cuando no es nada. Si usted piensa que no es nada, puede llevar y dejar llevar las cargas.

Tal vez sea demasiado orgulloso como para reconocer ante nadie que tiene una carga, y decir: "Mira, estoy bajo presión. No puedo llevar lo que tengo que llevar. ¿Me ayudarías?". Porque pensamos que somos algo, tenemos esta veta de orgullo, ese pequeño músculo de hierro fundido atrás de nuestro cuello.

Ayúdense unos a otros a llevar sus cargas, y así cumplirán la ley de Cristo, y si alguien cree ser algo, cuando en realidad no es nada, se engaña a sí mismo; no engaña a otras personas.

Finalmente, la palabra "responsabilidad" (carga) vuelve a aparecer en el versículo 5. Esto parece contradecir el versículo anterior: "Ayúdense unos a otros a llevar sus cargas / Que cada uno cargue con su propia carga". Pero, cuando consideramos la diferencia de la palabra podemos entender lo que significa. Todo soldado necesita llevar su propia mochila. La palabra "carga" aquí es la palabra usada en los ejércitos romanos y en los ejércitos griegos para la mochila de un soldado. En otras palabras, uno nunca marchará en línea a menos que cada uno esté llevando todo lo que debe llevar, pero no más. Si tienen demasiado que llevar, ayúdense unos a otros a llevar sus cargas. Pero, si no está llevando su propia carga, la carga caerá sobre otros.

Todas las iglesias que he conocido imponen demasiadas

cargas sobre algunas personas porque algunos miembros no llevan su propia carga. Ésta no es la verdadera comunión cristiana. Sobre algunos hay una carga mayor que la que deberían tener. Si Dios pone miembros en una iglesia, lo hace porque en esa iglesia cada miembro es necesario para llevar su carga. No hay lugar para pasajeros en el tren del evangelio; solo tripulantes. Cada miembro que no lleva la plena responsabilidad que debería bajo Dios no hace el trabajo que Dios quiere que haga. Entonces, ¿qué ocurre? La carga pasa al resto de la línea. A las personas dispuestas se les pide que hagan cada vez más. He visto que ocurre a menudo. Pregunto a miembros que no están llevando su carga si se dan cuenta de lo que están haciendo a los demás. Si usted es miembro de una iglesia, entonces su deber es preguntar: "¿Cuál es mi carga? ¿Es enseñar en la escuela dominical? ¿Es saludar a las personas cuando llegan? ¿Es ayudar con el esfuerzo evangelístico? ¿Es ayudar en la visitación? ¿Es ayudar en los grupos de comunión? ¿Cuál es mi carga?". Todo miembro que no lleva la carga estará sobrecargando a otro miembro. Pablo dice que cada uno debe llevar su propia carga. Solo entonces podrá usted llevar la carga de otra persona, porque solo entonces la carga estará distribuida correctamente.

Ahora, perdóneme por ser franco, pero le estoy transmitiendo lo que Pablo dijo a los gálatas: es muy importante que no haya ningún parásito en la comunidad cristiana. Por cierto, Pablo dijo una vez a la iglesia de Tesalónica: "Si hay un miembro de la iglesia que no quiere trabajar, que tampoco coma". En otras palabras, no dé limosnas, comida o dinero a quienes no quieren trabajar, pero pueden hacerlo. No sería amor cristiano, sino puro sentimiento. Que cada hombre lleve su propia carga. Mi ambición era ser el pastor de una iglesia en la que cada miembro lleva su propia carga, donde si algún miembro está sobrecargado, los demás pueden ayudar inmediatamente a llevar las cargas los unos de los otros. Estamos en un ejército, y en un ejército uno no puede darse el lujo de tener un solo soldado que no cargue con su peso de alguna forma.

En los versículos 7 a 10 hay un proverbio, un principio, una promesa y un precepto. Primero, el proverbio: la ley de causa y efecto. Lo que uno pone es lo que saca. Esa ley de Dios se aplica en toda la vida. Se aplica a su cuenta bancaria. Se aplica a su jardín. Si usted planta repollos no sacará rosas. Lo que pone es lo que saca. Se aplica a su vida social. Es extraño que un mismo domingo dos personas pueden decirme estas cosas. Una dice: "¡Qué iglesia amable!" y la otra dice: "¡Qué iglesia poco amable!". Ningún comentario me dice mucho acerca de la iglesia, sino me dice algo acerca de la persona que lo hizo.

Muy sinceramente, lo que uno saca de una iglesia es lo que uno pone en ella. Si está llevando las cargas de otras personas y es amistosa con ellas, encontrará que es una iglesia maravillosamente amistosa. Si se mantiene distante y se encierra en sí mismo en la iglesia, entonces no culpe a la iglesia si siente que los miembros se mantienen distantes de usted. La amistad es un camino de dos sentidos: uno saca lo que pone. Le diré esto: los que más sacan de los grupos caseros son los que más ponen. Los que leen el pasaje antes, que se han preparado, van, hacen un aporte y hablan con los demás, sacarán más de los grupos caseros. Si alguien viene a mí y dice: "No saco nada de los grupos caseros", mi respuesta sería: "Eso se debe probablemente a que no estás poniendo nada en el grupo".

Lo que uno pone, saca. Se aplica espiritualmente, se aplica financieramente, se aplica materialmente; es la ley de Dios. No se engañe, porque de Dios nadie se burla, y usted va a encontrarse con él. Todo lo que usted haga tendrá sus consecuencias, y no puede escaparse de esto. Ésta es una de las leyes escritas en el universo: si uno siembra escasamente, cosechará escasamente. Si siembra buena semilla, cosechará buena semilla; si siembra semilla mala, cosechará semilla mala. Es una ley escrita de Dios. Recorre toda la Biblia y, por cierto, es un dicho en el lenguaje común.

La peor clase de decepción es engañarse uno mismo, porque entonces no hay nadie que lo ayude a desengañarse. Pablo dice que no nos engañemos. No piense que puede hacer algo y salirse con la suya. No piense que puede sembrar de una forma y cosechar de otra forma. No piense que si siembra ésta clase de vida cosechará otra clase de vida. Recibirá el mismo tipo. Porque, lo que usted ponga, es lo que sacará. La vida es así, y Dios no dejará que nadie se salga con la suya. Es su ley, aun cuando usted se engañe y piense que puede salirse con la suya. No podrá. En Gálatas está hablando a cristianos. Cristianos, no se engañen. Todo cristiano que camine tras la carne terminará por destruir y deshacer su salud física, su paz mental y su efectividad espiritual. Es una ley de Dios. Pero, si por otro lado usted está sembrando para el Espíritu todo el tiempo, caminando en el Espíritu como individuo y como comunidad, hay una hermosa cosecha de vida eterna a ser recogida.

En estos días, la palabra "instantáneo" vende cualquier cosa. El problema es que, en esta vida "instantánea", queremos santidad instantánea, como si hubiera un suceso o experiencia que pudiera convertirlo de pronto en un santo. Se verá tentado a desalentarse con la cosecha espiritual que no llega rápidamente. Como trabajé en una granja, lo sé a mi pesar. Una vez, cuando era joven, se me dio la tarea de sembrar un campo, y recuerdo haberlo hecho mal. Era un campo en la parte de arriba de una colina. No me había dado cuenta de que el barreno debía ser ajustado según si iba cuesta arriba o cuesta abajo. Así que lo que ocurrió fue que la siembra se hizo solo cuesta arriba. Durante meses estuve bastante contento con mi trabajo, hasta que comenzaron a aparecer los brotes. Estaba sobre un camino principal de Yorkshire. Era parte de una montaña y todos los que transitaban por el camino podían ver franjas verdes y marrones por todo el campo. Tuve una entrevista bastante dolorosa con el dueño del campo que tuvo consecuencias económicas. Lo había sembrado meses antes y ya era demasiado tarde como para hacer nada al respecto. Estuvo ahí todo el verano, y tenía que verlo cada vez que pasaba por el camino. El dueño tuvo que soportar que muchas tomaduras de pelo. Fue una lección para mí. Pero, cuando aprendí a sembrar la semilla correctamente, estaba contento con esperar tres, cuatro o cinco meses hasta que llegara la cosecha. Todo agricultor tiene que ser paciente, y todo cristiano tiene que darse cuenta de que uno no siempre recibe la cosecha de hacer las cosas bien inmediatamente. Así que no se canse de hacer el bien, no desmaye, no abandone. Podrían pasar años antes que vea el fruto de sus labores.

Una vez una maestra de escuela dominical renunció porque no veía ningún resultado de todo su trabajo. Pero durante la guerra un soldado yacía moribundo y dijo a uno de sus compañeros: "Por favor escribe a tal persona y dile que lo que me dijo en la escuela dominical me está ayudando ahora a morir". La carta llegó a Inglaterra a la maestra, que había abandonado y dejado de enseñar porque no veía la cosecha rápidamente. No se canse de hacer el bien. No abandone porque no ve el fruto instantáneo, la cosecha instantánea. Siga sembrando la semilla, sembrando lo que es bueno; haciendo el bien. Aun cuando no obtenga resultados rápidamente, solo siga. La cosecha va a llegar. Así como un hombre que tiene una vida alocada un día pagará la cuenta, el hombre que camina en el Espíritu un día verá una cosecha maravillosa.

"Por lo tanto, siempre que tengamos la oportunidad,

hagamos bien a todos, y en especial a los de la familia de la fe". La caridad empieza en casa. Un cristiano que está tan ocupado haciendo cosas fuera de su iglesia que nunca ayuda a otros miembros no está cumpliendo la ley de Cristo. Por otra parte, un cristiano que hace tanto en la iglesia que nunca ayuda a nadie más no está cumpliendo la ley de Cristo. La ley es: "Hagan el bien a todos lo que tengan la oportunidad de ayudar, pero que la caridad empiece en casa". El primer llamado del cristiano es ayudar a otros cristianos. La primera responsabilidad que tiene es ayudar a los demás a marchar al paso con usted. Por lo tanto, equilibre el bien que hace. Hágalo primero a los que son de la familia de la fe. Que su caridad comience en su hogar espiritual, pero no deje que termine ahí. Permita que se extienda hacia todas las personas que están en necesidad.

Capítulo doce

EL ESPÍRITU SANTO EN EFESIOS

Hemos terminado ahora todos los pasajes en el Nuevo Testamento que tratan directamente sobre la enseñanza del Espíritu Santo. En las cartas de Pablo, hemos visto Romanos 8, 1 Corintios 2, 1 Corintios 12, Gálatas 5, y eso cubre prácticamente toda su enseñanza sistemática acerca del Espíritu Santo. Pero lo que me llama la atención poderosamente acerca de Pablo es que cada vez que escribe una carta sigue mencionando el Espíritu Santo, casi como un aparte. Hay una carta en la que lo hace más frecuentemente que las demás: la epístola a los Efesios.

Una vez en cada uno de los seis capítulos menciona al Espíritu Santo, y cada vez dice algo diferente que hace el Espíritu Santo por nosotros. Aquí está la primera ocasión:

> En él también ustedes, cuando oyeron el mensaje de la verdad, el evangelio que les trajo la salvación, y lo creyeron, fueron marcados con el sello que es el Espíritu Santo prometido. Éste garantiza nuestra herencia hasta que llegue la redención final del pueblo adquirido por Dios, para alabanza de su gloria.
>
> *1:13–14*

De tanto en tanto cada cristiano debería tomar un pedazo de papel y un lápiz o lapicera, y escribir todas las bendiciones que está disfrutando. Es bastante fácil ser impreciso acerca de las bendiciones y solo decir: "Gracias, Dios, por bendecirme". Es mucho mejor hacer una lista de sus bendiciones y contarlas. Nómbrelas una por una, y le sorprenderá lo que el Señor ha hecho.

La lista que hace aquí Pablo no es de bendiciones físicas o materiales. Dice: "Alabado sea Dios, Padre de nuestro Señor Jesucristo, que nos ha bendecido en las regiones celestiales con toda bendición espiritual..." Son sus bendiciones espirituales las que estoy sugiriendo que escriba cada tanto. Cualquiera puede escribir bendiciones físicas, pero solo un cristiano puede escribir bendiciones espirituales. Si estuviera haciendo una lista de sus bendiciones materiales, escribiría: mi salud, mi fuerza, el techo sobre mi cabeza, suficiente ropa para vestir, suficiente comida para comer, suficiente dinero para comprar lo que necesito comprar, etc. Pero un cristiano puede hacer una lista que nadie más puede hacer.

Pablo la hace ahora. Alabado sea Dios por escogernos en él antes de la creación del mundo. Solo un cristiano puede escribir esto. Alabado sea Dios, que nos predestinó en amor para ser adoptados como hijos suyos. Ninguno que no sea cristiano puede escribir eso. Alabado sea Dios por nuestra redención. Bueno, difícilmente encontrará esta palabra en los labios de alguien que no sea cristiano, porque nadie más sabe lo que es ser redimido. Alabado sea Dios por el perdón de nuestros pecados. Eso es algo que solo el cristiano conoce, el alivio de tener los pecados borrados. Y así sigue recorriendo la lista.

Finalmente, se dirige a los efesios y señala tres cosas. Primero, que alguien les predicó. Segundo, ustedes creyeron. Tercero, Dios los selló.

El primero paso es que alguien se tomó el trabajo de hablarles de Jesús. Pero eso no fue suficiente. Uno puede sentarse y escuchar a todos los predicadores del mundo, y no lo llevará directamente adonde necesita estar. La segunda cosa que dice acerca de los efesios es que había sido una bendición que alguien les predicara. De hecho, había sido Pablo mismo. La segunda bendición es que ellos lo creyeron. Se apropiaron del mensaje. Pero ahora les dice que la tercera bendición que les llegó al principio de la vida cristiana fue que Dios los había marcado con el sello del Espíritu Santo prometido, y eso es algo que tenemos que poner en nuestra lista. ¿Por qué usa esta palabra, "sello"? Podríamos llegar a una conclusión errónea si pensamos en lo que es un sello hoy, así que analicémoslo un poco. Tengo, en mi pequeño museo de cosas que he recogido a lo largo de los años, el sello personal de John Wesley, la impresión del lacre. Pero, ¿por qué usamos sellos y lacres? Supongo que el uso más sencillo es para asegurarnos de que un paquete llegue a algún lugar sin que nadie lo altere. Por eso Dios lo selló con el Espíritu Santo, para que sea entregado en el cielo sin que nadie lo altere. Si usted está lleno del Espíritu, nadie puede alterarlo. Pero no es eso lo que Pablo quiere decir aquí.

Un segundo uso de los sellos hoy es cuando uno ha completado un contrato. Usted lo ha firmado, después de haberlo discutido. Ha decidido lo que pagará a la otra parte y lo que se le pagará a usted. Muchos documentos legales aún son sellados. Significa que está establecido de una vez por todas, y ahora no puede ser alterado.

En un servicio de boda, el matrimonio es sellado. Queda establecido, y no tienen que volver cada vez que sienten que no están tan enamorados como pensaban que estaban ayer. No necesitan volver a venir para sellarlo. Está establecido de una vez por todas; está sellado y firmado, y está a salvo. Pero no es eso lo que quiere decir Pablo.

En los días de antaño, un sello se usaba para lo siguiente. Si alguien iba al mercado y quería comprar veinte bolsas de maíz, y hacía una oferta que era aceptada, sacaba su sello y lo ponía sobre la bolsa. Eso significaba que la bolsa ahora le pertenecía, aunque no la tuviera todavía. Usted volvía a su casa y, unos días después, aparecía una carreta a su puerta, y ahí tenía sus bolsas con su sello sobre ellas. A veces, en una tienda de muebles, uno puede ver artículos que tienen un cartel que dice "Vendido", tal vez con un nombre escrito. Ése es el equivalente exacto del sello. Ese mueble, por más que uno quiera tenerlo, pertenece a otra persona, y un día irá a la casa de esa persona. Usted puede mirarlo, pero no es suyo. Ha sido sellado. Pablo está enseñando esto: cuando ustedes creyeron el evangelio, Dios los selló y los timbró, y dijo: "Tú eres mío; deberás ser entregado en mi casa un día".

Todo creyente que tiene el Espíritu Santo es como ese mueble de la tienda. Ha sido comprado, pertenece a Dios, y un día será entregado en la casa del Padre. Está sellado con la promesa del Espíritu Santo, que es la razón por la que Pablo sigue diciendo que el sello del Espíritu Santo es la garantía de nuestra herencia.

A veces, un hombre que compraba veinte bolsas de maíz hacía que una bolsa se le entregara de inmediato, como un "depósito" o "promesa" del resto. Hoy usamos las mismas palabras cuando hacemos un depósito de algo, que es una garantía de que pagaremos el resto después. Pablo usa aquí la palabra que se traduce "garantía", pero significa el depósito de nuestra herencia. El Espíritu Santo es el primer depósito del cielo, el primer pedacito de cielo que uno recibe. Todo lo que usted tiene en el Espíritu Santo es la garantía de todo lo demás que está por venir. Es un concepto muy rico.

Él vino y proclamó paz a ustedes que estaban lejos y paz a los que estaban cerca. Pues por medio de él tenemos acceso al Padre por un mismo Espíritu.

2:17–18

En los viejos tiempos, antes que las centrales telefónicas fueran controladas por computadoras, una operadora decía: "Está comunicado". Entonces uno escuchaba un sonido familiar, tal vez la voz de alguien con quien tenía mucho para compartir. Pero a veces no podía comunicarse. La religión de algunas personas es así. No pueden comunicarse. No tienen acceso a Dios. Hacen un gran esfuerzo para comunicarse. Algunos se esfuerzan mucho y muy sinceramente para comunicarse con Dios. Algunos intentan comunicarse siendo religiosos. Algunos tratan de comunicarse mediante todos los ritos y ceremonias que la iglesia puede ofrecerles. Algunos tratan de comunicarse excitándose hasta un frenesí. Algunas personas tratan de comunicarse tomando drogas. Algunos tratan de comunicarse simplemente haciendo el bien a sus prójimos. Uno no puede comunicarse de ninguna de estas formas.

Tenemos ahora una declaración magnífica: que por medio de un mismo Espíritu tenemos acceso a Dios. En la adoración que hace usted, el Espíritu Santo susurra en su corazón: "Estás comunicado". Usted sabe que sus oraciones han ido más allá que el techo de la iglesia. Nuestra alabanza y nuestras oraciones están "comunicadas".

Jesús quería que las personas estuvieran en contacto con Dios. Dijo: "Nadie llega al Padre sino por mí". En Efesios 2, Pablo está tratando con la razón básica por la que muchas personas no pueden comunicarse con Dios. Hay un bloqueo, una barrera, entre ellas y Dios, y no pueden atravesar esa barrera. Usando sus propias palabras: "Somos por naturaleza hijos de ira, hijos de desobediencia", y ésta es la razón por la que no podemos comunicarnos.

Si no soy obediente a Dios, entonces no él no me escucha. No puede escuchar *porque* es un Dios bueno. Así como a veces decía a mis hijos que venían a pedirme algo: "Lo lamento, no te lo daré hasta que hayas arreglado tal cosa o hayas pedido perdón por tal cosa". Hasta tanto esa relación no haya sido restaurada, muchos padres terrenales no pueden escuchar a un hijo. En la primera parte de este capítulo, Pablo está diciendo que uno nunca se comunicará con Dios hasta que no se dé cuenta de que lo que necesita es la gracia de Dios para perdonar su pecado. Por la gracia de nuestro Señor Jesús, usted será salvo, y eso significa que debe dejar de tratar de comunicarse con Dios mediante obras o haciendo buenas acciones. La persona promedio en Gran Bretaña espera desesperadamente poder comunicarse con Dios haciendo buenas acciones, pero aquí Pablo está enseñando que tenemos que descartar esa idea por completo. Es por su gracia que uno se comunica, o sea por el perdón libre de Dios.

Luego se necesita algo más. Lo que vimos tratará con la barrera pero, cuando se comunique con Dios, ¿sabrá cómo hablarle? A las personas les resulta muy difícil saber qué decir en oración, tanto en privado como en público. Jesucristo los ha "conectado" con Dios el Padre, pero aún no tienen ese acceso libre que viene de estar relajados en la presencia del Señor y saber cómo hablarle de manera libre y natural.

Es aquí donde entra el Espíritu Santo. No sabemos cómo pedir, pero el Espíritu mismo nos ayuda. Él conoce nuestras debilidades. Él nos ayuda a orar, a hablar naturalmente con el Padre. Hablar con él es tan natural y fácil como hablar con otras personas. Uno puede darse cuenta rápidamente cuando alguien tiene al Espíritu en su oración. La oración se vuelve natural, la oración se vuelve acceso y la oración se comunica. Cuando uno escucha a alguien orar en el Espíritu, se comunica de inmediato, y uno lo percibe. No está luchando para decir algo a Dios. No intenta comunicarse para ponerse en contacto. Está en contacto. Está comunicado, así que habla. Ésta es la clase de oración que deberíamos tener.

EL ESPÍRITU SANTO EN EFESIOS

Eso no significa que no usemos oraciones que han hecho otros de tanto en tanto, que no usemos himnos que han escrito otros. Pero aun cuando usemos un himno o una oración que ha escrito otra persona, uno puede darse cuenta cuándo alguien se ha comunicado con Dios, cuándo está cantando desde lo profundo de su corazón. Porque está en contacto, está entusiasmad. El Espíritu Santo ha dicho: "Está comunicado". Tanto los judíos como los gentiles tienen un único acceso a Dios. Hubo un tiempo en que los judíos se comunicaban con Dios, o intentaban hacerlo, en una parte del templo, y los gentiles intentaban comunicarse en otra parte, y había un gran muro entre ellos. Pero, en realidad, ninguno se comunicaba. Pablo dice que el muro intermedio de la división ha sido roto ahora y los que estaban lejos, los gentiles, y los judíos, que estaban adentro, ahora se han comunicado, ambos, por un mismo Espíritu. Llegamos ahora al capítulo 3.

Por esta razón me arrodillo delante del Padre, de quien recibe nombre toda familia en el cielo y en la tierra. Le pido que, por medio del Espíritu y con el poder que procede de sus gloriosas riquezas, los fortalezca a ustedes en lo íntimo de su ser, para que por fe Cristo habite en sus corazones. Y pido que, arraigados y cimentados en amor, puedan comprender, junto con todos los santos, cuán ancho y largo, alto y profundo es el amor de Cristo; en fin, que conozcan ese amor que sobrepasa nuestro conocimiento, para que sean llenos de la plenitud de Dios.

Al que puede hacer muchísimo más que todo lo que podamos imaginarnos o pedir, por el poder que obra eficazmente en nosotros, ¡a él sea la gloria en la iglesia y en Cristo Jesús por todas las generaciones, por los siglos de los siglos! Amén.

3:14–21

Aquí tenemos un vistazo de la vida de oración de Pablo. Se ha dicho que, si uno realmente quiere saber lo que cree una persona, tiene que escuchar su oración, más que escuchar su predicación y lo que dice acerca de su creencia. Podemos pensar que tenemos problemas con nuestro tiempo de reflexión: estar solos, estar tranquilos, concentrarnos. ¿Y Pablo? Cuando escribió esto, estaba atado de manera permanente a un centurión romano con una cadena de un metro y medio, y dice: "me arrodillo". Quiero que imagine las circunstancias en las que tenía que orar. Pablo, el prisionero, tenía que decir al soldado: "Tendrá que sentarse porque quiero arrodillarme". Ahí, con el centurión escuchándolo, tenía que orar. Si usted piensa que tiene problemas, solo imagine esa escena. Pablo ora pidiendo que sus lectores tengan fortaleza en lo íntimo de su ser (en el hombre interior). Al mundo le encanta el poder, pero eso es siempre poder exterior, y puede ser poder militar, poder financiero, poder industrial, poder científico. Pero Pablo quiere que los cristianos tengan poder en lo íntimo de su ser o en el "hombre interior", un término que era usado en el idioma griego para cubrir tres cosas dentro de una persona. Primero, su razonamiento o pensamiento. Está orando para que los creyentes sean fuertes en su pensamiento. Significa que uno piense por sí mismo, tenga sus propias convicciones y no sea llevado de un lado a otro por todo viento de doctrina extraña. Esto es algo que necesita todo cristiano: ser fuerte en la razón, poder pensar con claridad y pensar los pensamientos de Dios de acuerdo con él. Necesitamos personas que sepan lo que creen, que no se limitan a leer un libro o un periódico y crean la última cosa que han leído. Eso es ser muy débil en el hombre interior.

Segundo, tiene que ver con tener una conciencia fuerte. La mayoría de nosotros tenemos una conciencia bastante débil.

Pablo ora para que los creyentes puedan ser fortalecidos con poder en el hombre interior. Necesitamos una conciencia fuerte que realmente se encienda con una gran luz roja tan pronto nos dirigimos hacia un problema, y no un resplandor débil cinco minutos después de haber hecho algo.

La tercera cosa que significa "hombre interior" es la voluntad. Pablo quiere que tengan una voluntad fuerte. Tal vez la señal de una voluntad fuerte es la capacidad para decir "no", una palabra muy pequeña. La mayoría de los niños comienzan la vida con un fuerte "no lo haré". Los psicólogos nos dicen que los niños aprenden la palabra "no" antes que aprenden la palabra "sí". Aprenden la palabra "no" para portarse mal, para hacer lo que es egoísta y está mal. Un carácter fuerte que ha sido fortalecido con poder en el hombre interior ha aprendido a decir "no" a lo malo y "sí" a lo bueno.

¿Por qué quiere Pablo todo esto para ellos? ¿Por qué quiere que sean caracteres fuertes, fortalecidos con poder adentro, aunque sean débiles afuera? Él tiene que haber tenido un fuerte "hombre interior" para arrodillarse en frente de ese centurión. Pablo quiere que los creyentes sean fuertes en el hombre interior para explorar el amor de Dios, que es aún más grande que el espacio: el ancho y el largo, la altura y la profundidad. Tener el poder para meterse en el amor de Dios y explorarlo en todas sus maravillosas dimensiones. El apóstol quiere que los cristianos sean fuertes en el hombre interior, porque solo entonces puede Dios poner toda su plenitud en ellos y llenarlos. Entonces Cristo vivirá en usted, que significa que estará allí todo el tiempo. Ése es el significado de la oración de Pablo.

¿Dónde está el bloqueo? ¿Por qué somos débiles en nuestro razonamiento, conciencia y voluntad? La respuesta es muy sencilla: la falla no está del lado de Dios, sino de nuestro lado. "Dios puede hacer muchísimo más que todo lo que podamos imaginarnos o pedir..." Entonces, ¿por qué no lo hace? Porque no imagino o pido. No dice: "Dios está siempre haciendo más de lo que imaginamos o pedimos", como muchos entienden este texto. ¿Por qué no está haciendo mucho más de lo que podemos imaginar? Porque no lo imaginamos. El límite es nuestra imaginación y nuestra intercesión. Si pedimos cosas pequeñas en nuestra vida de oración, obtendremos cosas pequeñas. Pida cosas grandes. Él puede hacer muchísimo más que todo lo que imaginemos o pidamos.

Pablo pide grandes cosas para sus lectores. No quiere que solo conozcan un poco del amor de Dios, sino todo el amor: el ancho, el largo, la profundidad y la altura. No solo que tengan un poco de lo que Dios da, sino toda la plenitud de Dios. Él pide cosas grandes y piensa en grande. Si usted realmente quiere conocer el poder de Dios en el hombre interior, piense en grande y pida en grande, y Dios hará cosas grandes para su gloria.

Todas estas referencias incidentales al Espíritu Santo muestran que, en realidad, no hay ninguna necesidad que usted tiene como cristiano que no pueda ser suplida por el Espíritu Santo. ¿Es su necesidad estar más seguro de que irá al cielo? Entonces el sello del Espíritu es la respuesta que necesita. ¿Es su necesidad saber que puede comunicarse con Dios y que él escucha su oración? Entonces el Espíritu Santo es la repuesta que necesita. ¿Es su necesidad que su conciencia es débil, que su mente es débil y es influido fácilmente por lo que lee y ve? ¿Es su voluntad débil, de modo que no puede decir "no"? Entonces, nuevamente, la respuesta que usted necesita es el Espíritu Santo.

Por eso yo, que estoy preso por la causa del Señor, les ruego que vivan de una manera digna del llamamiento que han recibido, siempre humildes y amables, pacientes, tolerantes unos con otros en amor. Esfuércense por mantener la unidad del Espíritu mediante el vínculo de la paz.

4:1–3

¿Es su problema que no puede llevarse bien con otros cristianos? Entonces el Espíritu Santo es la respuesta que necesita también. Pablo dice dos cosas, y en ambas quiero que note que se está dirigiendo a la iglesia local en Éfeso. La unidad, como la caridad, comienza en casa. La tragedia es que conozco iglesias locales que se han dividido por la cuestión de la unidad con otras iglesias. Cuesta imaginar algo más ridículo. Antes de pensar en ninguna fusión denominacional, la primera pregunta que hay que hacer es si estoy en paz con otros cristianos donde vivo y donde adoro. Pablo habla, primero, de la unidad del Espíritu y, en segundo lugar, del vínculo de la paz. Lo primero es algo de lo que ni usted ni yo podemos hacer algo al respecto. O está o no está. Cuando uno se encuentra con alguien, o tienen la unidad del Espíritu o no la tienen. Si el Espíritu está en la otra persona y en usted, entonces ya está la unidad del Espíritu. No puede ser fabricada, y no puede perderse.

En las islas Shetland hay cien islas de diferentes tamaños y formas, de las cuales unas veinte no están habitadas. Descubrí que todas esas pequeñas islas parecían estar separadas, pero bien en lo profundo eran parte de un bloque de granito que sobresalía del lecho del mar. De la misma forma, puede parecer que los cristianos están separados, pero si tienen el Espíritu ya son uno en el Espíritu, porque hay un solo Espíritu Santo.

Pero está bien que los cristianos mantengan y expresen la unidad que ya existe en el vínculo de la paz. Pablo no dice nada acerca de hacerlo visible. No dice nada acerca de meterse en una única organización a través de fusiones.

Habla de cuatro cosas: humildad, amabilidad, paciencia y tolerancia. Estos son los ingredientes de la unidad y la paz que mantienen junta a la iglesia. Uno puede tener toda una organización. Puede tener una gran sede central en Londres, puede tener toda burocracia que quiera, pero sin humildad, amabilidad, paciencia y tolerancia, no tendrá unidad. Esto es lo que crea el vínculo de la paz, vinculando a los cristianos entre sí.

Mientras escribe encadenado al soldado romano, Pablo muestra los eslabones de la cadena que lo atarán a usted a otro cristiano: paciencia, amabilidad, humidad y tolerancia. Él es un prisionero del Señor, encadenado al Señor; no dice que es un prisionero de Roma. Está atado al Señor. No puede romper esa cadena y no quiere hacerlo. Los creyentes también están atados entre sí, porque hay un Espíritu, un Señor, un Dios y Padre de todos, una fe, un bautismo, una esperanza, un cuerpo. No han tenido que *crear* un cuerpo; ya está ahí. Para expresar esa unidad, sean humildes, amables, pacientes y tolerantes entre ustedes:

Cuando los cristianos se juntan, siempre encuentran los puntos débiles de los demás. He tenido muchas personas que me dicen cosas como ésta: "Preferiría ir a una iglesia donde nadie me habla, así que voy a ir a una iglesia donde nadie se ocupa de los demás, la gente no se acerca. No quiero involucrarme demasiado con los cristianos. Me gusta ir a la iglesia, pero solo me gusta ir al culto y retirarme". Eso no es mantener la unidad del Espíritu y el vínculo de la paz. Mantener a las personas a un brazo de distancia, es todo lo opuesto. Alguien me dijo: "Yo extiendo a todos la mano de la comunión, y los mantengo a un brazo de distancia". Eso no es la comunión cristiana. Si amamos a las personas, las rodeamos con los brazos. No mantenemos a los demás a distancia. Pablo quiere que sus lectores estén más cerca entre sí, así como del Señor. Pero usted nunca lo podrá hacer sin el Espíritu Santo. Si lo intenta, francamente, se irritarán y pelearán unos con otros. La respuesta a la unidad es el Espíritu Santo.

Ahora vamos a Efesios capítulo 5:

> Por tanto, no sean insensatos, sino entiendan cuál es la voluntad del Señor. No se emborrachen con vino, que lleva al desenfreno. Al contrario, sean llenos del Espíritu. Anímense unos a otros con salmos, himnos y canciones espirituales. Canten y alaben al Señor con el corazón, dando siempre gracias a Dios el Padre por todo, en el nombre de nuestro Señor Jesucristo.
>
> *5:17–20*

La expresión "sean llenos del Espíritu" es tomado tan frecuentemente fuera de contexto que me he propuesto volver a ponerlo en su contexto. Cada vez que he escuchado predicar sobre esto, las palabras antes y después han sido ignoradas, y he escuchado un sermón sobre la santidad. Pero, en su contexto, está preocupado por la *felicidad*, más que la *santidad*. Está contestando la pregunta con relación a cómo el cristiano puede pasarla bien. ¿Cómo salen a celebrar los cristianos?

Sabemos cómo el mundo sale y la pasa bien. El mundo sale y se emborracha o, por lo menos, se pone alegre. Un predicador famoso comenzó su sermón sobre este texto diciendo: "Uno tiene que llenar a un hombre con algo si quiere que pase un tiempo agradable", lo cual es perfectamente cierto. ¿Cuáles son las alternativas? Está lo que aquí se traduce como "desenfreno", pero que podría traducirse mejor como "desperdicio". Es la palabra que se usa en Lucas 15 acerca del hijo pródigo, que fue a un país lejano y no tuvo nada que mostrar al día siguiente excepto una cabeza embotada. Si hace esto, habrá desperdiciado su tiempo.

Pablo acaba de decir en el versículo anterior: aprovechen el tiempo, rediman el tiempo. Si salen y se emborrachan, están perdiendo el tiempo, porque habrá toda una parte de su vida que no podrán recordar y que nos les habrá hecho ningún bien. Sin duda, desperdiciará su dinero. Es un juego costoso. Desperdiciará su salud, tarde o temprano.

¿Cuál es la alternativa? Debemos encontrar una alternativa. No hay nadie tan miserable como el hombre que ha dejado de ser llenado con cosas que son un desperdicio, pero no ha encontrado nada positivo con lo cual pasar un buen tiempo. ¿Quiere pasarla bien y ser feliz? Por supuesto que sí; todos lo desean. Entonces sea lleno del Espíritu Santo. El Espíritu hará más para usted que lo que hace el alcohol. Liberará sus emociones. Soltará su lengua (por eso la gente tiene cócteles, para hacer que las personas suelten la lengua y hablen). Vencerá su vergüenza y se creará amistades.

Algunas personas van al bar porque, como le dirán, pasan un buen rato y encuentran amistad y compañerismo allí. Estoy bastante seguro de que hay más personas en este país que beben por el compañerismo que por cualquier otra razón. ¿Cuál es la alternativa positiva? Sea lleno del Espíritu Santo y comenzará a cantar también, y será feliz. Se sentirá cómodo y no nervioso cuando está con otras personas.

Así que Pablo no está hablando de la santidad aquí, sino acerca de la felicidad cristiana, de ser llenos del Espíritu y tener un buen momento de canto. Note que dice: "Sean llenos del Espíritu y anímense unos a otros", que significa, muy sencillamente, que es mucho más probable que sea lleno del Espíritu en compañía de cristianos, donde hay personas a las que puede animar. Entonces, se encontrará cantando con ellas usando canciones judías, salmos, canciones cristianas, himnos, canciones espirituales en los que las palabras y la música son provistas por el Espíritu Santo, pero que usted querrá cantar. Tendrá un tiempo feliz cantando las canciones de Sion. Después de todo, cuando llegue al cielo estará cantando una nueva canción. Un pequeño anticipo del cielo es ser llenado con el Espíritu aquí abajo y cantar. Así es como los cristianos deberían divertirse.

Hubo un tiempo en que los cristianos hacían muchas más cosas como éstas, antes que se deshicieran del piano y pusieran el televisor en su lugar y, sentándose a mirar en vez de cantar, en una actitud mucho más pasiva. Los cristianos acostumbraban ir directamente de la iglesia a la casa de alguien y se reunían alrededor del piano (o la guitarra) para cantar. ¿Puedo recomendarle esta práctica? ¡Revivámosla! Los cristianos deberían pasar un tiempo agradable y ser felices en el Señor. Así que, si su problema es cómo divertirse, nuevamente el Espíritu Santo es la respuesta.

El resultado se verá en una actitud de gratitud vivificante en todo. La persona que se emborracha por lo general tiene una cabeza tan embotada la mañana siguiente que lo lleva a quejarse y refunfuñar. Alguien que trata de obtener la felicidad de esta forma siempre estará quejándose y refunfuñando. Pero una persona que se alegra en el Espíritu es feliz, porque está agradecida. En el griego dice: "*En* todo den gracias", que es un gran alivio, porque hay algunas cosas *por* las que uno no puede dar gracias. Pero puede hacerlo *en* todo. Siempre hay algo por lo cual uno puede decir: "Gracias, Dios". Ésta es la clase de cosa que ocurrirá cuando ha estado cantando y haciendo melodías para el Señor.

Si me detuviera aquí, podría quedarse con la impresión de que la vida cristiana es un gran día de campo. Simplemente vamos de una sesión de cantar himnos a otra, nos divertimos todo el tiempo y siempre nos sentiremos de maravillas. ¡No lo crea! Vayamos a la última mención del Espíritu en esta carta.

Por último, fortalézcanse con el gran poder del Señor. Pónganse toda la armadura de Dios para que puedan hacer frente a las artimañas del diablo. Porque nuestra lucha no es contra seres humanos, sino contra poderes, contra autoridades, contra potestades que dominan este mundo de tinieblas, contra fuerzas espirituales malignas en las regiones celestiales. Por lo tanto, pónganse toda la armadura de Dios, para que cuando llegue el día malo puedan resistir hasta el fin con firmeza. Manténganse firmes, ceñidos con el cinturón de la verdad, protegidos por la coraza de justicia, y calzados con la disposición de proclamar el evangelio de la paz. Además de todo esto, tomen el escudo de la fe, con el cual pueden apagar todas las flechas encendidas del maligno. Tomen el casco de la salvación y la espada del Espíritu, que es la palabra de Dios.

6:10–17

La vida cristiana es una batalla y una lucha. La Biblia es absolutamente sincera. De nuevo, Pablo, encadenado a un soldado, comienza a pensar en su armadura. Ve al cristiano como un soldado y nos dice que nos pongamos toda la armadura de Dios. Uno tiene que ponérsela. No se pone automáticamente. Debe ponerse toda la armadura, no solo proteger una parte y dejar otra parte a la merced del enemigo. Debe ser la armadura *de Dios*. Él la proporcionará. Lo que él quiere es que usted no ceda un centímetro a su enemigo; que pueda resistir con firmeza. Habrá ocasiones en que usted no podrá hacer mucho más que simplemente permanecer en su lugar.

La mayor parte de la armadura que se menciona es defensiva: el escudo, la coraza, el casco, ceñidos con el cinturón de la verdad, los pies calzados con la preparación del evangelio. Pero la mejor forma de defensa es el ataque. En la armadura de un cristiano, necesita una cosa para golpear al enemigo, y no solo esconderse detrás del escudo de la fe. El cristiano debe obtener la victoria, y no solo resistir. Debe tomar la iniciativa cuando la batalla es favorable y debe atacar. Ese ataque será hecho con la espada del Espíritu, que es la Palabra de Dios. Dicho de otra forma, debe combatirlo con el libro.

Vez tras vez, los cristianos han encontrado que la forma de tratar con el enemigo es con el libro. Cromwell[1] acostumbraba a luchar (literalmente) con una Biblia en una mano y una espada en la otra. La Biblia es la espada de usted. Usted combate al enemigo con eso. Significa hacer algún acopio antes de entrar en la batalla. Así como los soldados de antaño pasaban horas afilando las espadas, un cristiano necesitará pasar mucho tiempo estudiando la Biblia.

Si hay una cosa que derrota al diablo es la verdad, porque es un mentiroso desde el principio. Le encanta decir mentiras. Por lo tanto, uno ataca al diablo arrojándole la verdad y diciéndole: "No me importa lo que digas. No importa si dices: 'mis sentimientos no me dicen que soy un cristiano'. La palabra de Dios dice que lo soy. Te combato con el libro. No me importa si me dices que el mundo se está volviendo cada vez peor. Yo sé que el reino de Dios está viniendo a la tierra".

Pero Pablo la llama la espada "del Espíritu", no la "Palabra de Dios". Esto podría significar que el Espíritu traerá una parte específica de las escrituras a su mente y uso, que es apropiada para la ocasión, como lo hizo para Jesús mismo cuando el Espíritu lo llevó al desierto para ser tentado por Satanás.

---

[1] Oliverio Cromwell (1599–1658) fue un líder político y militar inglés.

Capítulo trece

EL ESPÍRITU SANTO EN APOCALIPSIS

Al recorrer toda la Biblia considerando la obra del Espíritu Santo, lo que me llama la atención es que el Espíritu Santo es la persona que trae lo milagroso a la vida humana. El Espíritu Santo hace posibles los milagros. Es él quien trae poder sobrenatural y pureza sobrenatural a las vidas de seres humanos comunes y corrientes. Hemos estado pensando en los dones y el fruto del Espíritu. Los dones representan su poder, y el fruto representa su pureza. Ninguna de estas cosas está a nuestro alcance hasta que el Espíritu Santo mismo las haga posible.

Sin el Espíritu Santo no tendríamos la Biblia. Éste es el libro sobrenatural que nadie decidió escribir jamás. De las personas involucradas en la escritura misma de las palabras, ni una sola de ellas tenía alguna idea de que estuviera escribiendo la Biblia.

Los que tienen un alto concepto de la Biblia son criticados. No la adoramos, pero tenemos un alto concepto de ella. ¿Por qué? Porque cada vez que tomamos este libro (y cada vez que lo haga debería pensar en esto), estamos mirando algo sobrenatural, porque este libro dice ser la Palabra de Dios. Cada palabra en la Biblia es una palabra que Dios quiso que estuviera allí. Dirigió de tal forma a los hombres por su Espíritu Santo que, aun cuando usó sus personalidades, lo que sale y lo que tenemos es lo que él quiso decirnos. Esto es un milagro tan grande como resucitar a los muertos y sanar a los enfermos, un milagro tan grande como lo que Jesús hizo con la tormenta en Galilea. La mayoría de los hombres usados para escribir las escrituras no se propusieron tratar de descubrir lo que llegaron a saber.

Encontramos algo que se repite constantemente. En vez de que las personas buscaran a Dios, Dios las estaba buscando a ellas. Lo que ocurrió con Abraham y Moisés no fue porque estaban buscando a Dios, sino porque Dios los estaba buscando a ellos. Él escogió a Abraham y fue a buscarlo. Escogió a Moisés y se le apareció en una zarza ardiente. Éste no es un libro de descubrimiento humano, sino un libro de lo que llamamos "revelación divina".

La palabra para el milagro de Dios que da esta palabra a través de labios humanos o escritura humana es "profecía". Representa el milagro mediante el cual un ser humano puede abrir su boca y hablar, de forma que las palabras que salen no son suyas, sino las palabras de Dios. Sin el Espíritu Santo, esas cosas no podrían ocurrir. No puedo pararme y decir de repente: "Voy a decirle lo que Dios piensa de ustedes". Pero el Espíritu Santo hace que los milagros sean posibles.

Ésta es la razón por la cual la Biblia es un libro terminado, y por qué en los cultos no hacemos lecturas de otros libros. Alguien me preguntó una vez: "¿Por qué no leen *El progreso del peregrino,* de Bunyan, un domingo a la mañana, como una serie, un capítulo cada domingo? Sería muy útil e interesante". Pero no lo hago, y nunca lo haría, por más que me encante el libro de Bunyan. Algunas personas dicen: "¿Por qué no agregamos a la Biblia todas las historias apasionantes de la historia cristiana?". No lo hacemos. ¿Por qué no? Porque el Antiguo Testamento comenzó con un profeta, Moisés, y terminó con un profeta, Malaquías. Así que el Antiguo Testamento está limitado a los que tenían el don de profecía. Como hemos visto, la profecía volvió a comenzar cuando nació Juan el Bautista, y el don fue dado a los apóstoles.

Una de las realidades más extrañas es que algunos de los mayores cerebros del mundo no han logrado entender la Biblia. No pueden entender su mensaje. Sin embargo, algunas de las personas más sencillas que he conocido, sin mucha educación, han tomado la Biblia y se han vuelto sabias e instruidas al leerla. La han amado y han dicho: "¿No es apasionante? ¿No es fascinante?". La razón es muy sencilla. Como el Espíritu Santo fue necesario para escribirla, él es necesario para leerla y entenderla. Cada vez que usted la toma, debería pedirle que le diga lo que significa, porque solo él puede hacerlo.

Todo lo cual es una introducción al libro de Apocalipsis, porque es el ejemplo por antonomasia de esto. Para algunas personas, el último libro de la Biblia no tiene ni pies ni cabeza. Las deja perplejas. Le diré esto: si no confía en el Espíritu Santo cuando lee la Biblia, Apocalipsis será un libro cerrado para usted. Lo dejará completamente desconcertado, confundido y perplejo. Podrá leerlo completamente, pero no lo leerá por elección o por deseo, y no lo leerá para su vida devocional. Pero, con el Espíritu Santo, llegará a amar este libro tanto como cualquier otro.

Hay una maldición para el que agrega algo a este libro o quita algo de él. Hay una bienaventuranza, una bendición, pronunciada sobre los que lo leen. Los que leen este libro con entendimiento lo aman y se vuelven confiados. Cura su temor, les da valentía, los ayuda a enfrentar el futuro sin ningún recelo o preocupación, y los ayuda a enfrentar el fin del mundo sin tener miedo de lo que ocurra.

No podemos leer este libro sin el Espíritu Santo, y nunca podría haber sido escrito sin él. Llegamos ahora a las referencias al Espíritu Santo en Apocalipsis. ¿Cómo llegó a escribirse? Es la profecía más completa de la Biblia. Con eso quiero decir que tiene más predicciones acerca del futuro que cualquier otra parte de la Biblia. Si usted quiere saber lo que ocurrirá al mundo en el futuro, cómo terminará todo y cómo volverá a comenzar, éste es el libro que debe leer. Por eso se lo llama "Apocalipsis" (revelación, en griego), que significa correr el velo, mostrar algo que nadie más podría ver. Es sobrenatural, porque solo Dios conoce el principio y el fin, y solo Dios puede decírselo.

¿Cómo llegó a escribirlo Juan? Ocurrió de manera completamente inesperada. No tenía la menor idea de que escribiría el Apocalipsis, porque no tenía mayores indicios que nadie acerca del futuro. Pero una mañana comenzó a escribir este libro. Estaba encarcelado en una pequeña isla en el mar Egeo, encadenado a la pared. Lo habían arrestado por ser un cristiano, y estaba separado de su iglesia. Se encontraba en un sector de máxima seguridad de la isla de Patmos. Su cuerpo estaba encadenado, pero ¿dónde estaba su mente? Estaba en las escrituras. En 400 versículos hay más de 400 alusiones al Antiguo Testamento. Era un hombre cuya mente estaba impregnada de la Biblia.

¿Dónde estaba su corazón? Estaba del otro lado del pequeño mar Egeo, en lo que hoy llamamos "Turquía", Asia Menor, con las congregaciones donde acostumbraba ir a predicar.

¿Dónde estaba su espíritu? Si usted hubiera mirado dentro de la celda habría visto a un hombre desmayado e inmóvil, aparentemente inconsciente. No sé si habría tenido sus ojos abiertos, pero estaba en un trance. Podría ver a un hombre que era solo un cuerpo ahí, porque su espíritu lo había dejado. Sabemos que al morir el espíritu deja el cuerpo, pero el espíritu puede dejar el cuerpo antes de la muerte. El cuerpo de Juan estaba en la cárcel, pero ¿dónde estaba él? Estaba en el Espíritu y fuera de su cuerpo. Parece extraño. Estaba de viaje, muy lejos de esa celda. Estaba viajando, no solo por toda la tierra, como resulta obvio por los primeros capítulos, donde estaba en el Espíritu recorriendo siete iglesias. Encontramos luego, en los capítulos cuatro y cinco, que está viajando por el cielo. Está arriba en el cielo, viendo cómo son las cosas ahí, mientras su cuerpo yace encadenado en la cárcel. No está ahí, sino que en el Espíritu está mirando a través de una puerta al cielo. Luego entra y echa una mirada. En los capítulos siguientes viaja incluso hacia el futuro. Ya no está viviendo en el presente, donde su cuerpo está encadenado en esa celda de la cárcel. Está en el Espíritu. Luego encontramos, finalmente, que está viajando aún más allá de este universo hacia un nuevo universo. Está echando una mirada al nuevo cielo y a la nueva tierra, y está mirando la Nueva Jerusalén. Ahora bien, usted puede pensar que yo me volví loco o que Juan se volvió loco. Sin embargo, éste es el milagro que posibilitó el último libro de la Biblia. Solo el Espíritu Santo pudo permitir que el espíritu de un hombre dejara su cuerpo antes de morir y le permitiera dejar el presente y viajar hacia el futuro, dejar la tierra y viajar por el cielo, dejar el tiempo y explorar la eternidad. Esto fue lo que hizo Juan.

Cuatro veces, en el libro de Apocalipsis, aparece la frase "en el Espíritu". Ocurre en cada una de las cuatro secciones, cuando Juan es llevado en un viaje cuatro veces por el Espíritu Santo. Por eso le pido que mire este libro y note que está viendo un milagro absoluto, porque es naturalmente imposible que un hombre deje su cuerpo y viaje a otro lugar.

A veces la gente me dice: "Lamento no poder estar con usted el domingo. Tengo otra cosa que hacer. Estaré con usted en espíritu". ¡Pero no puede estar en espíritu! Lo que quiere decir es que, donde sea que es encuentre, estará pensando y orando por nosotros. La persona estará donde esté su cuerpo, a menos que el Espíritu Santo haga un milagro similar a lo que le ocurrió a Juan, ¡que es posible! Pero usamos la frase en un sentido diferente al de Juan aquí. Juan podía ir de viaje en el Espíritu, y el Espíritu Santo le permitió explorar lugares a los que no podía llegar porque su cuerpo estaba atado. Podía ir al cielo y al futuro, y aun al próximo mundo, a un nuevo universo.

Después de cada uno de estos viajes, recibió la orden de escribir lo que había visto. Juan fue el único hombre que vio estas cosas. Tenemos un relato de los viajes que hizo y lo que vio. Si no hubiéramos tenido sus palabras no sabríamos tanto acerca del nuevo universo que viene. ¿No está entusiasmado por tener este libro en sus manos? ¿No lamenta no haberlo leído? ¿No lamenta ahora que no lo entendió y no pidió al Espíritu Santo que lo ayudara, y lo dejó y volvió a cosas que entendía? Aquí está el libro de viajes más asombroso que haya sido escrito jamás, acerca de las aventuras más asombrosas. Aquí hay un viaje que deja a todos los demás muy atrás, un libro apasionante que es verídico. Le dice muchísimo más acerca del universo en el que vivimos y hacia dónde se dirige la historia.

"En el día del Señor vino sobre mí el Espíritu", dice Juan. ¿Qué piensa que significa esto? No era la forma de llamar el día domingo en las escrituras. El libro de Apocalipsis fue escrito alrededor del año 96 d.C., bajo Domiciano, el primer emperador romano que exigió la adoración del emperador. Una vez al año todo ciudadano romano debía aparecer en público, pararse frente a un busto de César, hacer un saludo al busto y decir que César era el señor. Ese día era llamado por el emperador "el día del señor". De hecho, era un adjetivo, así que podría traducirse "el día señorial". Juan estaba en la cárcel por causa del testimonio de Jesús, y estaba en el Espíritu ese mismo día, cuando el emperador exigía ser adorado.

La persecución se había desatado, y Juan podía ver que habría una opción: ¿negarían a Cristo los cristianos y, por lo tanto, él los negaría a ellos? "Si morimos con él, reinaremos con él". Ése es el escenario, así que, en realidad, los está preparando. Jesús está preparando a la iglesia, a través de lo que el Espíritu está diciendo a la iglesia, para tiempos más duros en el futuro. El Espíritu está diciendo a la iglesia que se arregle ella misma primero. Las iglesias no están listas para este tiempo difícil. Tienen idolatría en su interior, y tiene inmoralidad. La apelación es al creyente individual, para que sea un vencedor primero dentro de la iglesia, porque si no puede vencer en la iglesia, nunca podrá vencer en el mundo. La iglesia está hecha un desastre y está confundida. Lea las siete cartas a las siete iglesias. La apelación está en las palabras: "Al que salga vencedor..."

El mensaje más serio del libro de Apocalipsis puede ser resumido en dos versículos. "Vencedor" es la palabra clave que abre todo el libro. Uno de los versículos es: "El que salga vencedor... jamás borraré su nombre del libro de la vida". ¿Qué dice de los que no salen vencedores? Luego, al final, cuando dice que las cosas se pondrán bien después que empeoren, hay una imagen maravillosa de un universo reciclado con una nueva tierra. Se nos dice que el que salga vencedor heredará todo esto. "Pero los cobardes, los incrédulos, los abominables, los idólatras... recibirán como herencia el lago de fuego. No dice: "El que *crea* heredará todo esto" o "El que se *convierte en cristiano* heredará todo esto", sino "el que salga vencedor heredará todo esto". Solo habrá vencedores en el nuevo cielo y la nueva tierra.

Es un mensaje sencillo, y el Espíritu está hablando en todo momento. El final glorioso es: "El Espíritu y la novia dicen: '¡Ven!'". Siempre que hay un auténtico mover del Espíritu Santo en la iglesia, hay un énfasis renovado en la segunda venida de Cristo. Si él no regresa a la tierra no tengo absolutamente ninguna esperanza para el futuro de esta tierra. Si bien creo en la acción social y la protesta política profética, no tengo ninguna esperanza de que *nosotros* traeremos el reino. El Rey tiene que hacerlo, y tengo la esperanza cierta de que Jesús un día tomará el gobierno de este mundo y compartirá ese gobierno con nosotros. Es una motivación tremenda prepararnos para compartir ese gobierno y asumir la responsabilidad, porque el trabajo que tome usted cuando Jesús vuelva dependerá del trabajo que tenga ahora y cómo lo haga. Y no me refiero solo a trabajos "espirituales".

Apocalipsis fue escrito principalmente para cristianos que estaban sufriendo. Fue escrito por alguien que estaba sufriendo. Es un libro de aliento para quienes están sufriendo por la fe y aun convirtiéndose en mártires. Una de las palabras más preciosas del Espíritu en este libro se usa incorrectamente en funerales hoy. Es una palabra para los cristianos mártires: "Dichosos los que de ahora en adelante mueren en el Señor". "Sí —dice el Espíritu—, ellos descansarán de sus fatigosas tareas, pues sus obras los acompañan". Es una palabra hermosa para los que están sufriendo. Los que mueren por su fe, no se preocupen. Es una bendición, porque van a descansar de sus tareas y sus obras los seguirán.

Si uno no está viviendo bien, la idea de que sus obras lo seguirán después de la muerte sería la más aterradora posible, ¿no es así? Si alguien me dijera: "Todo lo que has hecho te seguirá después que termine la vida", sería aterrador. Pero si usted está viviendo con el Señor y muere en la fe, entonces recuerde: "Dichosos los que de mueren en el Señor... pues sus obras los acompañan". Murieron por su fe, y eso los seguirá, y tendrán la corona de un mártir. ¡Qué libro alentador!

Mi última palabra debe ser la última mención del Espíritu Santo al final de la Biblia. Comenzamos en Génesis, con el Espíritu sobrevolando el caos. Hemos visto el desarrollo:

el poder del Espíritu Santo elevando a personas a cosas sobrenaturales, trayéndoles lo milagroso, permitiéndoles hacer y decir cosas que nunca podrían decir y hacer de otro modo. Vimos cómo el Espíritu Santo trajo a Jesús a la tierra, le permitió hacer milagros y lo levantó de los muertos. Vimos cómo el Espíritu Santo fue derramado sobre la iglesia, y cómo, apenas ocurrió, los creyentes comenzaron a hacer cosas sobrenaturales. Vimos cómo fueron por todas partes en el poder del Espíritu y con su guía. Hemos visto el caminar en el Espíritu, vivir por el Espíritu, el fruto del Espíritu, los dones del Espíritu. Todo milagroso.

Ahora llegamos a la última palabra que dice el Espíritu Santo en la Biblia. Está en el versículo 17 del capítulo 22: "El Espíritu y la novia dicen: '¡Ven!'". Ésta es una de las palabras más hermosas de la Biblia. Jesús siempre la estaba usando: "Vengan a mí todos ustedes que están cansados y agobiados…", "Al que a mi viene, no lo rechazo". Ahora, el Espíritu Santo, al final de este libro maravilloso que él creó, sin el cual no podríamos haberlo tenido, dice: "Ven". La Biblia lo invita a dejar su pecado y encontrar al Salvador. Este libro lo invita a ir al cielo, a dejarse uno mismo e ir a Dios. Lo invita a dejar sus temores e ir a la paz, a dejar este mundo el ir al próximo, a dejar un universo que está lleno de pecado, dolor y muerte, y lo invita a ir a un universo en el que solo hay justicia y paz.

La invitación es: "El Espíritu y la novia dicen: '¡Ven!'. ¿A qué se refiere la expresión "la novia"? Se refiere a la iglesia. La iglesia, cuando está llena del Espíritu, tendrá una palabra en sus labios más que cualquier otra: "Ven". Porque cuando el Espíritu llena una comunidad, esa comunidad estará diciendo siempre a la gente: "Vengan a escuchar acerca de Jesús. Vengan y tengan fe con nosotros. Vengan a compartir lo que hemos encontrado. Vengan y prueben. Vengan, compren vino y leche sin pago alguno. Vengan a las aguas todos los que tengan sed".

Esta palabra, "ven", aparece a lo largo de toda la Biblia, pero me alegra mucho que el Espíritu Santo, luego de hablar del juicio y del final de la historia, termina con esta nota positiva. Las dos últimas páginas de la Biblia no son el final del mundo, sino el principio. No son el final de todo, sino el comienzo de todo. Gracias a Dios que todo lo que conocemos terminará y algo mucho más maravilloso lo reemplazará. El Espíritu Santo, a través de la iglesia, dice a la gente: "El que tenga sed, venga; y el que quiera, tome gratuitamente del agua de la vida".

Vimos cómo la Biblia comienza en Génesis 1 con el caos y el Espíritu Santo sobrevolando el caos. Vemos gradualmente cómo se desarrolla todo el propósito de Dios, hasta que vemos que habrá un mundo completamente nuevo. La última palabra del Espíritu Santo es para todos los que desean vida, perdón, paz y un futuro seguro: "Ven". Si no acudimos en respuesta a una invitación como ésta, entonces, por cierto, no podemos culpar a nadie más que nosotros.

Capítulo catorce

EL ESPÍRITU SANTO EN LA HISTORIA

Una breve reseña de dos mil años de historia de la iglesia implica generalizaciones indiscriminadas y un tratamiento simplista, que corre el riesgo de dar un cuadro distorsionado. Pero tenemos que pensar en esto, porque hay personas que creen que el Espíritu Santo no estuvo obrando entre los siglos I y XX. En particular, los del movimiento de la "lluvia tardía" creen que hubo una enorme brecha en la actividad del Espíritu Santo. Lo cierto es que ha habido un flujo y reflujo, con períodos en que la obra del Espíritu Santo ha sido obvia y períodos en que no ha sido así.

Esto nos confronta con la mayor pregunta de todas que uno tiene que hacer antes de estudiar la historia de la iglesia: ¿quién es responsable del flujo y reflujo de los efectos manifiestos de la obra del Espíritu Santo a lo largo de la historia? Hay dos respuestas. Un punto de vista es lo que llamaría determinista: dice que está completamente dentro de la elección y decisión de Dios si hay un avivamiento o no. Es enteramente su plan si el Espíritu fluye en poder o si es escaso. Es una visión determinista (casi escribo calvinista), que pone demasiado énfasis en la soberanía divina y dice: "Bueno, simplemente nos toca estar en un tiempo y lugar en los que Dios ha escogido no moverse por su Espíritu". Si es así, entonces no tenemos nada en absoluto que aprender de la historia de la iglesia. No tendría ningún sentido estudiar el pasado, porque no podríamos aprender de él. Nuestra pregunta es: "¿Escogerá Dios moverse por su Espíritu en nuestro día o no?". Nos quedamos con un enfoque arbitrario. El único sentido de estudiar la historia de la iglesia sería por interés histórico.

El otro punto de vista es el dinámico, en el cual la relación entre Dios y su iglesia es dinámica y, por lo tanto, mutuamente recíproca. Permítame explicarme lo que quiero decir. Hay quienes creen en una relación determinista con Dios. Dicen: "Él es Dios, él decide, y eso es todo. Soy solo el barro en las manos del alfarero". Pero si leemos la historia del alfarero y el barro, en Jeremías 18, no es una relación determinista sino una relación dinámica. Dios dice: "Ve y observa al alfarero", y Jeremías fue. El alfarero estaba haciendo una vasija hermosa de un montón de barro, pero el barro no respondió a su mano, así que lo volvió a poner en el montón. Lo volvió a poner sobre la rueda e hizo una vasija de barro tosca. Dios dijo: "Jeremías, ¿has aprendido la lección del alfarero?". La lección es la siguiente: si el barro no responde a sus manos hace otra vasija con él. El mensaje fue: "Si Israel responde a mis manos", dice el Señor, "la convertiré en una hermosa vasija de misericordia. Pero si no responde a mis manos la convertiré en una vasija tosca de juicio". El barro ha decidido qué clase de vasija hace el alfarero. ¿Ve la interrelación dinámica? Sigue siendo el alfarero quien decide, pero el barro es una parte muy real de lo que hace el alfarero. Dios, en su gracia, ha escogido no tratarnos como robots o como títeres. Él elige responder a nuestra respuesta. Es una relación dinámica. Creo que la razón básica por la que hay períodos en los que el Espíritu Santo no se mueve con gran poder o con una fuerza obvia se debe en gran medida a que la iglesia no ha respondido, y no a la decisión arbitraria de Dios de que no es el tiempo correcto.

Estamos viviendo en los últimos días. Estamos viviendo en la era del Espíritu. Todo lo que es en el Espíritu está disponible para la iglesia en cualquier momento y en cualquier lugar; realmente lo creo. Esto me convierte en un arminiano; es así como me llaman. No me importan los rótulos. Creo en una relación dinámica. No creo en la gracia irresistible. Creo que uno puede resistir al Espíritu Santo y, cuando lo hacemos, él no opera. No porque no pueda, sino porque no quiere. Ésta es una pregunta profunda que usted tiene que hacer antes de estudiar la historia de la iglesia. En caso contrario, solo estará estudiando los tiempos arbitrarios de Dios en vez de aprender del pasado.

Habiéndole dado mi respuesta a esa pregunta, encaro los dos mil años. ¿Qué puedo aprender de los períodos en los que el Espíritu no estuvo tan activo? ¿Por qué no estuvo tan activo? Busca la razón humana, en vez de una decisión arbitraria divina. Soy consciente de que es un área grande y polémica, pero considero que no tiene ningún sentido encarar un tema si no puedo aprender de él. La historia de la iglesia es un estudio fascinante. He dado charlas sobre historia eclesiástica en nuestra iglesia, y tomé himnos de cada siglo para enseñarles. No creo que hayamos hecho lo correcto al deshacernos de todos esos tesoros devocionales. Les hice cantar himnos de cada era, porque en cada siglo el Espíritu Santo ha producido santos, y en cada siglo el Espíritu Santo ha producido canciones. Algunas de las más grandes canciones fueron escritas en esos períodos de sequía por santos que estaban abiertos al Espíritu. El Espíritu nunca ha dejado de operar, pero ha habido un flujo y reflujo. ¿Por qué?

Comencemos por los primeros quinientos años. Hubo un lenta pero constante disminución en las demostraciones obvias del poder en el Espíritu Santo. La evidencia dice que los dones del Espíritu Santo fueron usados libremente hasta alrededor del 250 d.C. No cesaron por completo entonces.

Nunca han cesado completamente, pero han disminuido de manera lenta pero constante hasta que seguían estando, pero ciertamente no manifiestos en la mayoría de las iglesias. Justino Mártir habla libremente de los dones del Espíritu, al igual que Ireneo, el obispo de Lyon. La profecía, las lenguas y la sanidad eran comunes, así que no desaparecieron con los apóstoles. Pero hubo una disminución. Un gran teólogo católico escribió un libro que demostraba que aún tan lejos como el quinto y sexto siglo todavía hablaban de ser bautizados en el Espíritu Santo.

Entonces, ¿por qué ocurrió la disminución? Pude encontrar dos razones. Podríamos decir, simplemente: "Bueno, Dios ya no los necesitaba". Creo que una de las ideas más dañinas que se predica ampliamente es que una vez que tuvimos la Biblia no necesitamos los dones, como si ahora pudiésemos simplemente arrojar el libro a las personas, que son "derribadas por las escrituras". Simplemente no lo creo. Creo que Dios quiso equipar a su iglesia para toda la era de la iglesia, que son los últimos días, en los que vivimos.

Entonces, ¿por qué disminuyeron? Primero, la iglesia se volvió demasiado institucional. Segundo, se volvió demasiado intelectual. Lo simplifico y resumo por necesidad. Se volvió demasiado institucional, y cada vez que las cosas se vuelven institucionales el Espíritu no está libre para moverse. La iglesia se institucionalizó de dos formas: se volvió *clerical* y se volvió *política*. Hubo un cambio total en el concepto, pasando de un ministerio de todos los miembros a un ministerio profesional. La división de la iglesia entre clérigos y laicos nunca fue idea de Dios. Dividió al pueblo de Dios y puso al ministerio de un lado de la división.

Ocurrió bastante temprano. Michael Harper dijo, sagazmente: "Hay una niebla en el primer siglo en cuanto a la estructura de la iglesia. Inmediatamente después del Nuevo Testamento entramos en una niebla. No sabemos bien lo que ocurrió. Lo que sí sabemos es que entraron apóstoles en la niebla y salieron obispos de ella". Es algo que sigue ocurriendo. Ha habido mucha discusión acerca de quiénes son apóstoles hoy, pero llamo a muchos de ellos "obispos" (supervisores), porque eso es lo que son.

Había obispos antes de la niebla que menciona Harper, pero la diferencia era que había muchos obispos para una iglesia. Después de la niebla, había un obispo para muchas iglesias. Ésa es una diferencia enorme, porque estableció el fundamento para la jerarquía, y cuando uno tiene personas arriba en la escala jerárquica, siempre tiene personas abajo en esa escala. ¿Sabe a lo que me refiero? Los de abajo no ministran, y se vuelven espectadores pasivos de los de arriba, que sí lo hacen. El ministerio es servir hasta que los santos sean equipados. Fue un cambio total.

Como el ministerio clerical estaba limitado a los varones, recortó gran parte del ministerio para las mujeres. Luego, aun dentro del sacerdocio masculino había una jerarquía, de modo que había un monopolio del ministerio en vez de multiplicidad. Había que estar en cierto nivel antes de poder ministrar de cierta forma. ¿Ve cómo ocurrió todo? No tenían todo el Nuevo Testamento, pero tenían el Antiguo Testamento, y allí había un modelo preparado para el sacerdocio, para una jerarquía, un sumo sacerdote. De hecho, la iglesia tomó el modelo de ministerio del Antiguo Testamento, con moño y todo. Tomó los altares, los sacerdotes, el incienso, las vestimentas, todo.

No sé si sabe lo de las vestimentas. El papa estaba completamente en contra de que los clérigos usaran ropa especial tan adelante como el papa Celestino I, en 428. Fue el obispo de Aix en Provence quien comenzó a usar por primera vez ropa especial para los clérigos. El papa le escribió una carta preguntándole qué estaba haciendo, por qué estaba usando ropa especial. (¡El sacerdocio de todos los creyentes significa que el papa a veces tiene razón!) Dijo: "Que el clero se diferencie de la gente común por nuestro conocimiento y no por nuestra ropa; por nuestra vida, no por lo que vestimos; por la pureza de pensamiento y no por las peculiaridades de la vestimenta". ¡Me gustaría enviar esto a todos los clérigos a los que les gusta vestirse de manera especial!

Apareció entonces un sacerdocio profesional, y no hay nada que dañe tanto los ministerios del Espíritu. Todavía existen iglesias donde hay personas que dicen ser bautizadas en el Espíritu, pero no se deshacen del clericalismo. Podemos ver lo que pasó. Por primera vez se les permitió construir iglesias. ¿Qué usaron como modelo? No las sinagogas, sino el templo. Pronto había un extremo sagrado donde vivía Dios, que tenía una alfombra mejor que donde estaba la gente. Aún podemos hacerlo en nuestros edificios, si no tenemos cuidado. Sugiere un Dios localizado en un extremo, como en el Lugar Santísimo. Lo que necesitamos son sinagogas, no templos. Entró el clericalismo, el "sacerdotalismo", que significa simplemente un monopolio del manejo de los sacramentos o la palabra.

La otra forma de institucionalismo vino con la conversión de Constantino. No sé por qué se lo considera como un triunfo. Lo considero una tragedia total. La conducta cristiana podía ser impuesta sobre las personas mediante una sanción legal. Fue Constantino que trajo las leyes sobre la observancia del domingo. La iglesia no había guardado el domingo y nunca había crecido tan rápidamente. Lo lamento, pero tengo sentimientos encontrados con relación a toda la campaña "Mantengamos el domingo especial".

De nuevo, el modelo para esto fue la teocracia del Antiguo Testamento, que no hacía ninguna distinción entre los creyentes y el estado. El Nuevo Testamento traza una distinción clara entre los creyentes y el estado. "Denle, pues, al césar lo que es del césar, y a Dios lo que es de Dios".

Lamentablemente, apareció el antisemitismo legalizado, y se promulgaron leyes que prohibía a la gente ser judía o adorar de manera pública al modo judío. Para el año 400, no había evidencia de los dones. Había habido protestas por esta disminución de los dones espirituales, y podemos aprender de las protestas también. Una de las grandes protestas fue de un hombre llamado Montano, que reunió el "montanismo" alrededor de él. Revivió la profecía, para hombres y mujeres, y revivió los dones espirituales. Fue uno de los primeros movimientos pentecostales. Podríamos preguntarnos por qué el montanismo se convirtió en una herejía o en un grupo descarriado. Es muy importante, para aprender. Uno de los grandes cristianos de la iglesia primitiva fue Tertuliano. He estado estudiando su vida cada vez más, aprendiendo mucho de él. Nunca llegó a convertirse en montanista, pero sentía una gran simpatía por ellos, porque estaban restaurando el ministerio carismático. El problema fue que los montanistas no probaban las profecías adecuadamente. Dejaban pasar cualquier cosa, y sus profecías se volvieron cada vez más radicales, cada vez más extrañas. A las personas les encantaba recibir profecías, pero no las sopesaban y juzgaban. Yo he estado en muchas comunidades carismáticas donde nunca sopesan y juzgan las profecías. Dejan pasar cualquier cosa. Si alguien da una profecía, debemos detenernos y decir: "Oremos para ver si eso es del Señor o si es del hombre, o si es una mezcla", que es lo que son muchas profecías. Siempre noto la pausa. ¿Alguna vez lo notó? Alguien da una gran palabra de profecía, una palabra bastante breve, y luego hay una pausa. Casi podemos escuchar su mente funcionando. "Esa profecía no es suficientemente larga. Debo agregar algo más". A menudo encuentro que lo que está antes del corte es mucho mejor que lo que viene después. Tenemos que ser discernidores. Muchas profecías son una mezcla. Tenemos que saber lo que es de Dios. Si Dios se toma el trabajo de hablarnos, nosotros deberíamos tomarnos el trabajo de averiguar lo que quiere decir realmente. Es muy importante sopesar y juzgar las profecías.

La profecía no probada es algo que ha hecho desaparecer los carismas vez tras vez a lo largo de la historia de la iglesia. Téngalo en cuenta, porque lo que ocurre es que aquellas iglesias que no tienen profecías reaccionan contra la idea por completo y la descartan. Fue lo que ocurrió en la iglesia primitiva. Como los montanistas tuvieron malas profecías y no las juzgaron, toda la iglesia dijo: "No queremos ninguna profecía". Cuando hay un abuso de los dones espirituales, la iglesia no los quiere. No ven que la respuesta al abuso es el buen uso, no el mal uso ni ningún uso.

La otra protesta fue el monasticismo. No creo que todos hayan visto los carismas en el monasticismo. Los monjes estaban protestando originalmente contra una iglesia mundana, porque cuando Constantino se convirtió uno hubiera pensado: "eso pondrá la iglesia en el mundo". No fue así, sino que puso al mundo en la iglesia. Cuando el bote salvavidas está en el mar es algo bueno, pero cuando el mar está en el bote salvavidas es algo malo. La iglesia se volvió algo consolidado, socialmente aceptable, y se volvió muy mundana. Fue ahí que el bautismo de bebés se convirtió en la norma. Había aparecido un poco antes, pero se volvió la norma entonces. No bautizaban a los que nacían de nuevo, sino a los que nacían, porque cuando uno nace en un estado nace en la iglesia. Las dos son una sola cosa. Fue así como ocurrió. En realidad, uno no puede tener una iglesia del estado que bautiza a creyentes. Es una imposibilidad, porque el sistema debe reconocer que la ciudadanía y la membresía son lo mismo; ése es el gran tema. No ha existido una iglesia del estado que haya practicado el bautismo de creyentes. Vemos por qué. Se debe reconocer al bebé como nacido en la cristiandad. El reino y el estado son uno: la cristiandad.

Los monjes protestaron contra la mundanalidad. Al principio, la protesta era individual, mayormente por monjes ermitaños. Los llamamos los "Padres del desierto". Algunos se sentaban en un poste en el medio del desierto, o se metían en una cueva. Estaban protestando. Lo interesante es que, al dedicarse a una vida más santa, los carismas reaparecieron. Muchos de esos Padres del desierto tenían el ministerio del exorcismo y la sanidad. Las personas venían de todas partes al padre del desierto para ser liberadas de un demonio o para ser sanadas.

Luego, en una etapa posterior, al aumentar la cantidad de padres del desierto, comenzaron a formar comunidades de monjes, separadas de una iglesia mundana. Pero se volvieron obsesionados, lamentablemente, con su santidad personal, en vez de la edificación de los demás. Se convertían en mojes para ser santos. Debido a eso —y es un curso extraño—, uno o dos líderes de esas comunidades monásticas comenzaron a desalentar los carismas porque vieron que conducían al orgullo en la persona que sanaba o echaba demonios. Comenzaron a enseñar que los carismas producían orgullo y, por lo tanto, no debían ser ejercidos. Me temo que tal vez tenían un elemento de verdad. Aquí hay otra cosa que podemos aprender. Si Dios me usa para sanar, no es para convertirme en sanador, sino para dar salud a un miembro de su Cuerpo. Los dones no se nos dan para engrandecernos, sino para ayudar al Cuerpo. Son para regalar; somos solo carteros. Pero algunos monjes que eran conocidos en todas partes por el don de sanidad se volvieron orgullosos de su reputación.

Así que comenzaron a desalentarlos. Ese punto de vista se introdujo en toda la iglesia: los dones espirituales hacían a la persona orgullosa. Hay suficiente verdad en eso como para que duela. Porque uno es bautizado en el Espíritu y tiene dones, ¿lo convierte eso en alguien mejor que alguna otra persona? No; uno puede seguir siendo carnal. Pero puede tener ese efecto: usted puede hacerlo y los demás, no. Fue lo que ocurrió con algunos monjes. Luego, debido a su ascetismo, no comían. San Antonio nunca se lavaba los pies. Sufrían porque no cuidaban su cuerpo. Comenzaron a enfermarse y a sufrir dolor. Apareció una enseñanza que decía que la enfermedad era, de alguna forma, una señal de santidad y, por lo tanto, la sanidad debía dejarse de lado.

Hemos notado la institucionalización de la iglesia y las protestas en contra. Pero ahora llegamos a la intelectualización de la iglesia, que confunde la educación con la edificación, y va de la experiencia a la explicación, de la dinámica al dogma. La doctrina del Espíritu Santo durante los siguientes mil quinientos años se convirtió más en un dogma que una dinámica. Dos hombres fueron en gran parte responsables de esto, y ambos cortaron las raíces judías de la iglesia y la convirtieron en una iglesia de pensamiento griego. Uno fue Agustín, y el otro, Tomás de Aquino. Aún hoy, por lo general en el mundo occidental, los evangélicos están influidos en su pensamiento acerca del Espíritu por Agustín y Tomás de Aquino, más que por Pablo.

Si dijéramos a un evangélico: "Me gustaría que predique sobre este texto: 'Yo quisiera que todos ustedes hablaran en lenguas, pero mucho más que profetizaran... Doy gracias a Dios porque hablo en lenguas más que todos ustedes'", muchos ni siquiera lo pensarían. ¿Por qué no? Porque Agustín y Tomás de Aquino han condicionado realmente su pensamiento. Les gustaría pensar que recurren a la Biblia para sus puntos de vista. De hecho, han sido más influenciados que lo que saben. Es un desastre que el pensamiento griego haya reemplazado al hebreo en la iglesia. Agustín trajo a Platón al pensamiento de la iglesia y Tomás de Aquino trajo a Aristóteles.

Los griegos nunca lograron unir las cosas. Veían lo

espiritual y lo físico como dos mundos diferentes, y lo eterno y lo temporal como dos mundos diferentes. Por lo tanto, dividieron al hombre. Mientras que los hebreos pensaban en una persona entera, los griegos decían que el ser humano es un cuerpo con un alma adentro. Dividieron al mundo en sagrado y secular. Odio que los cristianos digan: "Tengo un trabajo secular". Siempre los reprendo. Si usted es cristiano, está en un lugar sagrado. Fueron los griegos quienes dividieron el mundo en natural y sobrenatural. Ésa es una división incorrecta, porque si dividimos la realidad en natural y sobrenatural, ¿de qué lado ponemos al diablo? Tendemos a ponerlo del mismo lado de la raya que Dios. La división de la Biblia es entre las criaturas y el Creador. ¿Dónde está el diablo ahora? Está de nuestro lado de la raya. ¿Entiende lo que digo?

"Democracia" es una palabra griega, y no hay nada al respecto en las escrituras. Nuestra política está basada en el pensamiento griego. El deporte es un pasatiempo griego, y el deporte es la religión de muchos. Nuestro sistema educativo está basado en el pensamiento griego. No es de extrañar, entonces, que aun en la iglesia, gracias a Agustín, Tomás de Aquino y otros, el pensamiento griego haya tenido un efecto tan devastador sobre nuestro entendimiento del ministerio del Espíritu. Es solo porque estamos volviendo al pensamiento hebraico que el Espíritu puede volver a moverse de nuevo tan libremente como lo está haciendo hoy.

Ésta es una tesis importante, y solo me limito de describirla brevemente. Agustín fue influenciado principalmente por dos cosas. Primero, su promiscuidad de joven. Su incapacidad para controlar la carne le hizo horrorizarse del lado físico de la vida. Cuando escuchó de los griegos, que dividían lo espiritual de lo físico, se le fue la mano en lo espiritual, por su trasfondo. El celibato comienza por el pensamiento agustiniano. Un sacerdocio célibe, que es más santo ser célibe que casado, ése era su temor de la carne. Lo segundo fue que fue criado con la educación griega clásica. Junte esos dos factores, uno emocional y el otro intelectual, y no es extraño que haya "platonizado" la fe cristiana. Trajo esta división marcada entre lo espiritual y lo físico, de modo que ya la gente no pensaba en el Espíritu Santo operando en esferas físicas, o que tuviera algo que ver con el cuerpo; era puramente actividad del alma. Muchos evangélicos aún piensan que el Espíritu Santo solo opera sobre el alma.

Como las lenguas son algo físico, al igual que la sanidad, esa clase de espiritualidad no puede manejar estas cosas. Platón había enseñado que hay dos mundos. Uno es el mundo "espiritual", más allá del tiempo y el espacio. En ese mundo no hay ningún cambio. Dios mismo es inmutable, atemporal. Pero nosotros estamos atados con nuestros cuerpos a este mundo cambiante. La actividad del Espíritu es considerada como algo en ese mundo espiritual, atemporal, pero las cosas que ocurren en nuestro cuerpo forman parte del mundo cambiante y temporal al que nuestros cuerpos nos atan. Cuando morimos, nuestras almas son liberadas a esa esfera espiritual. Será más efectivo que las personas de esa esfera espiritual oren por mí, y no que yo ore por mí mismo. Así que voy a orar a los que están en esa esfera. Oraré a los santos, porque ellos están en ese mundo eterno donde el Espíritu realmente se mueve. Lo estoy caricaturizando para ayudarlo a entender.

Hubo una "espiritualización" de todo. Surgió de la teología de Alejandría, donde Orígenes y otros ya habían comenzado a espiritualizar las escrituras. Lo hacemos nosotros cuando predicamos sobre los milagros: los espiritualizamos. Cuando leemos que, si uno tiene fe para mover una montaña y decirle que vaya al mar, la montaña iría al mar, y luego hablamos de mover las montañas de la dificultad y mover las montañas de la depresión, estamos "espiritualizando". Podría llevarlo a un lugar en Japón donde un grupo de niños que estaban orando hicieron que una montaña física fuera arrojada al mar cerca de Tokio. De esto estaba hablando Jesús.

Podemos ver cómo lo transferimos de lo físico a lo espiritual. Espiritualizamos la Biblia. Debo decirle que hacia el final de su vida Agustín tuvo una gran sorpresa. Una persona que acababa de bautizar salió del agua, oró por alguien que tenía cáncer, y fue sanada inmediatamente. Agustín dio una voltereta, y hacia el final de su vida comenzó a creer en la sanidad. Recopiló registros de setenta milagros de sanidad en su iglesia en el norte de África, pero nunca lo incorporó a su teología. Lo que se convirtió en la influencia perdurable fue su teología, que llamamos "cesacionista". Sostiene la idea de que los dones desaparecieron con los apóstoles, y ha llegado hasta nuestros días. Uno lo escucha en las iglesias de los Hermanos Libres. Lamentablemente, Agustín vivía en dos mundos y, al final de su vida, porque no hizo una reflexión teológica, alentó a las personas a obtener sanidad de cualquier forma que pudieran. Si podían sacarlo de la reliquia de un santo, los alentaba a hacerlo. Si podían conseguirlo orando a un santo, también. No usó su mente teológica para discernir entre superstición y sanidad genuina. El resultado es que durante la Edad Media hubo una mezcla entre el credo y la credulidad. Las autoridades de la iglesia se volvieron totalmente centradas en el credo. Discutieron sobre la Trinidad. La mayor división de la iglesia fue sobre una cláusula: "Que procede del Padre y del Hijo", la tristemente célebre cláusula *Filioque*, que dividió a todas las iglesias ortodoxas del este de la iglesia católica en el oeste. En 1054, las iglesias del este de Europa y del oeste de Europa se dividieron por una declaración dogmática doctrinal acerca del Espíritu Santo, porque para entonces la enseñanza acerca del Espíritu Santo se había convertido en un dogma.

En el nivel popular, existían todas estas supersticiones de la sanidad por reliquias, sanidad por los santos y todo el resto. Por lo tanto, en la Edad Media había esta situación extraña. Los oficiales de la iglesia estaban trabajando en el dogma, pero la gente del pueblo estaba yendo a santuarios y reliquias, y siendo sanada.

Luego vino Tomás de Aquino, que introdujo a Aristóteles. Si para Platón lo espiritual era el mundo real, para Aristóteles lo material era el mundo real. Fue el fundador del materialismo moderno. Él creía que el mundo real era el mundo del cambio. Pero, como el mundo real era un mundo material, solo podemos encontrar la verdad a través de los sentidos físicos. Fue lo que estuvo detrás del desarrollo del cientificismo moderno y fue traído a la iglesia por Tomás de Aquino. Por primera vez, los jesuitas y otros comenzaron a cuestionar los milagros de sanidad asociados con las reliquias. Comenzaron a tener un enfoque científico al respecto.

Lutero, Calvino y Zuinglio hicieron muchas cosas buenas. Reemplazaron la autoridad de la tradición por la verdad de las escrituras. Redescubrieron la segunda persona de la Trinidad de una manera maravillosa. Cristo volvía a ser preeminente. Pero nunca rompieron el vínculo entre la iglesia y el estado. Usaron el poder del estado para transformar a las personas en protestantes. Produjeron iglesias estatales. Por ley, uno debía ser protestante. En vez de permitir que el Espíritu Santo convirtiera a las personas, hicieron que el gobernante, el rey, el príncipe o el concejo cambiaran a todos por ley; ése no es el poder del Espíritu. Por extraño que parezca, se habían embebido tanto de Tomás de Aquino y el aristotelismo que se volvieron escépticos de todas las afirmaciones de sanidad en la Edad Media. Lo descartaron todo y, en un sentido, fueron tan "espirituales" como Agustín.

A lo largo de las edades ha habido excepciones hermosas.

Dios nunca ha dejado de tener testigos. Visité una iglesia católica en Pembrokeshire, y fui a la librería. Tenían libritos de la Catholic Truth Society (Sociedad de la Verdad Católica), y había uno sobre San David de Gales. Pensé: "Bueno, ése es mi tocayo. Debería leerlo". Así que lo leí, y me apasionó. San David fue elegido para ser obispo de Gales en el siglo VI. Quería ser consagrado en Jerusalén, para tener una unción especial en la Ciudad Santa para su ministerio. Partió en una caminata hacia Jerusalén con dos monjes. ¡No había aviones Jumbo en esos días! Los monjes llevaron un diario del viaje. Llegaron hasta Lyon, en Galia, y en el diario leo lo siguiente: "En Lyon, el Santo Padre David fue bautizado en el Espíritu Santo y habló en otras lenguas, como en los días de los apóstoles". Pensé: "¡El pentecostalismo no empezó en Gales en el siglo XX!". Me encanta decir a los galeses: "Olvídense de sus narcisos y sus puerros. Vuelvan a San David de Gales".

Estaba predicando en Liverpool en la catedral católica romana. Caminé por Hope Street a la catedral anglicana, y vi ahí una vitrina que tenía una historia de la vida de San David manuscrita. Cuando lo leí, quedé pasmado. Resucitó muertos y sanó a un niño de ceguera. Estaba usando los dones del Espíritu.

Dios no ha quedado sin testigos, pero los reformadores no se preocuparon por tratar de desenmarañar lo verdadero de lo falso. Lo descartaron todo como superstición católica. Si bien hablaron del Espíritu Santo, limitaron su obra a su trabajo espiritual interior en el yo y su obra a través de las escrituras. Al día de hoy, los evangélicos tienden a limitar la obra del Espíritu al alma (no al cuerpo), y a las escrituras, y no a otras palabras. No ha venido del Nuevo Testamento sino de Agustín, Aristóteles y los reformadores protestantes.

¿Qué ocurrió en el siglo XX? Debo decir con lágrimas que el calvinismo ha sido una barrera para el libre movimiento del Espíritu Santo. Tendió a poner demasiado énfasis en la soberanía de Dios, y no suficiente en la responsabilidad del hombre. El Espíritu quiere hacer todo lo que solía hacer. Nosotros somos el bloqueo. El que rompió eso fue un hombre llamado Arminio, que nunca discutió con Calvino. Calvino no era tan calvinista como todos entienden que fue. Calvino pensaba que uno podía perder la salvación. Está escrito en la *Institución*. Creía que Jesús murió por todos, y no solo por los elegidos. Fue un hombre llamado Beza, un seguidor de Calvino, que produjo lo que ahora conocemos como el calvinismo —los cinco puntos y todo lo demás—, y fue con Beza que discutió Arminio. Creo que Arminio tenía razón en enseñar que nuestra relación con Dios no es determinista sino dinámica. Dios responde a nosotros. Puedo trazar una línea directa desde Arminio al pentecostalismo moderno. Pasa por Wesley y el Movimiento de la Santidad. Pero este nuevo concepto de una relación dinámica entre Dios y el hombre fue tomado por Wesley. Un teólogo anglicano, el Dr. Conyers Middleton, escribió un libro contra las lenguas en el siglo XVIII, y Wesley escribió contra él acerca de la profecía, las lenguas y la sanidad. Yo fui entrenado teológicamente como ministro metodista, pero nunca me dijeron que Wesley creía en la profecía, las lenguas y la sanidad. Me contaron de su conversión el 24 de mayo de 1738, en Adersgate Street. Nunca me hablaron del 1 de enero de 1739, cuando todo el grupo, incluyendo Wesley, dijo: "Exigimos, queremos el Espíritu Santo. Oraremos hasta que nos des el Espíritu Santo", y en las primeras horas de la mañana fueron bautizados en el Espíritu Santo.

John Wesley registra en su diario: "Me propuse decir mucho más acerca del Espíritu Santo en mi predicación". En su carta a Conyers Middleton, defiende el hecho de que ha habido profecía, lenguas y sanidad en toda la iglesia, entre los hugonotes y muchos grupos similares. Dice: "La única razón por la que no los vemos extendidos en toda la iglesia es porque la iglesia ya no cree en ellos". No podemos tener ambas cosas a la vez. O Dios retiró los dones o Wesley tiene razón. No se predicaba sobre los dones ni se creía en ellos.

De Wesley surgió el Movimiento de Santidad, que comenzó a usar nuevamente la frase "bautizado en el Espíritu Santo". Lamentablemente, lo vincularon con la segunda bendición de la santificación, en vez de verlo como el principio de la vida cristiana. Sin embargo, del Movimiento de Santidad surgieron los pentecostales del siglo XX.

La puerta volvió a abrirse a una relación dinámica con Dios, y en última instancia a una visión hebrea del hombre, como una persona integral. El Espíritu puede tocar su espíritu, puede tocar toda su persona, y puede hacer cosas físicas. La brecha entre lo espiritual y lo físico comenzaba a cerrarse.

¿Dónde nos encontramos ahora? La buena noticia es que nunca han sido tan ampliamente aceptados los dones del Espíritu en la iglesia como hoy. La corriente pentecostal carismática será la mayor de todas las corrientes en la iglesia mundial. Pero he aquí la mala noticia: si bien los *dones* del Espíritu han sido aceptados ampliamente, el *bautismo* del Espíritu ha sido ampliamente rechazado. Creo firmemente que los dones del Espíritu no sobrevivirán la pérdida del bautismo en el Espíritu; una cosa conduce a la otra.

Muy pocos todavía discuten acerca de los carismas. Quienes dicen que las lenguas son del diablo se están acercando peligrosamente al pecado imperdonable. Es algo que he encontrado raramente en incrédulos, pero lo he encontrado mucho más en creyentes. Llamar a la obra del Espíritu la obra del diablo es una cosa seria.

Los dones tienen mucha aceptación, pero el bautismo en el Espíritu Santo tiene mucho rechazo. Pero creo que van de la mano. Jesús vino para quitar los pecados del mundo y para bautizar en el Espíritu Santo. Creo que éste será uno de los grandes temas. El otro gran tema es el siguiente. Los que estamos experimentando dones espirituales, si dejamos de aferrarnos a las escrituras, abandonamos la base misma mediante la cual podemos discernir. Entonces somos vulnerables a la última moda, la última tendencia, y desprestigiaremos a la renovación carismática a los ojos del resto de la iglesia, al no probar y juzgar las profecías, al no ser disciplinados, al no aplicar las escrituras y el Espíritu.

Creo totalmente en la teología, porque todos tenemos una. Se trata de lo que creemos acerca de Dios. El filósofo Descartes escribió: "Pienso, luego existo", pero se equivocó. La Biblia lo tiene de la forma correcta: "cual es el pensamiento en su corazón, tal es él", no "tal es su opinión". Creo que la teología que plantamos en nuestro corazón, si es teología bíblica, será la fuente de todo lo demás. Creo en una teología dinámica que es expresada y experimentada, pero no creo en una experiencia que no puede ser fundamentada teológicamente.

La Palabra y el Espíritu deben ir juntos. Se necesitan mutuamente.

Libros de David Pawson disponibles de www.davidpawsonbooks.com

A Commentary on the Gospel of Mark
A Commentary on the Gospel of John
A Commentary on Acts
A Commentary on Romans
A Commentary on Galatians
A Commentary on 1 & 2 Thessalonians
A Commentary on Hebrews
A Commentary on James
A Commentary on The Letters of John
A Commentary on Jude
A Commentary on the Book of Revelation
By God, I Will (The Biblical Covenants)
Angels
Christianity Explained
Come with me through Isaiah
Defending Christian Zionism
Explaining the Resurrection
Explaining the Second Coming
Explaining Water Baptism
Is John 3:16 the Gospel?
Israel in the New Testament
Jesus Baptises in One Holy Spirit
Jesus: The Seven Wonders of HIStory
Kingdoms in Conflict
Leadership is Male
Living in Hope
Not as Bad as the Truth (autobiography)
Once Saved, Always Saved?
Practising the Principles of Prayer
Remarriage is Adultery Unless....
Simon Peter – The Reed and the Rock
The Challenge of Islam to Christians
The Character of God
The God and the Gospel of Righteousness
The Lord's Prayer
The Maker's Instructions (Ten Commandments)
The Normal Christian Birth
The Road to Hell
Unlocking the Bible
What the Bible says about the Holy Spirit
When Jesus Returns
Where has the Body been for 2000 years?
Where is Jesus Now?
Why Does God Allow Natural Disasters?
Word and Spirit Together
Unlocking the Bible

Está también disponible en formato de DVD de
www.davidpawson.com

En español:

Abramos la Biblia: El Antiguo Testamento
Abramos la Biblia: El Nuevo Testamento
El nacimiento cristiano normal
Cuando vuelva Jesús
Una vez salvo, ¿siempre salvo?
Jesús: Las siete maravillas de su historia

www.ingramcontent.com/pod-product-compliance
Lightning Source LLC
Chambersburg PA
CBHW071219080526
44587CB00013BA/1429